南京大学
中华民国史研究中心

学术前沿系列　················　朱庆葆　主编
城乡研究辑

转型期城市社会治理研究

民国山东城市下层社会调控透视

郭谦　著

江苏人民出版社

图书在版编目(CIP)数据

转型期城市社会治理研究:民国山东城市下层社会调控透视 / 郭谦著.—南京:江苏人民出版社,2021.6

(南京大学中华民国史研究中心学术前沿系列 / 朱庆葆主编. 城乡研究辑)

ISBN 978-7-214-25729-1

Ⅰ.①转… Ⅱ.①郭… Ⅲ.①社会治理-研究-山东-民国 Ⅳ.①D675.2

中国版本图书馆 CIP 数据核字(2020)第 255539 号

书　　　名	转型期城市社会治理研究
	——民国山东城市下层社会调控透视
著　　　者	郭　谦
责 任 编 辑	张晓薇
装 帧 设 计	刘荸荸
出 版 发 行	江苏人民出版社
出版社地址	南京市湖南路1号A楼,邮编:210009
出版社网址	http://www.jspph.com
照　　　排	南京紫藤制版印务中心
印　　　刷	苏州市越洋印刷有限公司
开　　　本	652毫米×960毫米　1/16
印　　　张	19.25　插页2
字　　　数	250千字
版　　　次	2021年6月第1版　2021年6月第1次印刷
标 准 书 号	ISBN 978-7-214-25729-1
定　　　价	68.00元

(江苏人民出版社图书凡印装错误可向承印厂调换)

序　言

在中国历史上，民国时期是一个独特的存在。存续时间虽不长，却给现代中国带来剧烈长远的变化。这种变化，既有中华传统文明在外来文明影响和内忧外患中的深层次危机，同时也有中华民族为挽救民族危亡、寻求国家富强进行的不懈努力。在此过程中，中国社会在历史的惊涛骇浪中艰难转型，其势如洪峰激流，奔腾而下，既有转型间的坎坷，也有历史性的成功。民国时期的城市转型和乡村建设，正是中国近代转型中至关重要的一部分，不仅建树颇多，也独树一帜，在坚持民族性、本土化的基础上，又体现出多样性、开放性、国际化和具有鲜明意识形态色彩的多重特征。虽然各地区的自然环境、资源禀赋、经济水平、制度环境、人文历史、发展机遇千差万别，但西方文化的外在影响、政治机构的宣传动员、经济组织的分工协作、社会成员的文化心理都发生了适应"现代化"进程的巨大改变。不过，鉴于各地城市和乡村的组织主体、建设思路，乃至社会各阶层对社会建设的判断和认识各不相同，要想对整个民国时期的城乡建设进行深入探讨是很难的，需要通过具体个案来进行实证研究，这样才看得更深入、更清楚。

南京大学中华民国史研究中心推出的学术前沿系列"城乡研究辑"所收录的这八种书，就是基于上述理解所展开的区域专题研究。

从选题看，这八种书研究的对象分别是民国时期的地方自治、根据地农村社会秩序的移异、交通运输发展、城市社会变迁、城市社会调控、城市社会物质生活、民国乡村实验区建设，以及长江三角洲地区城市发展路径，既有微观的城市地方自治、城市社会，也有区域乡村社会改造、交通运输发展，还有相对宏观的区域城市发展转型分析。尽管主题不尽相同，但都体现出人文关怀的社会眼光。应该说，这种从人文思入社会的视角，无疑使大家把研究的焦点对准社会，绝不是头痛医头脚痛医脚的小题小作，而是从"大处着眼、小处着手"的精雕细琢。之所以这么说，是因为这八种书的内容并非简单的历史描述和勾勒，而是具有一定的思想性。其最大特点在于，它是一套基于理念而开展研究的书系，真实记录了民国以来中国社会不断新陈代谢、革故鼎新的历史发展进程，特别是底层城乡民众在"现代化"这一历史背景下的艰难转型。虽然学界已问世的近代中国城乡转型论著不少，但是探寻城乡社会转型特别是底层社会变迁的并不多。这八种书的背后都蕴含着一种价值追求，"改变中国""富强中国"正是其所体现的思想灵魂和人文关怀。

思想取决于眼光。这八种书的另一个特点是有历史眼光与国际视野。所谓历史眼光指的是，近代中国城乡社会的变迁并不是凭空启动的，是传统中国的历史延续，但并不是简单的历史重复，而是在近代中国整体嬗变的大背景下和先进中国人的前后接续奋斗中进行的。在一定意义上，其所涉及的各地城乡变化，就是一部中国近代社会史，就是一个近代中国转型的缩影。这就需要我们把城乡社会的变化放到百年中国发展转型的背景中去理解把握，讲清楚百年中国城乡嬗变的历史轨迹，而且社会变迁的影响是长期的，对当代中国也有着深远影响。所谓国际视野指的是，近代中国城乡社会发展变化，是在外来文明尤其是西方文明影响下发生的，从传统到现代是其变化的本质特征与主要方向，因此，研究近代中国城乡变迁一定要有国际视野，要将近代中国城乡变迁置于中国现代化进程的大趋势中去把握。

近代中国城乡的转型发展，也离不开"思想""激情"和"行动"的结合，三者缺一不可。思想是前行的方向，激情是为实现理想而勇于投入，而最终思想和激情都要落实到国民党、共产党及其他各政治派别、社会团体的行动上。城乡社会变迁离不开近代中国客观条件的约束，因此，这八种书还展示了如何在外敌入侵、内战频仍、社会分裂的剧烈变动下探索实现中国现代化的变革路径。在这些探索中，既有自上而下的，也有自下而上的；既有政党引领的革命方式，也有社会推动的改良方法。各种改革方案中都有大量的历史细节，提供了从传统到现代，从思想到行动，从政党到社会，从沿海到内陆等各个环节的各种细节，从中既可以看出历史之"应然"，也可见得历史之"必然"，经各种思想、各种方案的现实筛选，历史最终选择了既有思想，又有行动，知行合一，具有思想力、组织力和行动力的中国共产党领导的社会变革道路。

这八种书虽然是讲历史，但对当前的社会改革也有重要的借鉴价值。虽然这八种书的作者主要是历史学专业研究者，但他们在思考近代中国城乡社会变迁上却有一些不同于传统历史学家的特点，具体表现在以下两方面：一是分析的思路与方法是多学科的，既有历史学的，也有政治学的，还有经济学、教育学、统计学的，特别是有了社会学的理论分析框架，我们对近代中国社会的变革路径及其分析就有了比较系统和严谨的思维方法，包括近代中国城乡发展的思路、社会对政策方针的反应的分析等。二是近代城乡社会的研究对当下的社会改革有参考价值，很多过去的历史经验在今天仍然值得人们吸收借鉴。特别是如何在社会变革中，较好地实现政治稳定、经济发展、社会进步、思想开放，而民众又有较强的幸福感、满足感和收获感。这些既是近代中国社会转型变革面临的历史使命，也是当代中国进一步推进社会治理体系和提高国家治理能力建设的现实要求。

近代中国城乡转型的主题是"现代化"，而变革的两项内容是"人的思想观念的变革"和"社会的组织化"。基于这样的思路，这八种书既真实再现了近代中国社会"为何而变"，也深刻勾勒了中国社会"如何改变"。我认为这正是其出版的意义所在。

学术贵在创新,而创新的途径各有不同。作为国内最早开辟民国史研究的学术重镇之一,南京大学中华民国史研究中心始终坚持学术上的"双轮驱动"。一方面,围绕国家发展战略需求,对关系国家民族利益和人类社会进步的重大历史问题开展研究,形成面向国家目标的系统性成果;另一方面,鼓励在学术前沿领域开展自由探索和学术创新,推动多学科的交叉融合,引领学术方向,形成新的学术生长点。近年来,中心先后推出《南京大屠杀史料集》(72卷,4 000万字)、《南京大屠杀全史》(三卷本),组织海峡两岸暨香港、澳门70位知名学者联袂打造了《中华民国专题史》(18卷)等力作,在海内外产生了很好的社会反响和学术效应。同时,中心也不断加大学术交流及人才培养的力度,长期致力于培育更多具有前沿意识、创新精神的学术新人和学术新作。此次推出的学术前沿系列"城乡研究辑",就是基于这样思考的一个尝试。我们希望借此推动更多具有学术创新能力的年轻学者茁壮成长,也为学界奉献更多有关近代中国研究的新作!

南京大学中华民国史研究中心主任
朱庆葆
2020年4月

目 录

前言 1

第一章 导 论 1
第一节 研究的缘起 1
第二节 中国近代城市史及城市下层社会研究透视 6
第三节 研究方法与创新价值 19
第四节 研究思路与文章架构 24

第二章 民国时期山东城市下层社会概说 29
第一节 城市社会阶层结构分析 29
第二节 城市下层社会的构成与状况 54

第三章 北洋军阀政府时期中央和山东政府对城市下层社会的社会调控 73
第一节 社会调控机构——行政管理体系 73
第二节 社会调控机构——军队、警察与特务 82
第三节 法律与规章 99
第四节 思想文化与社会规范控制 108
第五节 社会救济与慈善活动 119

第四章　南京国民政府时期中央和地方政府对山东城市下层社会的社会调控　140

　　第一节　社会调控机构——行政管理体系　140

　　第二节　社会调控机构——军队、警察与特务　156

　　第三节　法律与规章　176

　　第四节　思想文化与社会规范控制　185

　　第五节　社会救济与慈善活动　195

第五章　抗日战争时期日伪政权对山东城市下层社会的社会调控　223

　　第一节　行政管理体系　223

　　第二节　军队、宪兵、警察和特务　232

　　第三节　奴化宣传教育活动　247

第六章　结语　272

主要参考文献　278

后记　294

前　言

　　社会调控是指国家作为控制主体,运用法律、行政、经济、道德教化及舆论监督等综合手段,完善、强化社会调控机制,杜绝越轨行为的发生,使得绝大多数社会成员接受、遵从以主导价值观为核心而确立的社会规范体系,以维护社会的公共秩序,从而达到社会的和谐与稳定。社会史所研究的社会调控,是指历史上的各社会构成系统,通过各种因素,运用社会规范及其相应的方式和措施,对社会成员的行为、观念进行指导和约束,对各种社会关系进行调节的过程。

　　民国时期,在中外机缘的交错作用下,作为沿海省份和南北战略要地的山东的主要城市开始崛起,走在了全国近代化的前列,具有典型性和代表性。随着近代城市经济的发展,城市社会阶层结构发生了深刻变化,在传统社会群体结构之外产生出新的社会群体,如买办、企业家、职员、文教工作者、自由职业者、工人、城市贫民等;传统社会结构中原有的官僚、手工业者、商贩等群体的身份地位也发生了很大变化。笔者认为,这一时期山东城市社会大致可以分成九大阶层,其中城市下层社会群体人数众多,由三个层面的群体构成,即:手工业者、商贩、店员、学徒、中小学教师等;工厂、商店和手工作坊的半熟练工人和非熟练工人,矿山、运输、建筑、装卸等行业的工人和季节工、临时工、小摊贩等;自谋生计者、苦力、娼妓、乞丐、难民等。民国时期城市社会阶层结构的加速分化,不断对国家和统治者的社会调控机制和能力带来新问题、新挑战。这种情况与同样处在转型期的当今社会多少有些类似。具体揭示民国时期山东城市下层社会群体的社会阶层结构和生存状况,重新展现这一时期的城市生活实景,复原统治者对城市下层社会的社会调控机构、方式、方法、手段和效果,将会为今天的中国社会提供一个可靠的参照系,为当今城市社会的管理和经营者提供宝贵的历史经验。对于我们在改革开放的今天,改变城市弱势群体的生存状态,发展经济,构建社会主义和谐社会,坚持和完善中国特色社会主义制度,推进国家治理体系和治理能力现代化,实现共同富裕的目标,都应当有所助益。也有助于加深对中国近代社会史的整体认识——笔者试图通过本课题的研究,填补中国近代社会史和城市史研究领域的一项空白。

本书以民国时期山东城市为切入点,通过对大量史料的深入挖掘整理和系统分析整合,以既往研究为基础,将社会学、城市学、行政学、法学、军事学、教育学、管理学等学科理论与史学的分析论证结合起来,大量运用社会学和相关学科的理论、概念和方法,同时运用传统的比较法,来全面系统深入地揭示民国时期城市社会阶层结构和城市下层社会的构成与状况;深入研究了北洋军阀政府时期、南京国民政府时期和日伪侵占时期的统治者对山东城市下层社会的社会调控机构(包括行政管理体系、军队、警察、特务等)、法律与规章、思想文化与社会规范控制以及社会救济与慈善活动等。鉴于民国时期中国共产党在山东抗日根据地和解放区的政权主要分布在广大农村地区,解放战争后期才开始对大中城市的接管工作,就不列入本书的研究范围。

北洋军阀政府时期,国家政治权威没有真正建立起来,行政调控手段缺失;军阀混战,军权为大,法律调控无从谈起;农民纷纷破产,城市下层社会民众生活无望,经济调控手段无力;崇尚暴力,道德教化功能丧失殆尽。诸多体制内的调控功效不断削弱,直至缺失,从而使城市下层社会失范,遂至许多社会问题沉渣泛起。就社会调控能力而言,南京国民政府时期的山东地方政府与北洋军阀政府时期相比有着明显的加强,对城市下层社会的社会调控技巧更趋成熟,社会调控组织更加严密,社会调控手段也更加多样化。国民党政府通过严密的行政组织、庞大的军事系统以及严格的思想统制,来对城市下层社会进行强有力的社会调控。抗日战争时期的山东,由于国民党缺乏坚决抗战的决心和得力的抗战措施,始终坚持片面抗战路线,省政府一直处于流亡状态,没有在沦陷区城市建立相对稳定的行政管理体系和警察等社会调控机构,特别是在1943年7月国民党山东省政府迁离省境后,国民党政府对山东城市下层社会的调控能力也由弱而变为无了。日伪统治下的山东,由于对城市下层社会的社会调控机制带有浓厚的殖民统治色彩,其暴虐的程度、控制的力度和渗透性可谓空前绝后。日本特务、顾问、宪警成为对城市下层社会进行社会调控的主宰。傀儡组织和伪政权直接服务于日本帝国主义"以华治华""以战养战"政略,军队、日特、宪警、保甲互为补充,并推行警保联系,出具联保连坐切结,进行奴化宣传教育等,在城市下层社会建立起了严密的殖民统治。抗日战争胜利后,国民党不惜与日伪合流以实现对山东的重新控制,采取了诸多措施以巩固其一党专制政权,但是其政治改革无力、行政机构膨胀、行政效率降低,贪污腐败屡禁不止,其经济政策根本缺乏对城市下层社会民众生活的广泛关照,又悍然发动内战,失去了民主,失去了公正,也失去了民心,其对城市下层社会的社会调控目标难以实现,作用也日渐弱化,最终随着国民党军队和政权一起退出山东的历史舞台。

总起来看,民国时期统治者对城市下层社会的社会调控呈现出由传统向近代的转型趋势,但这种转型是渐进和不彻底的,表现为在某些层面上社会调控的缺失,这是由其阶级局限性决定的。北洋军阀和国民党在本质上都是大地主、大买办、大资产阶级的代表,都是外国帝国主义侵略势力在华利益的代表,也都媚外残内,专制独裁。在对城市下层社会的社会调控方面,他们一方面继承了中国封建主义的衣钵,一方面又掺杂了西方法西斯主义的流毒,成为封建的法西斯主义。而且,这一时期社会调控系统从本质上看也是残缺不全的。这既与操纵这一系统的官僚机器的腐败有关,又与近代化的社会转型过程中社会调控系统自身的发育不良密不可分。同时,社会调控政策还缺乏系统性,强制性与保护性严重失衡,社会调控的保护性功能明显不足,对城市下层社会缺乏有效的社会保障和救济机制。

第一章 导 论

第一节 研究的缘起

首先,有关民国时期统治者对城市下层社会的社会调控问题的研究,是当前学术研究中的一个薄弱环节。20世纪80年代以来,社会史、城市史等研究在我国勃然兴起,但是社会史偏重于社会结构、社会意识等方面的研究,城市史偏重于近代中国城市化和城市现代化等方面的研究,革命史偏重于社会动员、阶级斗争等方面的研究。而且,与研究政治史、经济史、军事史及人物史相比,研究社会史收集资料比较困难,研究下层社会史更难,当时具有记述能力的官员、记者、作家、学者等群体几乎没人主动把视角瞄向社会下层,报纸、杂志、报告、著作等文字载体中有关下层社会的记载、描述也是少之又少,有史学价值的资料更难觅踪迹。在中国近代史研究中,论述的往往是领导集团、上层人物、杰出人物的活动,对下层群众的思想活动和社会生活一般很少涉及。这样,本来作为近代中国城市人口主体组成部分之一的下层社会群体以及对该群体的社会调控,在相关研究中往往被有意无意地忽略了,没有得到足够的重视,目前仍然处于学术研究的空白。

诚然，近年来"从下向上看的历史"或曰"低层的历史"研究逐渐受到青睐，下层社会群体开始成为众多史学工作者注目的焦点。华东师范大学历史系王家范教授指出："中国社会史研究，目前应迅速将透视的焦点从国家上层移向社会下层，下力气研究芸芸众生……透过他们日常普通的物质生活、精神生活和心理世界，展示千百万人的'众生相'，由下而上地展开对中国社会深层结构的揭露。"[①]毋庸置疑，对城市下层社会的研究逐步得到了重视和发展，越来越受到社会史研究领域诸多学者的关注，并取得了可喜的成果。如，一些学者对城市下层社会中人力车夫、乞丐、娼妓等群体的研究成果颇引人注目，还有些学者开始关注城市贫民、流民等。但是总体上看，近代城市下层社会群体至今仍然属于社会失语群体，尚缺乏系统的考察、梳理与整合，而对于近代城市下层社会的社会调控问题，研究者更是凤毛麟角。因此，做好民国时期城市下层社会调控问题的研究，可起到填补学术空白的作用。

其次，重视下层社会人民群众和社会生活的研究，在中国近代史著作中增加这方面的内容，还可以纠正一些近现代史著作枯燥干巴的弊病，使其内容更加丰满、生动、充实，更具有可读性。例如，对于中国共产党领导的根据地、解放区的社会生活状况，过去讲得比较简单，令人知之不详。近几年这方面研究逐渐引起一些学者的重视，如，何友良的《中国苏维埃区域社会变动史》、江沛的《论华北抗日根据地区域的社会变迁》，都做了比较深入的研究，提供了许多来自底层的生动材料。如果能把真实反映民国时期下层社会群体生活、生存状况的一些鲜活材料写入近代社会史著作，就会使著作的内容更加丰满，论述更加充分。

再次，近代山东地区的城市在全国各省区具有典型性和代表性。一方面既有在不平等条约下开放的烟台，也有被德国和日本先后侵占达20多年的殖民地城市青岛，还有被英国租借达30多年的威海卫；另一方

[①] 王家范：《从难切入，在"变"字上做文章》，《历史研究》1993年第2期。

面,也有在清末民初主动开放的济南、潍县、周村和龙口。此外,其他一些有代表性的传统城市,有的在近代衰落了,有的获得了新的发展。山东作为中国沿海的一个重要省份,各种类型的城市齐全,对有代表性城市的下层社会调控进行分期、分阶段的研究,探讨其发展规律和存在问题,有助于加深对整个中国近代社会史的整体认识。

　　清末至民国,山东社会处于近代工业化、城市化的发展演变阶段,城市阶层分化较快,各个阶层流动十分活跃,西方工业化进程中几百年才出现的城市阶层结构,在清末至民国时期的山东城市社会中已经初步显现。民国时期,在中外机缘的交错作用下,作为沿海省份和南北战略要地的山东的主要城市开始崛起,走在了全国近代化的前列。随着近代城市经济的发展,城市社会经济结构发生变化,人们的职业和谋生手段日趋多样化,城市市民社会开始出现,城市社会阶层结构发生了深刻变化。原有的社会阶层发生了分化,新的阶层产生了,社会分化与社会流动普遍加快,城市的各个阶层都在向与工业化社会相适应的近代社会阶层结构方向转变。在传统社会群体结构之外产生出新的社会群体,如买办、企业家、职员、文教工作者、自由职业者、工人、城市贫民等;传统社会结构中原有的官僚、手工业者、商贩等群体的身份地位也发生了很大变化。而社会阶层结构的加速分化,不断给国家和统治者的社会调控机制与能力带来新问题、新挑战,这种情况与同样处在转型期的当今社会多少有些类似。

　　最后,我国现阶段正处于城市化高速发展的时期,也面临着一系列需要解决的问题,如区域发展不平衡问题、贫富差距日趋拉大问题、社会阶层结构断裂风险问题等等。其中,如何改善城市下层社会弱势群体的生存状态,对其进行有效的社会调控就是一个引起广泛关注的问题。由陆学艺主持的中国社会科学院社会学研究所"当代中国社会结构变迁研究"课题组提出了当前中国社会"十大社会阶层"分类模式。这十大社会阶层分别是:国家与社会管理者阶层、经理人员阶层、私营企业主阶层、专业技术人员阶层、办事人员阶层、个体工商户阶层、商业服务业员工阶层、产业工人阶层、农业劳动者阶层和城乡无业、失业、半失业者阶层。在这十大阶层中,占据上层与中上层的国家与社会管理者阶层、经理人员阶层、私营企业主阶层和专业技术人员阶层一共才占社会适龄人口的9.3%,前三个阶层更是只占到4.7%。而居于中下层与下层的商业服务业员工阶层、产业工人阶层、农业劳动者阶层和城乡无业、失业、半失业者阶层则占到社会适龄人口的76.4%,即使是后两者也占到了47.7%。但是占人口总数少的中上层与上层却拥有着深厚而广泛的组织资源、经济资源和文化资源,而占人口大多数的中下层与下层则只占有很少量的以上三种资源,甚至基本不占有这三种资源。这种人数与拥有资源量的反差,表明我们现在的社会结构是一个资源分配不完全合理的分裂型的极化结构。

研究表明,由于城市下层社会和弱势群体只占有很少的社会资源,生活往往十分贫困。在20世纪末,中国社科院曾对上海、天津、武汉、兰州和重庆这5个城市的2 500户贫困家庭进行问卷调查。这个调查揭示了贫困家庭的这样一种状态:从收入上看,他们的收入只有当地社会平均收入的1/3甚至1/4;在食品消费上,贫困家庭每星期吃肉的天数平均在1—2天,武汉、天津和兰州有四成到六成的贫困家庭基本不沾荤腥,八成以上贫困家庭的副食以素菜(蔬菜)为主;在衣着消费上,90%以上贫困家庭中的成人极少买新衣服,30%—60%的贫困家庭成人穿的衣服主要靠亲友赠送,有些人穿的是基层社区募集的旧衣物;在医疗方面,贫困家庭中有家庭成员患有慢性病和遗传病的占30%—60%,但是生病时不去医院看病的占50%—70%;在教育方面,贫困家庭负担不起学校学杂费的占60%—90%,有50%—80%的贫困家庭在教育方面没有能够享受到政府或学校的优惠,因为缺钱想让孩子退学的贫困家庭,除了上海外其他城市都在二成上下;在社交方面,贫困家庭中有30%—40%不爱和邻居、同事交往，40%—60%过年过节不走亲访友。

随着贫富差距的拉大，社会对贫富差距的认知也在变化，在城市中由贫富差距导致的对立和不满情绪正在形成。中国人民大学社会调查中心进行的一项调查中，对"您认为在如今社会上的富人中，有多少通过正当手段致富"的问题，仅有5.3%的人回答"有很多"。2000年7月，根据国家计委社会发展研究所和国家统计局城调队联合对6个城市居民进行的问卷调查，对当前收入差距拉大"不太能接受"和"完全不能接受"的占被调查者的36.5%，认为"一般"的占40.8%，认为"勉强可以接受"和"完全可以接受"的只占19.7%。在城市下层社会和弱势群体中，挫折感在上升。在资源一体化配置的过程中，社会中相当一部分人拥有的资源越来越有限，一种社会挫折感在逐步蔓延。毋庸讳言，当下中国城市仍然存在数量庞大、结构复杂的弱势群体，并且对城市乃至整个中国社会产生巨大的影响。

那么在20世纪上半叶的中华民国时期，城市的社会分层状况如何？处在城市下层社会的民众生活状态怎样？统治者又是通过什么样的社会调控体系来控制、缓解或者试图干预不同阶层之间以及城市下层社会中存在的诸多矛盾和社会问题的？笔者认为，具体揭示民国时期山东城市下层社会的社会阶层结构和生存状况，重新展现这一时期的城市生活实景，复原民国时期统治者对城市下层社会的社会调控机构、方式、方法、手段和效果，将会为今天的中国社会提供一个可靠的参照系，为当今城市社会的管理和经营者提供宝贵的历史经验，对于我们在改革开放的今天，深入贯彻落实科学发展观，改变城市弱势群体的生存状态，缩小贫富差距，切实改善民生，缓解社会矛盾，加快发展经济，构建社会主义和谐社会，坚持和完善中国特色社会主义制度，推进国家治理体系和治理能力现代化，实现共同富裕的目标，实现中华民族伟大复兴的中国梦，都应当有所助益。

第二节　中国近代城市史及城市下层社会研究透视

一、国内研究现状

中共十一届三中全会以来,中国近现代社会史研究呈现出一派繁荣景象。学者们不仅构建了社会史研究的理论框架,而且对社会史范围内的婚姻、家庭、习俗、社会变迁、灾荒、匪患、会党、游民、娼妓、乞丐、烟毒等社会问题,几乎无所不涉,发表了不少论文。此外,有关中国近现代社会史的论著也大量陆续出版,如乔志强主编的《中国近代社会史》(人民出版社1992年版)、张静如等主编的《中国现代社会史》(湖南人民出版社2004年版)、朱汉国主编的《中华民国史·志四·文教社会卷》(四川人民出版社2006年版)、许庆朴等主编的《近现代中国社会》(齐鲁书社2002年版)、龚书铎总主编、朱汉国本卷主编的《中国社会通史·民国卷》(山西教育出版社1996年版)等,都是具有较为完整学科体系的专著,作者们按照各自的架构,从宏观上对近现代中国的各种社会现象、社会问题、社会心理、社会控制、社会生活等方方面面进行了探讨,对城市下层社会群体也有所阐述。其中,乔志强主编的《中国近代社会史》是第一本关于中国近代社会史的专著。它从三个方面建立了中国近代社会史研究的构架:(1)社会构成,包括人口、婚姻、家庭、家族、社区、民族、阶级和阶层;(2)社会生活,包括物质生活、精神生活和人际关系;(3)社会功能,包括教养功能、控制功能和变革功能。特别需要提出的是,由龚书铎总主编、朱汉国本卷主编的《中国社会通史·民国卷》一书,将"不同政区的社会调控"专门列为一章,分别对北洋军阀政府统治时期、南京国民政府统治时期和中国共产党在革命根据地的社会调控机构、法律与规章、宣教活动、社会激励机制,以及日本帝国主义在占领区的行政管理体系、军队、警察、宪兵、特务和奴化教育情况等进行了探讨和阐释,对开展本书研究具有较强的启发意义和借鉴价值。

区域性的社会史研究也积累了相当多的成果,如隗瀛涛等的《四川近代史》(四川社会科学院出版社 1985 年版),常城的《现代东北史》(黑龙江教育出版社 1986 年版),潘喜迁的《东北近代史研究》(中州古籍出版社 1994 年版),乔志强的《近代华北农村社会变迁》(人民出版社 1998 年版),杨天宏的《口岸开放与社会变革——近代中国自开商埠研究》(中华书局 2002 年版),吕伟俊的《民国山东史》(山东人民出版社 1995 年版)、《山东区域现代化研究(1840—1949)》(齐鲁书社 2002 年版),包伟民的《江南市镇及其近代命运(1840—1949)》(知识出版社 1998 年版),都试图从地域社会的角度完善近代社会史研究的理论体系和研究体系。

城市史是以城市为研究对象,以揭示城市和城市社会的发展、演变为主要目的的历史学科,是历史学与社会学、地理学、经济学、政治学、建筑学等许多学科相互交叉而形成的一门新兴边缘学科。它的研究范围包括城市背景中发生的一切社会历史现象,如城市化过程和城市社会、政治、经济、意识形态体系、结构与功能的演变及城市设施、居民生活、礼仪风俗的变迁等。尽管城市的产生可以追溯到人类历史的早期,但城市史成为一门独立的学科,却是 20 世纪 30 年代的事。国内的中国近代城市史研究,则兴起于 20 世纪 80 年代,近年来才取得了较大进展。据张利民编辑的《近代中国城市史论著索引》统计,20 世纪 80 年代以来,国内出版的与单体城市研究相关的专著、资料集、论文集等共计 518 部,①数量可谓良多,但真正能够称得上城市史研究著作的,所占比例甚少。其中,张仲礼主编的《近代上海城市研究》(上海人民出版社 1990 年版)及《东南沿海城市与中国近代化》(上海人民出版社 1996 年版),隗瀛涛主编的《近代重庆城市史》(四川大学出版社 1991 年版)及《中国近代不同类型城市综合研究》(四川大学出版社 1998 年版),罗澍伟主编的《近代

---

① 何一民:《中国近代城市史研究述评》,《中华文史论坛》2000 年第 1 期。

天津城市史》(中国社会科学出版社1993年版),皮明庥主编的《近代武汉城市史》(中国社会科学出版社1993年版),何一民的《中国城市史纲》(四川大学出版社1994年版)及《近代中国城市发展与社会变迁(1840—1949)》(科学出版社2004年版),刘海岩的《空间与社会:近代天津城市的演变》(天津社会科学院出版社2003年版),茅家琦主编的《横看成岭侧成峰——长江中下游城市近代化的轨迹》(江苏人民出版社1993年版),王守中与郭大松的《近代山东城市变迁史》(山东教育出版社2001年版),曲晓范的《近代东北城市的历史变迁》(东北师范大学出版社2001年版),唐振常和沈恒春主编的《上海史》(上海人民出版社1989年版),常宗虎的《南通现代化:1895—1938》(中国社会科学出版社1998年版),任银睦的《青岛早期城市现代化研究》(北京三联出版社2005年版)等著作,可谓是城市史研究中的力作。此外,《近代昆明城市史》《开封城市史》《鞍山城市史》《宝鸡城市史》《成都城市史》《拉萨史》《中国运河城市发展史》《济南简史》《青岛简史》《帝国主义与青岛港》《烟台港史》《周村开埠与山东近代化》《青岛海港史》《周村开埠》《枣庄煤矿史》《烟台对外贸易研究》等专著也都各具特色。上述著作,虽然各有侧重点,一般而言,对城市社会阶层也都有所涉及,但是由于资料的缺乏或者体例的限制,对城市下层社会群体的研究均着墨不多。

近年来,国内专家学者对近代城市社会结构、社会分层和城市下层社会的生存状况及社会调控的研究,也取得了一些重要成果。

其中,有关城市社会结构与社会分层的研究成果有:李明伟的《清末民初中国城市社会阶层研究1897—1927》(社会科学文献出版社2005年版),香港中文大学教授梁元生的《上海道台研究:转变中社会之连系人物,1843—1890》(美国夏威夷大学出版社1990年版),台湾学者张瑞德、卢惠芬的《中华民国史社会志·社会阶层与流动》(台湾国史馆1998年抽印本),崔玉婷的《抗战以前青岛华人社会阶层分析》(《文史哲》2003年第1期),陶鹤山的《论中国近代市民群体的产生和发展》[《东方论坛(青岛大学学报)》1998年第4期],刘秋阳的《民主革命时期中共对城市社会下层的认识与启蒙》(《党史文苑》学术版2006年10月),丁旭光的《民国初年广东社会阶层变动简析》(《广东社会科学》1997年第1期),郭芳的《早期青岛移民社会的构成》(《青岛教育学院学报》2002年第4期),刘海岩的《空间与社会:近代天津城市的演变》第八章"城市边缘阶层"(天津社会科学院出版社2003年版),马敏的《官商之间——社会剧变中的近代绅商》(天津人民出版社1995年版),刘海岩的《近代华北自然灾害与天津贫民化的边缘阶层》(《天津师范大学学报》2004年第2期),等。

有关城市下层社会群体生存状况的研究成果有:忻平的《从上海发现历史——现代化进程中的上海人及其社会生活》(上海人民出版社1996年版),胡俊修的《近世上海市民生活的解读与建构——以1927—1937年〈申报〉广告为主题的考察》(华中师范大学硕士论文,未发表),卢汉文的《民国时期城市居民的生活与现代性(1928—1937)》(华中师范大学博士学位论文,未发表),张斌的《1928—1937年南京城市居民生活透析》(吉林大学硕士学位论文,未发表),李映涛的《民国时期内地城市工人生活研究——以成都为例》(《中华文化论坛》2005年第4期),刘佛丁、王玉茹的《中国近代化过程中国民收入分配问题考略》(《中国经济史研究》1989年第4期),孟庆良的《济南解放前期的社会状况与工人运动》(《中共济南市委党校学报》2004年第3期),郭大松、贾月臣的《民国前期济南的人口与社会问题辨析》(《山东师范大学学报(社会科学版)》1998年第2期),迟维东的《试析社会下层的动向对历史演进的影响》(《社会》2001年第7期),等。

有关城市社会管理与社会调控的研究成果有:杜丽红的《20世纪30年代的北平城市管理》(中国社会科学院研究生院博士学位论文,未发表),朱宝琴的《沦陷时期南京社会的基层控制》(《南京大学学报》2003年第4期),许子强的《汪伪时期南京的保甲制度》(《钟山风雨》2003年第4期),杨荣的《北京市基层管理体制的历史变迁》(《北京社会科学》2004年第 1 期),王云骏的《民国南京城市社会管理问题的历史考察》(《江苏社会科学》2000 年第 3 期),张瑾的《二十世纪二三十年代"上海模式"对重庆的冲击》(《史学月刊》2000 年第 3 期),陈蕴茜的《论民国时期城市家庭制度的变迁》(《近代史研究》1997 年第 2 期),刘志强、姚玉萍的《北洋政府时期下层人民家庭功能及其革命动因的考察》(《近代史研究》1991 年第 5 期),等。

有关城市下层社会救济的研究成果有:蔡勤禹的《国家、社会与弱势群体——民国时期的社会救济(1927—1949)》(天津人民出版社 2003 年版),任云兰的《近代城市贫民阶层及其救济探析——以天津为例》(《史林》2006 年第 2 期),马陵合的《近代人力车夫与城市化症结——以 20 世纪 30 年代上海人力车夫的救济为中心》(张国刚主编《中国社会历史评论》第 4 辑,商务印书馆 2002 年版),邓小东、杨骏的《民国时期的乞丐与乞丐救济》(《晋阳学刊》2004 年第 1 期),唐富满的《20 世纪 20、30 年代广州的人力车夫及其政府救助》[《中山大学研究生学刊(社会科学版)》2005 年第 3 期],牛林豪的《论民国社会救济中的传统因素》(《株洲工学院学报》2005 年第 5 期),添地的《中国近代的慈善事业》(《中国减灾》2005 年第 11 期),莫子刚的《略论 1927 年—1937 年国民政府的救灾政策》(《四川师范大学学报》2000 年第 1 期),张玲的《战后苏北旅沪同乡团体的救济难民工作》(《档案与史学》2000 年第 5 期),刘五书的《论民国时期的以工代赈救荒》(《史学月刊》1997 年第 2 期),周秋光的《民国时期社会慈善事刍议》(《湖南师范大学学报》1994 年第 3 期)和《民国北京政府时期红十字会的慈善救护和赈济活动》(《近代史研究》2000 年第 6 期),等。

有关乞丐群体的研究成果有:邓小东的《略论民国时期的乞丐问题》(《宁夏社会科学》2004 年第 1 期),侯艳丽的《透视民国乞丐》(吉林大学硕士论文,未发表),池子华的《沉重的历史省思——近代中国的乞丐及其职业化》(《中国党政干部论坛》2004 年第 4 期),卢汉超的《城市人:近代上海的乞丐和游民》(《城市史研究》19—20辑,天津社会科学院出版社2000年版),李红英的《略论近代中国社会的职业乞丐问题》(《安徽师范大学学报》2000年第1期),等。

有关人力车夫的研究成果有:王印焕的《民国时期的人力车夫分析》(《近代史研究》2000年第3期)和《交通近代化过程中人力车夫与电车的矛盾分析》(《史学月刊》2003年第4期),邱国盛的《人力车与近代城市公共交通的演变》(《中国社会经济史研究》2004年第4期)和《北京人力车夫研究》(《历史档案》2003年第1期),马陵合的《人力车:近代城市化的一个标尺——以上海公共租界为考察点》(《学术月刊》2003年第11期),孔祥成的《现代化进程中的上海人力车夫群体研究——以上海20世纪20—30年代为中心》(《学术探索》2004年第10期),等。

有关娼妓、游民等的研究成果有:张超的《民国娼妓问题研究》(武汉大学博士学位论文,未发表),张百庆的《中国城市早期现代化过程中的娼妓问题》(《史学月刊》1999年第1期),鲍成志、邱国盛的《近代中国城市游民阶层的形成及其特征》[《苏州铁道师范学院学报(社会科学版)》2000年第1期],池子华的《中国近代流民》(浙江人民出版社1996年版),等。

20世纪80年代以来,山东学界对近代山东城市史也进行了一定的研究,具体成果有:王守中、郭大松著《近代山东城市变迁史》(山东教育出版社2001年版),任银睦著《青岛早期城市现代化研究》(北京三联出版社2005年版),党明德、林吉玲等编《济南百年城市发展史——开埠以来的济南》(齐鲁书社2004年版),济南市社会科学研究所编著《济南简史》(齐鲁书社1986年版),胡汶文等著《帝国主义与青岛港》(山东人民出版社1983年版),丁抒明主编《烟台港史》(人民交通出版社1988年版),孔令仁、李德征编《周村开埠与山东近代化》(山东大学出版社1996年版),寿扬宾编《青岛海港史》(人民交通出版社1986年版),等。这些成果的主要特色有以下几个方面:第一,城市通史研究为现有成果的主要表达方式;第二,单个城市史研究为主体,但是以城市群体作为研究对象已经开始;第三,不同类别的城市受到的重视程度不同,总体看来,沿海开放城市更受重视,传统城市和内陆城市研究较少;第四,研究的方法基本上为宏大叙事体,没有能够展现近代山东城市的全貌,对城市下层社会涉猎甚少;第五,对城市发展与近代山东社会变迁的关系探讨不够,城市似乎是孤立存在的;第六,资料的发掘不够,尤其是缺乏档案材料作为支撑。

  对于近代城市下层社会研究来说,值得庆幸的是,20世纪二三十年代一些有识之士着手对城市下层社会群体进行了较多的社会调查,留下了非常宝贵的第一手研究资料。主要包括:20世纪初期基督教会和外籍教师组织的城市社会调查,以及20世纪20年代开始的中国社会学家从事的城市问题调查。中国20世纪初期的城市社会调查是与社会学的传入及发展紧密相连的。社会学传入中国的主要渠道之一是教会学校。1908年上海圣约翰大学开设社会学课程,1913年上海沪江大学创立社会学系——这是我国最早的一个社会学系。1917年,沪江大学社会学系为配合教学创立了"沪东公社",为上海杨树浦一带的工人提供社区服务。第一次世界大战期间,中国的民族工业有了相当发展,由于工业化和城市化引发了一系列劳工问题,基督教青年会遂进行了一系列针对城市劳工以及其他问题的调查。一些教会学校的教师也主持、组织了一些社会调查活动,形成了一个社会调查运动。早期的社会调查多由外国传教士或外国教师主持,在调查内容选定和方法运用上受美国的影响非常大。当时主要的城市社会调查有:1914年,北京青年会发起了"关于北京302个人力车夫生活情形"的调查,这是我国第一个有关城市人力车夫的调查,拉开了中国早期社会调查运动的序幕。1917年,清华大学美籍教授狄德莫(G.G.Dittmer)指导该校学生(当时清华大学设有社会学课程,但尚未设社会学系)对北京西郊195户居民的生活费用做了调查分析,其中汉族人100家,满族人95家,职业包括工人、农民、车夫、军人、木匠、理发匠及少量学人等。1918—1919年,燕京大学社会学系主任步济时（J.S.Burgess）和美籍传教士甘博尔（S.D.Gamble）等，仿照美国茹素斯基金会所组织的春田调查（spring field survey），在北京进行了一项较大规模的城市调查，调查内容包括北京的社会状况，涉及历史、地理、政府、人口、健康、经济、娱乐、娼妓、贫民、救济、宗教等项目，调查结果于1921年用英文在美国出版，书名为《北京：一个社会调查》（Peking：A Survey）。1924年，基督教会的齐鲁大学社会学系学生在中外教师的带领下，对济南市社会概况进行了调查，包括济南市的历史、地理、人口、行政管理、公共事业、地方财政、劳动制度、教育制度、娱乐活动、娼妓、工业状况、生活水准、住宅、慈善事业、教育体制、文化和教育机构、宗教机构、妇女动向、家庭状况、基督教活动等方面，内容可谓相当全面丰富，调查结果以《济南社会一瞥》为题于同年用英文发表。这一调查成果，为本书开展北洋军阀政府时期统治者对山东城市下层社会的社会调控研究，提供了直观丰富的第一手资料，具有较高学术价值。

  20世纪20年代初，中国的社会学者也已经开始做一些小规模的城市社会调查，如李景汉对北京人力车夫生活费的调查等。初期的调查多侧重于对工人生活费用的调查。自20世纪20年代始，一方面，一些中国学者开始对西方人主持的调查感到不满足，据费孝通回忆，"（30年代）燕京大学社会学系一部分不满足于社会工作的师生，我也是其中之一，提出了'要理论'的愿望。但是又感到英美资产阶级的'社会理论'不合中国情况；怎么办呢？于是想从社会调查入手。但是当时又认为甘博尔（S.D.Gamble）、布济斯（J.S.Burgess，也译为步济时）以及清河和定县这类社会调查太肤浅，解决不了问题，想另求出路"。[①] 另一方面，随着中国社会学教学、科研队伍的逐步形成和教学科研机构、学术团体的成立，中国社会学者也开始有条件做自己的尝试。他们致力于将社会学的理论和方法同中国的社会实际相结合，由此全国性的调查研究机构逐步建

---

① 费孝通：《东方赤子·费孝通卷》，华文出版社1999年版，第32页。

立，中国社会学者自己组织、主持的大规模社会调查相继展开。当时主要的调查机构有"社会调查所"及"中央研究院社会科学研究所"。社会调查所的前身是1926年成立的中华教育文化基金董事会社会调查部，1929年更名为社会调查所，所长为陶孟和。该所做了大量的调查研究，其中比较有名的是陶孟和的《北平生活费之分析》、杨西孟的《北平生活费指数》等。此外，我们还可以看到一大批调查成果：林颂和著的《塘沽工人调查》（社会调查所），杨西孟著的《上海工人生活程度的一个研究》（社会调查所），施裕寿等人的《山东中兴煤矿工人调查》，麦倩曾著的《北平娼妓调查》（《社会学界》1931年第5卷），许仕廉著的《一个市镇调查的尝试》（《社会学界》1931年第5卷），牛鼐鄂著的《北平一千二百贫户之研究》（《社会学界》1933年第7卷），刘宝衡著的《上海市人力车夫生活状况调查报告书》（1934年，市社会局），社会局编的《南京社会》（1934年，南京局），杨蔚著的《成都市生活费之研究》（1940年，金陵大学农学院），史国衡著的《昆厂劳工》（1943年，商务印书馆），社会部编的《成都社会概况调查》（1944年，社会部统计处），等等。

自《北京：一个社会调查》出版以后，全国兴起了社会调查之风。其后，20世纪20年代开始，大量模仿美国城市社会学、人类学进行的社会调查涌现出来，内容主要涉及人口、劳工、风俗、妇女、教育、灾祸和社会概况等，各类社会调查数以万计。据燕京大学社会学系学生统计，仅在1927—1935年，全国各类大小社会调查报告就有9 027件之多。综观这些调查，我们可以看到几个较突出的特点：(1) 对下层群体的关注。除上述调查成果外，还有1929—1930年，中央研究院社会科学研究所王际昌指导40多人，对上海市杨树浦工人所做的调查等。(2) 重视对"生活"的调查研究。突出的有陶孟和于1926—1927年所作的《北平生活费之分析》。他采用了家庭记账法，对北平48家手工业工人的家庭生活费进行了6个月的调查，对12家小学教员的家庭生活费进行了1个月的调查后写成。采用日用账簿法进行调查在当时还是个创举，此书是在国内采用记账法调查工人家庭生活费的第一本书。之后,在各地的对生活费的调查,大都采用此方法,因此其在方法上是有较大贡献的。(3)理论、方法上的成就具有较明显的局限性,在调查内容方面存在分散重复的问题。在方法上借鉴外国的较多,自主创新的较少,调查手段比较单一,主要采取问卷调查的手法。此外,缺乏学术上的提升,以社会调查为工具、具有社会学理论趋向的调查较少见,这不可避免地限制了社会学者和各种民间机构的调查成果以及解决问题的实际成效。但是,这些珍贵的第一手调查材料,对于当前研究民国时期城市下层社会问题具有较高的参考价值。

总体看来,目前国内城市史研究主要集中在城市现代化与城市化、半殖民地化与城市发展、近代城乡关系、城市现代化和城市化的动力等方面,虽然相关研究有城市结构内容,但是经济方面的研究居多,而城市文化、城市社会、城市管理的研究相对较少,并多停留在表面的描述上。虽然在已有的社会史和城市史的研究论文和专著中,人们已开始对社会阶层的研究,但对城市下层社会(特别是区域城市下层社会)的关注程度和了解深度参差不齐,仍然是当前历史研究中的一个薄弱环节,对城市下层社会的内部结构、人数分布、收入与生活费用、社会与家庭生活等具体问题的研究较为含糊,关于统治者对城市下层社会的社会调控的研究涉猎者更少,缺乏历史学与社会学等人文社会学科在理论上的整合与贯通。

二、国外研究现状

对中国近代城市史的研究,西方学者先于中国。早在19世纪末和20世纪初城市史研究作为一门新兴学科就在欧美一些国家兴起。20世纪20年代,西方学术界就已出版了有关近代中国城市史研究的论著。20世纪60年代以来,西方学术界对中国近代城市史研究已经形成若干理论模式,并出版了大量的研究论著。但真正的研究起点,还是罗兹曼的中国城市网络学说和施坚雅的中国城市发展区域说。他们研究的最重要贡献是将区域学说引入中国城市史研究,注意到了中国区域间城市化差异这一重要特征,突出对城市网络的研究,主要解决的是城市结构的现代化问题。虽然这些研究偏重于城市地理学,但是,由于施坚雅的研究背景是西方史学界对马克斯·韦伯"西方中心论"的批评和"东方主义"的兴起,所以其研究试图"通过中国发现历史"的做法,无疑具有积极的意义,但也存在矫枉过正之嫌,因为他过多地忽视了西方外力对中国近代城市发展的巨大冲击作用。

此后,墨菲的《上海:现代中国的钥匙》(上海人民出版社1986年版),罗威廉的《汉口:一个中国城市的商业与社会,(1796—1889)》(美国斯坦福大学出版社1984年版),《汉口:一个中国城市的冲突与社区,(1796—1895)》(美国斯坦福大学出版社1989年版),鲍德威的《中国的城市变迁:山东济南的政治与发展(1890—1949)》(美国威斯康星大学出版社1978年版),魏斐德的《1927—1937年的上海警察》(美国加利福尼亚大学出版社1995版),美国学者杨格的《近百年来上海政治经济史(1842—1937)》(台湾文海出版社有限公司1974年版),关满屯的《天津商界:一个中国城市的社会与经济》(美国斯坦福大学出版社1990年版),史明正的《北京的变化:1900—1928年中国首都的结构、公共事业与社会改变》(美国哥伦比亚大学出版社1993年版),约翰逊·L.C.的《上海:从市镇到条约口岸,1074—1858年》(美国斯坦福大学出版社1995年版),日本学者高桥孝助等的《上海史——巨大都市形成与人们的经营》(东方书店1995年版),都很有特色。

区域性的城市史研究也十分引人注目,如卡蒂尔·C.L.的《中国南部沿海的商业城市:宁波、福州和厦门》(美国加利弗尼亚大学出版社1991年版)、林达·约翰逊主编的《中国帝制晚期的江南城市》(美国纽约州立大学出版社1993年版)等也相继出版。这些著作壮大了西方学术界对近代中国城市史的研究。此外,施坚雅等人编著的《中华帝国晚期的城市》(中华书局2000年版)、《两个世界中间的中国城市》(美国斯坦福大学出版社1974版)汇集了近代中国城市史研究的众多理论探讨和个案研究的成果,足以显示西方学者的研究实力。

其中,鲍德威的《中国的城市变迁:山东济南的政治与发展(1890—1949)》是针对一个具有深厚历史文化沉淀的典型内陆城市进行的研究。一方面,他试图从较长时段对济南整个城市的命运进行全面考察,以探讨其政治及社会的近代变革;另一方面,他也力图通过强调当地资产阶级的领导角色,来勾勒济南经济和教育的现代化进程。但由于政局动荡,特别是军阀混战、日本的侵华战争和国共内战,济南现代化的进程受挫。尽管鲍德威精心构思,尝试在著作中进行社会经济史维度的考察,但是研究成果还是落入了政治史的窠臼,没有能够立体地展现近代济南发展的全面图景,对城市下层社会也着墨甚少。尽管如此,该著作毕竟是西方学者关于近代山东城市史研究的第一部著作,会对本书的研究有所帮助。

施坚雅在《中华帝国晚期的城市》中,将中国城市划分为西北、华北、长江上游、长江中游、长江下游、岭南、东南沿海、云贵和满洲九大独特的"大区域"。正如前文肯定施坚雅学说方法论的意义一样,近代山东城市基本上可以分为沿海城市、内陆城市、运河沿岸城市三大类型,所以施坚雅的城市发展区域说对本书有借鉴价值。

日本学者对近代中国城市史也有精细的研究,如早在20世纪40年代,今掘诚二就开始研究中国近代城市史。今掘诚二不是从权力一方来把握城市史,也不是从革命运动的政治斗争立场来分析城市史,而是始终以人们的日常世界作为研讨对象来研究北平市民的"水会",试图描绘出当时的北平社会,这在当时是划时代的实证研究。20世纪70年代后半期,"上海史研究会"成立,从此日本学界试图通过近代中国城市史研究来回答"中国社会的本质是什么"的问题。从某一个角度上讲,日本学者的研究更加微观和具有实证性,这种以小见大的叙事模式有极大的方法论价值。

海外学者对中国城市阶层结构也有较深的研究,如美国华人学者关文斌著的《文明初曙:近代天津盐商与社会》(天津人民出版社1999年版)、《近代天津的穷家门:行乞与生存策略论述》(《城市史研究》第23辑,天津社会科学院出版社2005年版)和《乱世:天津混混儿与近代中国的城市特性》(《城市史研究》第17—18辑,天津社会科学院出版社2000年版),美国学者魏斐德的《1927—1937年的上海警察》(美国加利福尼亚大学出版社1995年版),韩起澜的《姐妹与陌生人:上海纺纱女工,1911—1949》(美国斯坦福大学出版社1986年版),大卫·斯特兰德的《人力车的北京:二十年代的市民与政治》(美国加利福尼亚大学出版社1989年版),佩里、韩起澜的《创造中国的社会群体:苏北人在上海,1850—1980》(美国耶鲁大学出版社1992年版),盖尔·H.的《天津的工人,1900—1949》(美国斯坦福大学出版社1986年版),澳大利亚学者布赖恩·马丁的《上海青帮》(上海三联书店出版社2002年版),法国学者白吉尔所著的《中国资产阶级的黄金时代(1911—1937)》(上海人民出版社1994年版),日本学者市野政子的《上海平民生活》(日中出版社1998年版),岩间一弘的《1940年前后上海职员阶层的生活情况》(《史林》2003年第4期),等等。

此外,对城市下层社会民众的研究也越来越得到海外学者的重视。法国人安克强、德国人叶凯蒂、美国人贺萧对上海妓女史的研究,对妓女与文人关系的研究,在方法上很有启发意义。王笛的《街头文化——成都公共空间、下层民众与地方政治,1870—1930》(美国斯坦福大学出版社2003年版),以中国内陆城市成都作为研究对象,考察城市空间、下层民众、大众文化与地方政治的关系,以街头文化为中心,展示街头出现的各种文化现象,揭示了下层民众的数寸空间和文化传统的丧失以及他们为自己命运所做的抗争。他在另一篇文章《二十世纪初的茶馆与中国城市社会生活》(《历史研究》2001年第5期)中考察了清末民初茶馆在市民生活中的地位后,指出:茶馆为成都市民的"公共生活"——家庭圈子之外的活动,提供了最重要的场所,没有任何一个公共空间,能够像茶馆那样容纳从上层精英到底层民众各个社会阶层,使他们悠然自得地相处在一起。小商人在这里洽谈生意,苦力在这里寻找雇主,小贩、艺人、手工匠通过茶馆里的种种活动维持生计……从公共活动场所的角度,还原了真实的近代城市社会生活。卢汉超所著的《霓虹灯外——20世纪初日常生活中的上海》(上海古籍出版社2004年版),从城市的各个细节入手,引用大量的文献资料,生动地展现出一幅近现代上海市井生活图景,并揭示了传统的力量在中国近代史上的重要地位。

综观国外学者有关中国近代城市史的研究,是基于"欧洲中心观"和"中国中心观"这两个出发点,探讨城市在适应、领导近代中国现代化过程中的作用。与中国学者研究截然不同的是:为了透析城市社会的结构、成分及其变迁机制(轨迹),一大批特殊群体或政治、经济、社会团体成为着力考证的主题。同时,地方精英受到了他们的特别关注。正是因为如此,虽然国外学者在研究有些问题(如社会犯罪、公共领域等)时,涉及城市下层社会群体,但是没有进行专题研究,从而为本书留下了足够的研究空间。在方法论上,他们比较重视对城市进行定性分析和定量分析,这些理念和方法日渐影响着当前城市研究的主流。西方学者对中国近现代城市史研究的方法与经验,值得中国学者关注和学习,对本书的研究有很大的借鉴价值。

第三节 研究方法与创新价值

一、研究方法

本书以民国时期的山东城市为切入点,通过对大量史料的深入挖掘整理和系统分析整合,以既往研究为基础,将社会学、城市学、行政学、法学、军事学、教育学、管理学等学科理论与史学的分析论证结合起来,大量运用社会学和相关学科的理论、概念和方法,同时运用传统的比较法,以丰富的史料为依据,来全面系统深入地揭示民国时期城市社会阶层结构和城市下层社会的构成与状况;探讨民国时期不同阶段的统治者,对山东城市下层社会的社会调控机构、法律与规章、思想文化与社会规范控制,以及社会救济与慈善活动;研究各级政府对于城市下层社会问题的因应方略。在新的研究视角下,原来社会史研究中容易被忽视的部分将得到更鲜明的揭示,进而推动民国城市社会史研究走上一个新台阶。

历史学的发展既源于内在的动力,又得益于学科之间的借鉴。目前,历史学与社会学、社会心理学、城市学、经济学、政治学等研究相互交叉,派生出许多新的研究领域及课题,出现了一批极为可观的成果。城市下层社会史研究也需要我们广泛吸收其他学科的理论,构建起更符合历史实际的完整理论体系和分析模式。本书将以唯物史观为基本指导思想,以社会调控的基本理论为分析工具,进一步运用历史学与社会学、法学、管理学、教育学、行政学、军事学相结合的研究方法,对民国时期统治者对山东城市下层社会的社会调控进行综合性研究。

鉴于已有的研究基础比较薄弱,尤其对民国时期统治者对山东城市下层社会的社会调控机构、法律与规章、思想文化与社会规范控制及社会救济与慈善活动等基本状况缺乏系统梳理,本书首先致力于城市下层社会调控历史事实的重建,也就是基于历史事实的"描述"。历史是建立在事实基础上的学科,史料是历史重建工程必须的原材料,实证主义是研究历史的基本方法,不可须臾或离。

资料的收集和整理分析是能否完成并做好本书的核心环节。但总体看来,中国的历史是由精英来记录的,关于民众日常生活的信息,无论在全国性还是地方性的历史资料中都十分稀少,加之民国时期距今年代久远,战争破坏,文献散佚,资料搜集维艰,而且目前学术界的相关研究成果微乎其微,只有从浩如烟海的原始资料和实地调查资料中进行认真鉴别、收集、梳理,这就增加了很大困难。目前看,资料来源主要包括以下七个方面：

档案,中国第一历史档案馆,南京中国第二历史档案馆,山东省图书馆特藏部、缩微部、地方文献资料中心,山东省方志馆,山东省档案局档案馆及山东省各主要城市档案馆、图书馆,查阅相关档案资料。

报刊,主要有《山东民国日报》《山东公报》《山东省政府公报》《大众日报》《山东文献》《东方杂志》《申报》《大公报》《晨报》等。

文史资料,主要有彭明主编的《中国现代史资料选编》,山东省图书馆特藏部《满铁调查资料》,实业部国际贸易局编《中国实业志》(山东省),山东省文史研究馆编《文史资料》,山东省政协编《山东文史资料选辑》,山东省档案馆、山东社会科学院历史研究所合编《山东革命历史档案资料选编》,常连霆主编、中共山东省委党史研究室编《山东党的革命历史文献选编》,以及《枣庄煤矿史》《淄博煤矿史》《胶济铁路史》《济南简史》《青岛简史》和部分全国性年鉴资料、中共党史资料等。

地方志,主要有孙葆田纂《山东通志》、《民国山东通志》编辑委员会编《民国山东通志》、山东省地方志编纂委员会编《山东省志》、清末以及民国时期山东各主要城市的地方志和近年来各主要城市史志单位编纂的地方志,如《济南市志》《青岛市志》《烟台市志》《潍坊市志》《济宁市志》等等。

国内外已有的一些学术研究成果,如前所述。

网络资料,从因特网、超星数字化图书馆、中国学术期刊网、人大报刊复印资料数据库、中国优秀博硕士论文全文数据库等获取相关资料。

调查资料,包括当时人的一些调查资料和本人的实地调查两个方面。当时人的调查资料,如1924年基督教会的齐鲁大学社会学系学生对济南市社会概况的调查(成果为英文的《济南社会一瞥》)、施裕寿等人的《山东中兴煤矿工人调查》;本人的实地调查包括文献调查和对一些老市民、老工人、老革命干部的口述调查。

此外,还有一些很重要的外文资料,如英文的《海关十年报告》

（China Maritime Customs：Decennial Reports）、《英国蓝皮书》（British Parliamentary Papers）、《中国工商业手册》（China, A Commercial and Industrial Handbook）、《山东——中国的一个神圣者》（Shantung, the Sacred Province of China）、《图说烟台通志》（Pictorial Chefoo）,德文的《胶州地区发展备忘录》,日文的《济南事情》《烟台领事馆辖内事情》《胶州湾》,等等,都是很有价值的可贵资料。

在现有史料的基础上,笔者试图尽最大努力加以连贯解读,使重建的史实最大限度地接近历史本相。但是尽管笔者极尽所能,跑遍北京、南京和山东各相关城市,深入城市社区寻访健在的当时社会生活的见证者,史料搜集的结果却仍然不尽如人意。有关民国时期统治者对城市下层社会的社会调控情况第一手资料的匮乏,成为本书研究的最大遗憾。对于未能读出的部分,只能信守阙疑,留有以待。

有史家说,历史学本身就包含两个层次,第一个层次是史实或史料的认定,第二个层次是对认定后的史实或史料的理解或诠释。[①]在对已有史料的诠释方法上,笔者以历史唯物主义和辩证唯物主义为指导,以现代化理论为基础,广泛采用历史学、经济学、社会学、行政学、教育学、管理学、法学、军事学等多学科的理论和研究方法,对民国不同时期统治者对山东城市下层社会的社会调控机构（包括行政管理体系、军队、警察、特务等）、法律与规章、思想文化与社会规范控制、社会救济与慈善活动等进行全面的考察和分门别类的论述,以期把握历史真相,总结经验教训,归纳历史发展规律,为当前工作提供借鉴。

诚然,如上所述,本书的研究内容涉及城市史、社会史、行政史、法学史、军事史、警察史、教育史、社会救济史、慈善事业史等众多研究领域,以自己有限的学力和浅陋的学识,笔者显然不可能熟悉这么多领域的研究成果和新近进展。为此,笔者采取抓住重点,兼及其他的方法,在那些

---

① 何兆武语,见《历史理性批判论集》,清华大学出版社2001年版。

与本书主题有重大关系的领域多下功夫,对其他领域则只能说有一些粗略的了解。因此,在某些具体材料和问题的分析上,本书很可能没有将最新、最有价值的成果吸收进来,这也是笔者今后一段时间学习和努力的方向。

二、创新价值

在已有的社会史和城市史的研究论文和专著中,人们已涉及社会阶层的研究,但对城市下层社会(特别是区域城市下层社会)的关注程度和认识深度参差不齐,目前仍然是研究中的一个薄弱环节;关于统治者对城市下层社会的社会调控的研究更是基本上处于空白状态。因此选择民国时期统治者对城市下层社会的社会调控作为研究课题,本身就是一个创新和探索,有重要的理论和现实意义。笔者通过本书的研究,试图填补中国近现代社会史和城市史研究领域中的一项空白。在本书研究的过程中笔者还尝试在以下几个方面进行了大胆探索:

第一,改变过去把政治史作为历史研究的主题而忽略社会史研究的片面倾向,同时把社会史研究的视角进一步深化,把对城市社会最底层民众的研究提升到较高位置。用相当大的篇幅论述了民国时期山东城市社会阶层结构、下层社会的构成与状况和城市下层社会中呈现的主要社会问题及统治者的相应社会调控方法、手段与效果,从而拓宽中华民国史的研究领域。

第二,鉴于社会调控是社会发展到一定历史阶段的产物,本书以相当篇幅分析了统治者对山东城市下层社会进行社会调控的背景和社会动因、思想渊源与理论基础及与之密切相关的社会政策、社会立法和社会行政问题。同时对民国时期统治者对城市下层社会的社会调控体系进行了系统的梳理、整合、还原和建构,以期对社会转型期的城市管理和对当前完善中国特色社会主义制度、推进国家治理体系和治理能力现代化有所借鉴。

第三,民国时期的山东是当时中国的一个缩影,从某种意义上说,民国时期山东城市下层社会的状况具有典型的代表性。因此,以统治者对山东城市下层社会的社会调控研究为切入点,可以使人们从中了解当时整个中国城市下层社会的社会调控情况,这种以点带面的写法和本书运用的其他研究方法(见前),对今后民国城市社会史的研究,也可起到抛砖引玉的作用。

第四,历史学的发展既源于内在的动力,又得益于学科之间的借鉴。在过去20余年里,历史研究与社会学、社会心理学、现代化、城市学研究相互交融,派生出许多新的研究领域及课题,出现了为数可观的一批成果。城市社会史研究也需要研究者广泛地吸纳其他人文社会科学的理论,创造性地运用于该研究领域,融会贯通,构建起更切合历史实际的完整理论框架和分析模式。本书在前人研究的基础上,将社会学等学科理论与史学的分析论证进行了较好的结合,大量引进了社会学和其他学科的理论、概念和方法,以大量史料为基础来系统深入地探讨统治者对山东城市下层社会的社会调控情况。在新的研究视角下,原来社会史研究中极易被忽略的部分得到更鲜明的揭示,开拓了近代城市社会史研究的新途径。

第四节　研究思路与文章架构

一、研究思路

民国时期的中国社会动荡不定,社会调控情况极为复杂。从纵的方面看,在短短的38年时间里,比较大的政权就先后有北洋军阀政府、南京国民政府、日伪政权和中国共产党领导的红色革命根据地政权。在每一个政权内,又可分为若干不同的阶段,如北洋军阀政府统治时期就可再分为袁世凯统治和袁世凯死后皖、直、奉系军阀轮流执政两个阶段(后阶段又分三个阶段),南京国民政府统治时期又可分为抗战前、抗战期间和抗战后三个阶段,中国共产党领导的红色革命根据地政权,起码也可以分为第二次国内革命战争时期、抗日战争时期和解放战争时期三个阶段。从横的方面看,民国年间中央政府从来没有实现过真正的统一。北洋军阀政府时期,除了袁世凯当政时有短暂的统一外,袁氏一死,中国也就陷入了军阀割据时期。1928年南京国民政府名义上实现了统一,但中国共产党领导的红色武装割据政权从来没有停止推翻国民党政权反动统治的斗争。"九一八事变"后,东三省迅速沦为日本的殖民地,"七七事变"后,华北、华东、华中、华南也相继沦陷。为了共赴国难,中国共产党摒弃前嫌,与国民党实行第二次国共合作。但鉴于大革命的失败,中国共产党此次与国民党合作时保持了相当的警惕性和独立性。总之,由于这些政权性质的根本不同,在进行社会调控方面,就表现出不同的特点。

山东地处要冲,东濒大海,海上交通方便;北临京、津,是京、津的门户;津浦路贯通全省,是南下徐、宁、沪的必经之地,因此历来是兵家必争之地,在全国占据重要的地位。民国时期,山东省先后建立了北洋军阀政权、国民党政权、人民民主政权,在抗日战争期间还出现过国民党政权、人民民主政权、日伪傀儡政权同时并存的局面。

北洋军阀统治初期实行军政合一,山东都督(督军、督理、督办等)独揽全省军政大权,后又设立省长公署,同时设有省议会,行使审议权、建议权、质询权和纠弹权。但北洋军阀军事长官大都兼任行政长官,或实际上掌握全省军政大权,并时常干预议会选举。北洋军阀山东省政权一边疲于应付军阀间的混战,一边残酷镇压学生爱国运动和工人运动,搜刮民财,无心建设。因此这一时期山东经济落后,城市社会调控功能缺失。

1928年5月,国民党政权在山东设省政府。省政府设立初期,战事不断,各派斗争激烈,长官更迭较快,虽强调整饬吏治,整顿财税和教育,着手经济建设,但都收效甚微。1930年9月,南京国民政府委任韩复榘为山东省政府主席。在长达7年多的时间里,韩复榘集军政大权于一身,拉拢和利用各种势力,实行了一系列独特的统治方法,成为在全国颇有影响、独霸一方的地方军阀。1937年7月卢沟桥事变后,日军逐渐侵入山东。韩于1937年12月24日撤出济南,旋即被蒋介石以"不遵命令、擅自撤退"等罪名处死。之后,国民党山东省政府在全国人民抗日热潮的推动下,也曾主张抗击日军,但随着战争的发展,为保存实力,则消极抗日,积极反共。1945年8月15日日本宣布无条件投降后,国民党山东省政府排斥民主政府,单方对日军受降,破坏国共停战协定和军事调处;后又成立党政军统一指挥机构,向解放区发动军事进攻,无心也无力开展城市政治经济文化建设。但在解放区军民的强大攻势下,山东国民党政权于1948年9月最终随着山东国民党军队的覆灭而消亡。

日本侵略军侵占山东期间,于1938年3月组建了伪山东省公署,1943年8月改为伪山东省政府,由日本顾问操纵其一切活动。日伪山东省傀儡政权的伪化活动,主要是建立各地伪政权,组建扩充伪军队、警察、特务组织,推行"治安强化运动",对沦陷区进行经济掠夺,企图建立起完整的殖民地经济体制。同时还开展"新国民运动",进行奴化教育,妄图在"中日亲善""大东亚共荣"的幌子下灭亡中国。1945年,日伪山东傀儡政权随着日本侵略者的无条件投降而同时灭亡。

1948年9月,山东全境基本被解放。1949年10月1日,中华人民共和国宣告成立,揭开了山东发展史上的崭新一页。

为了全面反映民国时期统治者对山东城市下层社会的社会调控情况,本书将分别对北洋军阀政府时期、南京国民政府时期统治者对山东城市下层社会的社会调控机构(包括行政管理体系、军队、警察、特务)、法律与规章、思想文化与社会规范控制以及社会救济与慈善活动等进行探讨。至于日本帝国主义在占领区的社会调控情况,考虑到其特殊性,特分专章进行论述。鉴于中国共产党在山东抗日根据地和解放区的政权主要分布在广大农村地区,解放战争后期才开始对大中城市的接管工作,因此就不列入本书的研究范围。

具体到调研的城市而言,本书的研究以山东具有代表性的大中城市为主,同时适当兼顾小城市,调研的城市对象为济南、青岛、烟台、威海、日照、潍坊、淄博、德州、聊城、枣庄、临沂、泰安、济宁等,并按照沿海城市、内陆城市、运河沿岸城市和中小城市,分别调查,而将功能比较齐全的济南、青岛、烟台、潍坊、济宁等有代表性的城市作为考察重点,对于未尽的研究今后将逐步深入探讨。

就调查手段和内容而言,主要是文献(不仅局限于文字,包括图像和实物)调查和口述调查两种方式,尽量通过多种途径来征集第一手材料。既要访问相关人物,查阅民国时期城市下层社会的相关报纸杂志、回忆录,还要查阅有关档案、日记、书信、笔记、官方文献、地方志等等。当然,已发表的相关学术论文和出版的有关学术专著等前期研究成果,也是笔者调研必不可少的内容。

二、文章架构

在充分调查研究的基础上,本书分为如下几部分展开论述:

第一章导论部分叙述研究的缘起,综述国内外关于中国近代城市史的研究现状和现有城市下层社会社会调控研究的基础,阐明创新价值和研究理论与方法,说明研究思路和文章架构。

第二章为民国时期山东城市下层社会概说,主要进行近代山东城市化与城市社会结构的重构和城市社会阶层结构分析,理清城市下层社会的构成与状况。

第三章论述北洋军阀政府时期中央和地方政府对山东城市下层社会的社会调控,主要介绍北洋军阀政府的社会调控机构(包括行政管理体系和军队、警察、特务)、法律与规章、思想文化与社会规范控制、社会救济与慈善活动。

第四章论述南京国民政府时期中央和地方政府对山东城市下层社

会的社会调控,主要介绍南京国民政府的社会调控机构(包括行政管理体系和军队、警察、特务)、法律与规章、思想文化与社会规范控制、社会救济与慈善活动。

第五章论述抗日战争时期日伪政权对山东城市下层社会的社会调控,主要介绍日伪政权的行政管理体系,军队、警察、宪兵和特务,以及奴化宣传教育。

第六章结语部分将民国时期统治者对山东城市下层社会的社会调控,放在中国近代社会转型的大背景下进行考察,对其在中国社会近代转型过程中的历史作用与历史价值及经验教训做了进一步的分析和更深入的思考。

第二章 民国时期山东城市下层社会概说

第一节 城市社会阶层结构分析

一、近代山东城市化与城市社会结构的重构

1. 近代山东城市化概况

城市化的内涵包罗宏富,不同学科对城市化的理解有所不同。社会学家从人类行为方式的角度考察,认为城市化是人们行为方式和生活方式由农村社区向城市社区转化的过程;人口学家强调城市化是农村人口不断向城市集中的过程;地理学家视城市化为一种地理景观,认为城市化是乡村地域向城市地域的转化过程;经济学家侧重于产业结构的变化,认为城市化是人们从农业向非农业部门转变的过程;历史学家则认为,城市化是一个变传统农业社会为现代工业社会的历史过程。

事实上,对于城市化这一复杂的系统转化过程,立足于单一学科的解释难以揭示其全部内涵。笔者认为,城市化不仅是农村人口向城市不断转移,原有的城市规模不断扩大,新的城市不断产生的过程,也是经济结构、生产方式、经济活动在地理空间上向城市日趋集中,城市经济、政治、文化特性和生活方式向农村渗透的过程。其目标指向就是农村社区脱离传统的乡村生活,逐渐具备城市社会的基本特征,最终达到城乡融合。

城市史学者普遍认为,中国的城市化肇始于19世纪中叶,与中国近代工业化进程同步。对此,当代中国城市化学者却不以为然。他们效仿西方学术界把城市人口占总人口10%作为城市化起点的做法,将中国城市化的起点定于1949年(这一年中国的城市化水平恰恰是10.6%)。笔者以为,这种套用西方城市化标准的做法未免有些简单化。从发生学的角度看,城市化是生产力发展引起的生产方式、生活方式和居住方式改变的历史过程,工业化是城市化的经济内涵,城市化是工业化的空间表现形式。因而判断城市化的起点不应仅以城市人口是否达到10%为标准,而应该以工业化是否开始为标准。19世纪中叶之后,随着中国国门的开启和西方资本主义的侵入,中国城市发展动力因素发生了变化,尤其是中国工业化进程在洋务运动的喧嚣声中缓缓启动后,中国近代城市化作为一种社会现象也就在事实上存在着了。

在近代中国,城市化现象主要反映在社会生产和生活的各个方面,从城市化的表现方式来看:一是表现为城市工业化的启动及其程度的不断提高,并由此导致城市经济结构的变化和城市集聚能力、辐射力的提高。二是表现为人口由农村向城市转移,农业人口转化为非农业人口,城市人口不断膨胀,农村社区演化为城市地域,并由此导致原有城市规模的扩大。

近代山东城市化首先表现为城市工业化进程的启动和初步推进。城市工业化是城市化的内动力,也是城市化的主要表征。随着山东各主要城市的先后开埠,城市工业化进程纷纷启动。

相对来说,半岛地区的机器工业起步较早。第二次鸦片战争中,于1858年签订的《天津条约》规定,开放山东的登州为通商口岸。战争结束后,英国公使马礼逊经过实地考察认为,登州不适合作为通商口岸,并提出烟台港为最佳。根据马礼逊的报告,英国遂决定将开埠口岸登州改为烟台,得到了清政府的许可。1861年8月,烟台在英国的干预下宣布开埠。烟台开埠后,成为19世纪下半叶山东唯一的对外贸易中心,外国进出烟台港的船只增加很快,每年都在600只以上。为适应外商轮船沿海航运发展的需要,德国商人在烟台开办了李契曼船舶修理制造厂,并配置机械设备,承接修理来往烟台的外国船只。1872年,美国商人在烟台创办了一家蛋粉厂。1877年,德国资本在烟台创办山东第一家机器缫丝厂——烟台矿丝局,这是一家缫丝兼织绸的工厂。1882年以前,该局的机器全部为手摇机,缫丝和织绸两个主要工序完全用手工完成。1882年,又添置了机器,实行部分机器生产。到19世纪末,在烟台设立的外国公司达到26家,其中英国7家、德国4家、美国3家、法国2家、日本10家。①

德占青岛后,力图把青岛开发为以贸易市场和商品转运港为主要功能的现代港口城市,同时也关注青岛的工业投资和发展。在殖民地早期,德国资本在青岛工业的投资设厂活动主力,主要是德国殖民当局官办企业,主要投资创办了一些急需的工业,如造船厂、发电厂、机车厂和屠宰场等。1901年至1906年,德国海军殖民当局用了6年时间,耗资500万马克,在大港建成青岛造船厂。该厂设备齐全先进,拥有1.6万吨的浮船坞。该厂可容长145米、排水量1万吨以上的船舶进港修理。船厂码头还设有150吨电动起重机。造船厂平时有德籍职员50人、华工1 500余人,工忙时使用华人达1 800余人。1902年开始设立华人徒工学校即艺徒养成所,招收华人青年在校学徒,培养熟练工人。第一期招收学徒76人,学制4年,所学课程有机械、电器、冷作、木工、铜匠、锅炉匠、制图、会计等。养成所在德占时期先后毕业8届学徒,共1 000余人,除300余人留在船厂外,其余学徒后来散布于青岛及山东其他城市,成

---

① 刘德军、张玉玲:《山东工业史》,山东人民出版社2018年版,第353—354页。

为近代山东机器制造行业的一批技术骨干力量。1901年,胶济铁路修至丈岭时,德国铁路当局利用艺徒养成所的技术工人和当地的木工、铁工建成机车修理厂。该厂后来发展成为胶济铁路四方机车厂。除了官营企业,德国商人资本也在青岛投资创办一些企业,其中最主要的是德华（沧口）缫丝厂和青岛啤酒酿造公司。1902年至1903年,德商投资20万马克,在青岛沧口兴建大规模蒸汽缫丝厂,1904年开始试生产。机器设备为德制最新式样,生产采用新的缫丝工艺。缫丝厂有女工约400人,男工约600人。工厂开设有专门的训练班,以提高工人的操作技能。到1907年,已有1 200名职工接受了培训。工厂生产出的优良产品在欧洲市场的销售价格,比烟台地区本土方法生产的最佳蚕丝高出40%,而它的生产成本比烟台同类产品才高25%。1904年,德、英等国商人在青岛创办了山东第一家啤酒厂——日耳曼啤酒公司,上市后很快驰名于中国沿海各城市,销路甚好。德商利用青岛当地廉价的劳动力和内地丰富的农业资源,还开设了若干加工农畜产品的企业和制冰厂、矿泉水厂、肥皂厂、精盐制造厂、香肠加工厂、制革厂、砖瓦厂等。这些企业在一定程度上为近代工业生产技术的引进提供了机会,培养了一批技术力量,并刺激了民间资本投资设厂的热情。①

外来资本的涌入,不仅带来了新商品、新技术,为半岛地区的经济发展注入了新鲜血液;同时新观念的冲击,也带来社会意识形态的新变化;加之清末新政时期地方政府的扶持、社会心理的接纳以及价值取向的转移,"方今朝野有识之士,莫不以振兴实业为吾国要途"。②

1904年济南主动开埠后,迅速跃升为区域性中心城市。开埠使得济南与外部世界的经济、文化联系变得越来越广泛,外国商品和资本以及随之而来的信息、人才、技术、经营理念和管理方法,向人们展示了现代

---

① 刘德军、张玉玲：《山东工业史》,山东人民出版社2018年版,第371—374页。
② 党明德、林吉玲编：《济南百年城市发展史——开埠以来的济南》,齐鲁书社2004年版,第68页。

工业文明的魅力,昭示出一种新的生产方式和发展模式。

尤其是1912年底津浦路南北通车后,济南成为华北地区重要的交通枢纽,刺激了济南经济的快速发展。1914年3月,大东日报社出版发行的《济南指南》中"商埠大概"记录了当时商埠地区的繁华景象。书中介绍:"出西城普利门,至于大槐树,曰商埠。……其地以东西为经,南北为纬。已修之马路有三:自北而日辟余南也。已分之纬路有八,自东而条数及西也。而尤以一马路、二马路及纬三、纬四、纬五诸路,最为繁富。"整个商埠区域内,"汽车鸣雷,挥汗成雨,灯辉不夜,道洒无尘。是以五方杂处,万货云集。经营伊始,发达如此。"1914年6月15日至7月15日,山东第一届物品展览会在济南商埠公园一带召开。《山东日报》特派记者进行采访,"至园门外,马龙车水,途为之塞。游客联翩,趾踵相接"。①

在西方资本主义的直接刺激下,近代工业得以在济南城市经济中横空出世,城市工业化程度明显提高。这除了表现在近代工业企业数量和规模的不断增长外,更重要的标志就是机器动力设备的应用和更新。资料显示,到1933年,济南一市的机器工业达20家,资本总额7 191 355元;半机器工业216家,资本总额1 389 100元。② 1934年,在济南各类工业企业中,约有20%的厂家使用蒸汽动力,23.3%的厂家以柴油为动力,56.7%的厂家则以电力为动力。③

通过机器工业与手工工业在各行业中的资本数额的比较,也可以看出明显的"工业化"性状。20世纪30年代中期的济南工业调查数据显示,在济南市的纺织、食品、卷烟三个行业中,机器工业仅16家,手工企业则有474家;但机器工业资本总额达1 174.5万元,占三个行业资本总

---

① 张登德:《山东交通史》,山东人民出版社2018年版,第300—301页。
② 何炳贤主编:《中国实业志·山东省》,民国实业部国际贸易局1934年版,丁部,第19—20页。
③ 《市政月刊》1937年10月第7、8期合刊。

额的 96%，手工业资本总额只有 47.1 万元，占 4%左右。① 这表明，经过开埠后 30 多年的发展，新兴的机器工业已在济南的工业结构中占主导地位。

烟台、青岛开埠后，洋纱、洋布纷纷涌入，冲击了半岛传统的土纱、土布业。到 19 世纪末，无论是通商大邑，还是僻壤僻陬，衣土布者不过十之二三，衣洋布者已有十之八九，这就使半岛以纺织为主的传统手工业结构开始解体。在传统手工业解体的同时，受出口贸易的刺激，草帽辫、花边、发网等新型手工业日益发展、兴盛。草帽辫是 19 世纪中期由法国传教士传授而来的，当烟台开埠后，草帽辫成为山东重要的出产。烟台草帽辫出口在全国出口中的地位：1867 年至 1872 年平均数字为 14.5%，1873 年至 1894 年为 60.64%。② 而其中 1887 年"烟台出口草帽辫占全国的 70%，创历史最高"。③ 20 世纪初，随着草辫业的快速发展，山东草辫业出现两个变动。一个变动是，官营手工工场的广泛设立。山东巡抚周馥主政时曾多次强调："凡富民以农利为先，而教养无业闲民则以工艺为急。"在他的倡导下，济南教养所、官立工艺局聘请教师传授草辫的编结技术。在山东巡抚的倡导和示范下，各州县官府也纷纷行动起来。到 1911 年山东各地官办草辫局和兼营草辫业的工艺局已有 31 处。④ 这些工艺局，为各地草辫业的发展培养了一批技术力量，使草辫业成为山东部分地区的主要手工业。另一变动是，部分绅商投资兴办草辫加工工场。1906 年潍县绅商创办了合丰公司；1907 年济南商人投资兴办永阜草辫公司；1907 年黄县绅商投资 5 万两，创办草辫公司；1907 年即墨商

---

① 何炳贤主编：《中国实业志·山东省》(辛)，实业部国际贸易局 1934 年版；《市政月刊》1937 年 10 月第 7、8 期合刊。
② 张彩霞：《以海洋为纽带：近代山东经济重心的转移》，《中国社会经济史研究》2004 年第 1 期。
③ 陈华安：《烟台历史大事纪略》，《烟台师范学院学报》1986 年第 1 期。
④ 彭泽益编：《中国近代手工业史资料(1840—1949)》第二卷，生活·读书·新知三联书店 1957 年版，第 534—538 页。

人创立即昌草辫公司。这些公司将相当一批专业编织工人集中在工场从事生产。工人按照公司统一要求干活，各道工序合理分工，使生产效益大大超过了分散的家庭生产。①

花边、发网业兴起于19世纪末，最初由传教士引入，后国人从事者日渐增多。烟台花边曾在1904年美国圣路易赛会上获金质奖牌，在1907年澳大利亚妇女工艺赛会上又获得优等凭照。1909年，英国商人开始从烟台等地购入发网，发运出口，由此获得丰厚的利润。烟台花边业、发网业从此声誉鹊起，开始大批输往欧美和澳大利亚。一战后，受国际市场需求影响，烟台花边、发网出口数量更是扶摇直上。据统计，仅"民七、八、九三年中，花边每年出口达七八百万元，发网出口达一千五六百万元"。②

伴随着国际市场需求量的增加和清末兴办实业浪潮的推动，经营花边业的工厂渐趋出现。1902年烟台出现第一家花边工厂，到清末民初已发展到数十家。③ 而到1920年前后，烟台编织发网的工厂就达百余家，从事发网业员工2万余人，制售人发之发庄（有的也兼做发网）多至113家。烟台以"世界发网业中心之一而著称于世"，在中国同行业中遥遥领先。

草辫、花边和发网业，是19世纪后半叶在山东传统手工业遭受打击、破坏之后，适应国外市场对农产品加工及工艺加工品的需求而发展起来的新兴手工业。它们的生产主要是家庭手工劳动的形式，但是不论是从生产、流通还是社会经济效益上看，与传统的家庭手工业都有本质的不同。其一，草辫、花边、发网生产的产品，绝大多数不是为自用，而是为了满足国外市场的需要，与世界市场紧密相联。世界市场的行情既是这些行业的晴雨表，也是决定其能否生存的重要杠杆。外商既操纵这些

---

① 刘德军、张玉玲：《山东工业史》，山东人民出版社2018年版，第385页。
② 彭泽益编：《中国近代手工业史资料（1840—1949）》第三卷，中华书局1984年版，第536页。
③ 庄维民：《近代山东市场经济的变迁》，中华书局2000年版，第334页。

商品的价格,又控制了产品的检验权,操纵了草辫、花边、发网业的生杀大权。其二,在生产关系上,手工业者在很大程度上受包买商——辫庄、花边庄、发网庄的控制。其生产是由经纪人发给原料,手工业者从事制作,而价格由包买商控制。手工业者在获得收入维持生活的同时,还得自己承担市场风险,并受商人的控制和盘剥。[1]

民国以后,北洋军阀政府颁布了一批旨在推动新式工业发展的方案,如1912年12月5日的《奖励工艺暂行章程》、1914年的《公司条例》、1917年的《改订工业试验所章程》、1923年的《工厂暂行规则》,并采取了"机制货物减税特典",以及对输出野蚕丝、纽带、发网、罐头食品免出口税,减轻草辫及地席出口税,举办工业品展览会,等等。[2] 1912年至1927年16年间,随着北洋军阀政府保护、奖励发展工商业的法规制度的颁布实施,山东的官僚、地主、商人聚集游资,投资实业的越来越多,工业发展比较迅速,城镇设立机器工厂的数量、资本总额显著增加。其中,济南历年设立资本总额在5 000元以上的工业企业66家,资本总额1 643 900元。这一数据,与辛亥革命前相比,仅济南一地就超过前40年(1870—1911)山东全省的总和。[3] 据统计,1915年,山东大小936家工厂中,使用动力的已有121家,工人24 774人。到1933年,济南一市的机器工业达20家,资本总额7 191 355元;半机器工业216家,资本总额1 389 100元。[4]

半岛工商业发展也进入相对兴盛期。1914年至1927年,青岛民族资本设立了44家企业(包括1家中日合办),除官办的四方机车厂和另外两家资本未宣布外,41家总资本为7 710 010元,5 000元以上的有16

---

[1] 刘德军、张玉玲:《山东工业史》,山东人民出版社2018年版,第388页。
[2] 祝慈寿:《中国近代工业史》,重庆出版社1989年版,第397—400页。
[3] 刘德军、张玉玲:《山东工业史》,山东人民出版社2018年版,第420页。
[4] 何炳贤主编:《中国实业志·山东省》,民国实业部国际贸易局1934年版,丁部,第19—20页。

家。① 尤其是20世纪20年代后,一大批企业无论在资本、规模抑或技术上都较以前有了更大发展,涉及领域有纺织工业、饮食品工业、化学工业、五金机器工业、矿业及其他工业等等。

青岛的机器织布业呈不断扩展之势。1923年日本钟渊纱厂首先在厂内安设28台机器织布机。稍后,大康、富士等也纷纷添设动力机。截至1925年,"青岛计有纱厂七家,四方三家:大康、银月(内外)、隆兴;沧口四家:钟渊、富士、宝来、华新(中资)。以上七家,只华新一家是中国资本,其余六家都是日资,这六家里面要数大康、钟渊规模大。总计七家要有工人三万"。② 各纱厂共有动力织布机1 015台,1930年增至4 865台,1935年达7 316台。

纺织业的兴盛,推动了染织业技术的革新。青岛开设双盛漂染厂;1929年,潍县建立大华染织厂;之后周村又兴起人和染厂。截至20世纪30年代中期,半岛染织厂已达16家,其中仅潍县就有7家,日染布3 000匹左右。此外,周村有染厂4家。③

在青岛,截至20世纪30年代初,共有包括机器制造企业在内的中外资铁工厂47家,不仅能制造车、铣、刨、钻等金属切削机器,而且还能制造火柴机、制杆机、面粉机、榨油机等动力加工设备。到1933年,青岛的机器工厂达101家,总资本额226 530元。④

烟台工业的进步与发展,主要表现为棉纺织业、面粉业、火柴业、罐头食品业、钟表业、酿酒业、烛皂业、精盐业、电业等一批近代工业行业的兴起和发展,以及一些传统手工业,如发网、花边、丝织、榨油、砖瓦等行业的技术革新与改造,或采用机器生产等方面,其中有的行业诸如酿酒、

---

① 青岛社会局编:《青岛工商业概览》,《青岛工厂概况表》,1932年刊,第15—39页。
② 常连霆主编,中共山东省委党史研究室编:《山东党的革命历史文献选编》(第一卷),山东人民出版社2015年版,第95页。
③ 王守中、郭大松:《近代山东城市变迁史》,山东教育出版社2001年版,第586页;庄维民:《近代山东市场经济的变迁》,中华书局2000年版,第394—395页。
④ 刘德军、张玉玲:《山东工业史》,山东人民出版社2018年版,第421页。

钟表、精盐、罐头等制品、品牌及技术,居省内乃至国内领先地位,享誉国内外。1919年前,潍县只有坊子电灯公司,1920年以后,潍县的近代工业有了迅速发展,初步统计有30家。这些企业的布局是围绕土布业而形成轧布、漂染乃至铁工业的发展。周村在民国以后新设立的机器工业企业有16家,地方特色尤其突出。其中,4家机器缫丝厂、4家机器榨油厂、2家轧绸厂、4家染厂、1家面粉厂和1家电器公司。①

民国以后,外国资本几乎垄断了山东大部分重要的工业部门。德国入侵山东后,在铁路、煤炭、电力等方面大量投资设厂。尤其是日本趁第一次世界大战之机以武力入侵山东后,接收德国在山东的铁路、矿山及资产的经营权,并在青岛设立了一批工业企业。据统计,外资于1915年至1927年在青岛先后设立,并一直维持生产的企业有37家(设立年代不详者未统计),其中日本31家,占绝对优势,美国3家、英国2家、德国1家,资本总额为7 590.1万元(资本不详者未记),日资企业为7 576.1万元,为同期开办的民族资本企业资本总额的9倍多。37家外资企业,不但涉及所有重工业门类,有的甚至独占鳌头,而且大多资本雄厚,规模宏大,技术设备先进。②

1928至1936年9年间,山东处于国民党政府统治时期。这一时期山东主要是韩复榘主政(1930年8月—1938年1月),时局比较稳定。在工业方面,山东开展了声势浩大的资本投入和实业教育活动,使山东的民族工业有了进一步发展,如纺织业、面粉业、火柴业、制盐业等行业出现较快的发展。其中,纺织业在山东民族工业中独占鳌头,面粉业在全省民族工业总值中占1/5,山东火柴工业产量处于全国前列,盐业产量据全国首位。20世纪30年代初,山东工业主要分布在济南、青岛、烟台、周村、济宁、潍县等城镇。主要的工业有纺织(纺纱、棉织、丝织)、漂染、

---

① 刘德军、张玉玲:《山东工业史》,山东人民出版社2018年版,第428—430页。
② 同上书,第434页。

化学染料、机械、酿造、玻璃、火柴、面粉、精盐等。在20世纪30年代前半期,工业在某些部门有所发展,同时也有一些新型工厂相继设立。①

王守中、郭大松曾对相关文献进行整理,统计出20世纪30年代初山东各主要城市的机器工业发展概况,见下表(表2-1):

表2-1 各城市及其工厂表

城市	工厂数	资本总额	年产值
青岛	101	226 530	69 493
济南	236	8 580	31 687
烟台	13	3 857	
潍县	30	994	2 193
周村	12		5 145
济宁	11	819	
龙口	4	137	
泰安	3	113	228
博山	6	90	
威海	4	53	

资料来源:何炳贤主编:《中国实业志·山东省》丙、丁各页,实业部国际贸易局1934年版。此表转引自王守中、郭大松:《近代山东城市变迁史》,山东教育出版社2001年版,第633页。

以机器生产为主的现代工业的发展,导致了资本、劳动力和其他多种物质生产要素向济南大量集中。人口的集中,又推动市场活动、商业经营以及服务业的发展。同时对市政建设提出了新的要求,城市规模随之扩大,城市化水平不断提高。

近代山东城市化是一种典型的集中型城市化。这除了表现为在工业化推动下第二、第三产业在城市地域的聚集之外,还表现为农村人口的大量向城内集中、城内人口密度增加,从而实现城市规模的扩大和城市体量的增加,与城市区域呈点状扩散的分散型城市化明显不同。

---

① 刘德军、张玉玲:《山东工业史》,山东人民出版社2018年版,第448—449页。

在考察近代山东城市化进程时,除了上述工业化进展情况外,农村人口向城市的大规模转移和集中无疑也是一个重要内容。我们注意到,在学界给予"城市化"的众多定义中,有一种"较为主要的提法"已被多数学科所接受,这就是:人口向城市集中的过程即为城市化。因为社会是一个以共同物质生产活动为基础的人口集团,城市作为一个重要的社会单元,必定集中一定数量的人口,而城市人口集中的来源就是农村。由此可见,农村人口向城市的流动乃是城市化的核心所在,以至于埃尔德里奇(H.T. Eidridge)认为:人口集中的过程就是城市化的全部含义。①

随着开埠通商和城市工商业的发展,近代山东城市人口迅速增长也是有目共睹的事实。这从另一个方面印证了近代山东城市化的水平和程度。济南开埠后,城市商业的繁荣和大规模的机器生产活动,使得济南在城乡人口流动中的拉力大大增强,"富商大贾麟萃麇至,即负贩小民亦皆提携妇孺,侨寓其间,以谋生计"②,造成了农村人口特别是腹地的农村人口大量向济南集中。

资料显示,1909年至1911年,济南府及城郊由24.6万人增加到27.53万人,年均增加9 767人。到1929年,市区已达379 549人。1930年前后,由于济南工商业发展较快,人口流入速度加大,迁入多于迁出。据1930年5月份统计,全市共迁入4 949人,迁出3 303人,迁入比迁出多48%。至1936年,全市人口增加到435 136人,较1929年增加了55 587人。据统计,开埠前的1771年到1837年,济南城区和近郊人口由46 134人,增加到127 717人,平均年增1 236人。开埠后,从1906年到1936年的30年间,济南增加人口189 158人,平均年增6 305人。③ 城内

---

① 于洪俊、宁越敏:《城市地理概论》,安徽科学技术出版社1983年版,第17页。
② 毛承霖:《续修历城县志》(卷四地域考),历城县志局铅印本1926年版,第28页。
③ 济南市史志编纂委员会编:《济南市志》(第一册),中华书局1997年版,第488—489页。

已是"人烟凑集,非常之多,即闲街僻巷,亦如闹市"①。

烟台"自辟商埠后,工商业日盛,人口亦因之顿繁,五方杂处,转徙频仍,但人数则有增无已"②。截至1891年,烟台从业人口已达3.5万人,1909年则增长到9.5万人,18年间增长了6万人,平均每年增长3 000多人。民国以后,尤其是进入20世纪20年代以后,烟台定居人口的增长速度更快。如1921年为83 272人,1931年达到13.1万人,10年间增长了近4.8万人,平均每年增长5 000人。③ 1932年为135 311人,1933年为139 512人。④ 到抗战前,烟台城市人口已增至144 602人,显然人口城市化的进程加快了。

青岛自1898年开埠以后,"全区人口逐年增加,市内尤甚"。据《青岛概要》载,自"青岛开埠后,伴随着市政工程的建设,成千上万的劳动者从山东各地聚集青岛",这无疑增加了青岛的市内人口。据1897年德国人调查,全区人口为8.3万余人。市内人口1902年仅14 905人,而1913年则增至53 312人。⑤ 日占时期,青岛人口波动性较大,然亦有了一定发展,截至1918年市内人口已达78 804人,⑥ 而1920年增长到83 772人。1922年青岛主权回归后,"本埠人口逐渐发达",1924年调查为189 411人,1927年我国调查为322 148人。其中市内人口1927年为9.15万人,⑦1932年为14.55万人,1933年达到了179 033人,⑧较之1927年增长了近一倍。增加之速,略见一斑。青岛市内人口的迅猛发展,反

---

① 《盛京时报》,1906年12月29日。
②④ 何炳贤主编:《中国实业志·山东省》丁,实业部国际贸易局1934年版,第56页。
③ 烟台港务局编写组:《烟台港史》(古、近代部分),人民交通出版社1989年版,第177—178页。
⑤ 张玉法:《中国现代化的区域研究(1860—1916):山东省》,台北"中央研究院"近代史研究所1982年版,第696页。
⑥ 胶澳商埠局编:《胶澳商埠行政纪要》,青岛华昌大印刷局1927年版,第1页。
⑦ 何炳贤主编:《中国实业志·山东省》丙,实业部国际贸易局1934年版,第12—13页。
⑧ 青岛市档案馆编:《帝国主义与胶海关》,《胶海关十年报告(1892—1901)》,档案出版社1986年版。

映了其城市经济的进步与繁荣。

威海卫自英国租借后,伴随着市内工商经济的发展,人口亦逐渐增加。据英公署调查,1911年威海卫人口为146 840人,1921年为154 416人。①1930年中国收回威海卫后,人口仍呈增长趋势。据管理公署调查1931年人口为189 801人,较之十年前增加42 961人之多,②到1932年达到195 630人,其中非农业人口101 572人,农业人口94 058人,非农业人口占52%,说明20世纪30年代后,威海卫人口城市化的迅速发展。

潍县、周村自昔为工商业重地,人口亦较他县为盛。据载,1906年潍县城内人口约二三千户,到1919年潍县人口为154 491人,1925年全境人口达到50万,其中县城人口达8万人。1933年调查,潍县人口总计为647 086人,"邑中工商两业均极发达,故人民之业除农民占最多数目外,工商两界人数,实较各县为多"④。周村城市人口,据清末民初调查为2.5万人,⑤而1929年为61 189人,1931年为57 828人。⑥

可见,自开埠以来,伴随着城市经济的发展、市政工程的建设,山东城市人口因之顿增,且呈不断扩展之势。尤其是进入20世纪20年代,产业经济迅速繁荣,人口亦出现了一个发展的高峰。如在济南,"人口一直以每年7 000或8 000人的速度增长,或者说是2.5%—3%的增长率"⑦。

2. 城市社会阶层结构的重构

在自给自足的自然经济状态下,中国社会是一个具有高度整体性、同

---

①③ 何炳贤主编:《中国实业志·山东省》丙,实业部国际贸易局1934年版,第64页。
② 《胶济铁路经济调查报告分编·威海卫》,第2页,出版者、出版时间不详。
④ 《胶济铁路经济调查报告分编·潍县》,第2页,出版者、出版时间不详。
⑤ 张玉法:《中国现代化的区域研究(1860—1916):山东省》,台北"中央研究院"近代史研究所1982年版,第704页。
⑥ 何炳贤主编:《中国实业志·山东省》丁,实业部国际贸易局1934年版,第84—85、142、162页。
⑦ [美]A.G.帕克指导,齐鲁大学社会学系调查编著,郭大松译:《济南社会一瞥(1924年)》(上、下),《民国档案》1993年第2、3期。

质性的国家社会。城市与腹地乡村所组成的区域系统是一个高度同构的经济、政治和文化共同体,从某种意义上说,城市不过是用围墙围起来的乡村。在经济方面,城市表现出对农村经济的高度依赖性,城市以小农生产的、自给自足的自然经济为基础,"乡村在经济上统治城市"①,而城市在政治上统治乡村,城市主要是作为政治中心、军事中心而存在的。

因此,城市居民也主要是以贵族和各级官僚为主的政治统治和社会管理层。例如,济南作为一省之行政中心,各级各类官衙自然不在少数。据明代刘敕《历城》所载,济南城内官署分省、府、县三级,另有朝廷派出机构,共30余处。官衙愈多,从政的官僚队伍和附属人员就愈庞大。以最基层的历城县衙为例,知县、县丞、主簿、典史四位官员及手下的门子、皂隶、膳夫、马夫、轿夫等勤杂人员中正式支俸人员,计70名之众。② 其他省、府级官员及下属人员的数目可能更多。

以城市中的官僚阶层为核心,形成了以士大夫、士绅为主的知识阶层,以及为适应特权阶层的消费而存在的属于工商阶层和劳工阶层的工商业者、体力劳动者及附属性、寄生性人口,如娼、优、隶、卒、僧、道、医等。另外,城市中还充塞着不少无正当职业而四处游荡的流氓、乞丐等游民阶层。在论及清代城市社会阶层时,费正清曾这样概括道:"这些城市是清王朝上层权贵、禁军统领、富商巨贾以及名工巧匠的居住地。在这些城市的人口中,还有在野的名门豪绅、中小商人、官署衙门胥吏、劳工和脚夫,以及没什么文化的僧侣、术士、赋闲的小产业主、落榜举子、退伍军官。此外还有一批诸如流浪汉、季节工和无业游民之类的人。"③ 并且强调:"清末城市生活的特征,无论在政治方面还是在经济方面,都与500年前宋代的情况极为相似。"④

---

① 《马克思恩格斯全集》第 21 卷,人民出版社 1965 年版,第 189 页。
② 济南市社会科学研究所编:《济南简史》,齐鲁书社 1986 年版,第 216 页。
③④ 费正清:《剑桥中华民国史》第一部,上海人民出版社 1991 年版,第 37 页。

事实上，在高度同构的中国封建社会里，山东城市社会阶层结构亦大致如此。在封建时代的静态社会经济结构下，除了位于社会结构边缘位置的游民阶层以外，城市社会的这种阶层结构一直都比较稳定。城市社区由官僚和缙绅控制，城市居民的身份、职业受到严格限制，大多数城市人口从事与官府和封建经济密切相关的行业，传统城市的社会结构较少发生大的变化。

如上所述，近代以来，随着开埠和外国殖民主义的入侵，资本主义工商业在城市逐步兴起。在工业化的带动下，城市化有了一定的进步。济南由原来功能单一的政治性城市逐渐发展成为与省内外重要产地市场、集散市场有着广泛联系的区域经济中心和重要的工业生产基地。烟台、青岛、威海卫由原来的渔村变成重要的交通运输枢纽或区域性经济中心城市。新的生产方式的嵌入，使城市成为新型经济活动、新兴社会阶级、新式文化和教育的场所。这种城市基本经济关系的变动，导致近代以来城市社会阶层结构首当其冲地发生了深刻的变化，这突出表现在旧的等级职业结构逐渐为新的功能职业结构所取代。

在漫长的封建社会，城市居民是按照身份等级来确定各自的社会位置、相应的社会活动范围和活动模式以及彼此间的相互关系的，从而形成固定的社会阶层结构，何一民称之为城市社会的"等级职业结构"。他认为，依据身份等级划分，封建城市的居民由特权等级、平民等级和贱民等级等三个基本阶层构成。统治阶层中的贵族和官僚都属于特权等级，作为整个城市居民基本构成的士、工、商、手工业者、学徒、帮工、苦力等属于平民等级，在劳工阶层中从事低贱职业的理发匠、戏子、奴婢、娼妓等人又都属于贱民等级。

随着资本主义工商业的发展和城市工业化的推进，社会地位和社会资源的获得逐渐转变为通过不同的职业来实现，而且工业的发展最终会使城市的全部居民都最大限度地被纳入正规化的职业体系中去，以至于

"每一种谋生手段,甚至包括乞丐和行乞,都带有职业的性质"。① 这种在整个社会大分工中发挥着不同功能的职业专门化、技术化不仅可以直接反映从业者的经济收入、政治地位和在社会中的声望,而且据此进一步将各个职业群体阶层化,从而构成新的阶层排列。这就意味着经商是一种职业,做官是一种职业,当教师、编辑、记者也是一种职业,做工亦是一种职业。于是,昔日封闭的身份等级结构被突破,城市社会结构开始向以功能职业为基本标准的近代社会分层结构转变。即按照社会的不同功能需求而出现不同的社会分工并形成相应的专门职业,最后在此基础上形成新的社会分层。

近代山东城市诸如济南、青岛、烟台、潍坊、威海、周村等,在开埠通商后,随着新技术、人才、资金、设备的涌入,城市行业布局发生了明显变化。到20世纪30年代中期,济南近代工业体系的雏形基本形成,其基本结构由纺纱业、面粉业、染织业、化工业、机械制造业和卷烟业六个行业构成。城市中还出现了新型的通讯业和娱乐业。围绕着新兴消费品和新技术,出现了新的行业和商业领域,针织业、草帽辫业、花边业、发网业、刺绣业和丝织业等新兴手工业成为流行的行业。

新行业、新技术的出现,为城市居民的就业提供了机会,同时也使得城市社会职业开始日益分化。城市职业结构的最大变化就是工商业人口迅速增加,大批具有资财的绅士、官僚、富商和留学生开始投资或经营新式工商业,成为企业家、银行家或股东。

随着城市化的发展,工业经济和商业贸易成为城市重要的经济支柱,人们的谋生手段大都与工业生产和商品交换有关。在工厂企业中,有懂得一定技术和经营的包工头,他们首先与资本家订立契约,承包工程或工序,再出面招募工人,支付工资。在城市商业贸易中,除了买办之外,还有通事、跑街、掮客、报关等职业,从业者都以某种中介人、代理商

---

① [美] 帕克:《城市社会学》,华夏出版社1987年版,第13页。

的身份出现。

城市化打破了传统社会单一狭窄的就业结构,城市出现了教育界、新闻界、金融界、政界、科技界、文化界等新的职业领域,产生了市政管理人员、出版家、科学家、编辑、记者、律师、西式医生等新职业。这些职业分工越来越细,人数越来越多,工作内容越来越专门化。

同时,在城市的各个角落,还遍布着各种服务业、修理业者和小商小贩的足迹。这些下层职业为城市下层社会的人们提供了谋生的手段。"有按摩业、有理发业、有擦背业、有扦脚业、有茶楼酒肆的招待业、有游戏场中的歌唱业、有看相业、有算命业、有测字业……"①在城市人口中,还有从事烟馆、赌场、妓院、巫术、卜卦等娱乐色情或迷信的非正当行业者。

各城市人口的职业分布,体现出近代城市工业化中职业拓展和细化的特质。1927年,"山东有产业工人十五万至十八万,其中主要的成分为四万到五万纱厂工人与四万矿工工人和万数铁路工人"②。随着济南人口规模的扩大,居民的职业结构也呈现多样化,工商业人口比重明显增加。见下表(表2-2):

表2-2 1932年济南城市居民职业构成情况表

职业	政界	军界	学界	工界	矿界	商界	其他	合计
人数	4 586	6 371	1 438	16 024	57	76 238	187 233	291 947
占调查人口总数的%	1.57	2.18	0.49	5.49	0.02	26.11	62.71	100

资料来源:胶济铁路管理委员会:《胶济铁路经济调查报告》(分编六)。

从表中的数据可以看出,到1932年,济南工商界人口占全部城市人口的31.62%,而军政界人口只占城市人口总数的3.75%。传统的"四

---

① 周谷城:《中国社会之结构》,上海新生命书局1930年版,第364页。
② 常连霆主编,中共山东省委党史研究室编:《山东党的革命历史文献选编》(第一卷),山东人民出版社2015年版,第232页。

民"社会结构已无法框架开埠之后的济南城市社会,新的市民群体逐渐形成。其中,官吏、富绅及上层知识分子属于"精英"层,商人、医生、职员、教师等属于"中产阶级",工人、工徒、车夫等属于"下层市民"。

到1946年,济南市区有575 933人。其职业分类是:工业31 611人、矿业386人、交通运输业7 438人、商业89 612人、公务人员16 067人、教育事业3 103人、医诊业1 064人、工程师业228人、会计师业322人、律师业90人、新闻业254人、宗教事业1 421人、社团事业380人、侍从21 861人、庸役8 462人、苦力33 607人、伶业450人、就业学生53 216人、家庭管理者80 913人、妓女702人、慈善机关收容2 073人、身体残废不能生产者746人、不事生产者39 079人、失业15 612人、囚犯933人、农业59 960人。① 由此可见,城市职业进一步拓展和细化,城市下层社会群体所占比重也在逐步增大,由此引发了一系列社会问题。

20世纪20年代末30年代初,青岛城市的职业结构化拓展迅速,社会职业日趋复杂化、多样化。详见下表(表2-3):

表2-3 青岛人口职业调查表(1928年)　　　　　　单位:人

职业	数量	职业	数量
公务员	2 491	工业	23 765
军人	1 332	商业	30 038
警士	1 232	渔业	10 159
教员	384	交通员	155
学生	5 357	矿业	55
新闻界	92	劳动力	12 157
医士	87	妓女	269
律师	25	其他	3 963
农业	64 348	无职业者	108 871

资料来源:王清彬、王树勋、林颂河、樊弘:《第一次劳动年鉴》第一编,北平社会调查部,1928年,第4—5页。

---

① 济南市史志编纂委员会编:《济南市志》(第一册),中华书局1997年版,第496—497页。

仅仅过了三年,到1931年时,青岛城市主要行业从业人员的数量都有不同程度的增加。据调查,1931年青岛有公务员3 150人、军人316人、警士2 391人、职员1 315人、学生6 412人、工业44 334人、商业37 845人、矿业25人、渔业2 141人、交通业520人、律师37人、医生324人、新闻记者66人、娼妓1 169人、其他33 708人、无职业33 911人。①

1932年威海卫人口职业分布为:农业98 494人、商业10 157人、渔业44人、学界3 155人、工界10 707人、其他743人、无业76 810人,合计19 630人。

据1929年调查,博山从事农业者54 636人、工业者14 000人、商业者180人、学生8 794人。②

在烟台1933年的人口构成中,从事商业者61 320人、工业者47 465人、渔业463人、农业4 840人、学生1 554人、其他1 883人。③

以上数据说明,截至20世纪30年代初,山东城市人口的职业构成已发生显著变化,除从事农、渔业外,工业、商业、交通业、教师、律师、医生等职业从事的人口日渐增多。总体看,城市职业的发展出现了三个趋向:第一,工商业从业人数不断扩大,尤其在青岛、济南等城市,从事工商业和其他职业的人口渐渐超过了农业人口。其中,产业工人是人数最为庞大的职业大军。第二,随着产业结构的优化组合,城市中间阶层职业日趋多元化,社会管理服务人员逐渐增加,官员、公务员、军人、警士、教员、学生、编辑、记者、医士、律师开始成为城市社会的重要成员。第三,城市待业或无业人数相对庞大,无业失业率居高不下。这意味着普通劳动力在城市中始终供过于求,城市失业问题严重,这是近代山东城市职业发展中始终面临的一个十分严峻的问题。

据统计,青岛1925年无业游民达97 311人,占青岛总人口的

---

① 《胶济铁路经济调查报告分编·青岛市》,第5—6页,出版者、出版时间不详。
② 何炳贤主编:《中国实业志·山东省》戊,实业部国际贸易局1934年版,第66页。
③ 何炳贤主编:《中国实业志·山东省》丁,实业部国际贸易局1934年版,第57页。

34.3%。而威海卫1932年无业者达76 810人,占威海卫总人口的39%强。同年《社会学杂志》载文估计各地失业状况:"济南16 000人,青岛40 000人,各地均可表现失业之普遍的状况"。如此高的无业失业率当与绝大多数妇女"不事生产"有直接关系,但严重的失业问题确是普遍的事实。这些无业失业人口,除一部分返回乡村外,大部分滞留城市,这就为流氓、帮会组织的兴起提供了温床。

二、社会分层理论与近代山东城市社会分层

1. 社会分层概说

社会分层是社会学沿用的概念,指按照一定的标准将人们区分为高低不同的等级序列。从词源学看,"分层"为地质学家分析地质结构时使用的名词,指地质构造的不同层面。社会学家发现社会各种资源(有价物品、资产等)在人群中的分配存在着不平等,人与人之间、集团与集团之间,也像地层构造那样分成高低有序的若干等级层次,因而借用地质学上的概念来分析社会结构,形成了"社会分层"这一社会学范畴。

在西方社会学史上,最早提出社会分层理论的是德国社会学家韦伯(Max Weber)。韦伯提出的是多元指标分层的理论。韦伯在《阶级、身份和政党》一文中提出了划分社会层次结构的三重标准:即财富——经济标准;威望——社会标准;权力——政治标准。韦伯认为,财富指社会成员在经济市场中的生活机遇,这就是个人用其经济收入来交换商品与劳务的能力,即把收入作为划分社会阶级、阶层结构的经济标准。社会标准指个人在他所处的社会环境中所获得的声誉与尊敬。在西方分层理论中,常常按照这个标准把社会成员划分成不同的社会身份群体。所谓社会身份群体是指那些有着相同或相似的生活方式,并能从他人那里得到等量的身份尊敬的人所组成的群体。政治标准指权力。韦伯认为,权力就是"处于社会关系之中的行动者即使在遇到反对的情况下也能实

现自己的意志的可能性"。权力不仅取决于个人或群体对于生产资料的所有关系,也取决于个人或群体在科层制度中的地位。以上三条标准既是互相联系的,又可以独立作为划分社会层次的标准。

关于社会分层的经典理论,还有卡尔·马克思(Karl Marx)的阶级分层理论。所谓阶级划分,就是指社会成员在一定生产关系中所处的地位不同。具体表现为:其一,与生产资料所有制的关系不同,即有的占有生产资料,有的不占有生产资料;其二,在生产过程中所处地位不同,即有的是指挥者和决策者,而有的是服从者和操作者;其三,在分配过程中获得劳动产品的方式和多少不同。

迪尔凯姆(Emile Durkheim)的社会分层理论被视为与韦伯、马克思的分层理论并列的三大社会分层经典理论之一。在迪尔凯姆看来,职业是最重要的社会分层指标,个人拥有何种职业也就决定了其所能获取的社会资源的数量和质量。迪尔凯姆曾指出,职业深刻地影响着人们的生活方式:使从事不同职业的人们在生活经历、价值观念和道德规范等方面的同质性减弱;反之,从事相同职业的人们生活方式的同质性增强。

在上述社会分层理论的基础上,许多西方学者又提出了各种社会分层学说,如精英理论、功能主义、社会冲突理论等等。到20世纪20年代,随着中国革命形势的发展,毛泽东写成了《中国社会各阶级的分析》。文中,毛泽东把当时中国社会分成地主阶级和买办阶级、中产阶级、小资产阶级、半无产阶级、无产阶级和游民无产者。从而指出了要"依靠谁、团结谁、打倒谁"这一革命的首要问题。

在当代,社会阶层分化越来越倾向于表现为职业的分层,把职业作为划分利益群体的主要标准,认为职业是人们利益的主要来源,是决定劳动者在社会生活中不同地位和作用的主要因素等。职业也是联系社会阶层深层结构和表层结构的结合点:它一方面与社会阶层的层结构中的财产所有权有关,另一方面又与社会阶层的表结构相联系。

2. 近代山东城市社会分层

职业分层是城市社会分层的基础。在工业化社会里，职业已成为人们地位的最重要的体现，人们社会地位的高低都通过职业地位比较精确地反映出来。职业分层不仅仅反映了人们的经济地位和收入状况，也反映了人们在权力结构和声望分层中的位置。这样，职业分层与阶级分层也就相互吻合了。也正因为如此，近年来，按照职业类别对城市社会进行分层，成为社会学界和城市史学界基本一致的看法。

社会分化的加剧和人类个体之间的客观差别，使人类社会形成一种高低有序、等级落差的层次社会，而社会分工与专业化使得每一职业所能控制的社会资源不同；每一职业本身所控制的社会资源不相等，又造成了这种社会分层的加剧。近代山东城市社会中，由职业、财产、社会地位、教育程度、权力与声望等差距所形成的社会分层十分明显。

依据职业类别，我们把近代山东城市社会划分为九个层次：

① 外侨、清朝贵族、大官僚、军阀、豪绅巨富。

② 外国银行、洋行的董事、高级职员和买办。

③ 大型工厂、商店和银行的投资者、经营者，社会名流。

④ 银行、公司和大型工厂、商店的专业职员、高级雇员。

⑤ 中小工厂、商店投资者和经营者，出版商、主编、律师、医生、教授、政府职员、公司职员。

⑥ 中小企业主、店主、高级店员、中间商、包工头、行帮头、工头、技术工人。

⑦ 手工业者、商贩、店员、学徒、中小学教师等。

⑧ 工厂、商店和手工作坊的半熟练工人和非熟练工人，矿山、运输、建筑、装卸等行业的工人和季节工、临时工、小摊贩等。

⑨ 自谋生计者、苦力、娼妓、乞丐、难民等。

在上述九个社会分层中，第①②③类属于城市上层社会，他们控制着大量的社会资源，政治势力强大、经济实力雄厚，与中央、地方政府以及外国政治经济势力有着各种各样的联系。第④⑤⑥类属于城市的中层社会,他们有一定的社会资源,有固定的职业、固定的收入,生活条件比较优裕,既能与上层社会交往,也比较了解社会下层,有上升到上流社会的机会。第⑦⑧⑨类属于城市下层社会,占城市人口的绝大多数。第⑦类有固定收入,也有机会通过个人努力向中等阶层过渡,生活有一定保障;第⑧类人数最多,他们收入微薄且不固定,勉强养家糊口;第⑨类属于社会最底层,生活无保障,挣扎在死亡线上。上述九大社会分层构成了近代山东城市社会的上、中、下层。

近代山东城市上层社会汇聚了城市精英,也不乏具有浓厚封建色彩的封建特权阶层,官僚、军阀、满洲贵族都是城市上流社会的成员。随着城市开埠和工商业的发展,大买办、大企业家、大银行家、大商人和高级知识分子也逐渐进入上层,他们有稳定丰厚的收入、巨额资产和显赫的社会地位,往往与中央、地方政府以及外国经济政治势力有密切联系,能够影响地方政治,控制城市经济命脉。例如,穆伯仁、崔景三、辛铸九、马伯声、苗杏村、苗星垣、张采丞等人控制的地方资本集团在济南现代工业发展过程中,表现得非常活跃。他们先后投资创办了诸如成通纺织品有限公司、仁丰纱厂、华庆面粉厂、成丰面粉厂、惠丰面粉厂、兴顺福机器榨油厂、兴顺福铁工厂等著名企业。其中,桓台帮和章丘帮又是济南现代工业投资主体中的主力。如桓台苗氏集团从清末进入济南,由商而工,先后创办了成丰面粉厂、成大纱厂、成记面粉厂、成通纱厂、文德铁厂等十数家企业。章丘孟氏集团则创办了丰年面粉厂等大型工业企业。寿光帮商人也较活跃,投资兴建了兴顺福机器榨油厂、兴顺福铁工厂等多家企业。官僚、军阀、中央和山东地方的许多军政要人热衷于投资现代工业。1921年成立的华庆面粉厂,就有山东督军田中玉、财政厅厅长周嘉琛、实业厅厅长田桂芳、济南交涉署署长施长卿、济南道尹唐柯三、北京交通次长劳之常投资其中;梁士贻、张怀芝、王占元、靳云鹏、田中玉、采成勋、潘复等官僚先后参股鲁丰纱厂、丰年面粉厂、民安面粉厂、溥益糖厂等众多企业。

随着近代山东城市社会阶层的流动和分化，从传统社会分离出来许多新的城市社会群体。在最富有的与最贫穷的阶层之间，出现了一个庞大的中等收入阶层，并逐渐成为城市社会的主体，他们的产生和壮大对城市的发展与稳定发挥了重大作用。其中，公务员、职员、教员、自由职业者和中小企业家等，作为从事非体力劳动，具有某项专业技能的专业人员，是中间阶层的主要职业群体。他们中的大多数人受过不同程度的教育，其中相当一部分具有较高的文化水平。随着城市化的推进，这些职业群体在城市行政、工商、市政管理、文化等领域的影响日益显著。

例如，由于教育、新闻、出版业的发展，城市中新的知识阶层的人数迅速增加。编辑、记者、艺人、教师、律师、医生等职业人群迅速扩大，他们已不同于传统的知识分子，成为城市文化的传播者和社会舆论的主体。

随着城市资本主义工商业的发展，中小资本家、手工业作坊主和商人不断从下层社会崛起，他们是城市中等阶层的重要组成部分。在各个城市里，许多来自下层的工头、学徒、店员、摊贩通过自身努力，成为中小企业家和商人，他们是城市社会中最吃苦耐劳的群体。

在近代山东城市社会中，还存在着一个人数众多的社会下层群体。他们大都未受过教育，缺乏熟练技艺，只能靠出卖劳动力和其他低等谋生手段维持生存。随着城市化和城市现代化的发展，下层社会的人数在逐年增加。大批农民、手工业者和一部分无业游民进入工人行列，形成了城市产业工人群。还有相当一部分商贩、店伙、学徒、娼妓、仆役、车夫、乞丐、小工和苦力，形成了庞大的城市贫民阶层，他们与工人一道组成了城市下层社会。

第二节　城市下层社会的构成与状况

一、城市下层社会的结构与分布

城市下层社会人数众多，职业涉及城市生活的各个方面，他们是城市社会发展的参与者，其生活也容易受到城市经济波动的影响。由于他们大多数没有文化，谋生手段少，失业率极高，在城市社会中处在最低的地位。

近代山东城市下层社会主要由劳工群体、苦力群体和游民群体等几个群体构成，大致包括：① 手工业者、商贩、店员、学徒、中小学教师等。② 工厂、商店和手工作坊的半熟练工人和非熟练工人，矿山、运输、建筑、装卸等行业的工人和季节工、临时工、小摊贩等。③ 自谋生计者、苦力、娼妓、乞丐、难民等。

随着近代山东城市中新的经济因素的发展和新的经济主体的成长，以及城市性质由单纯的政治、军事中心和消费中心向多功能的政治、经济、文化中心转变，城市人口中的消费性人口逐渐减少而生产性人口日益增加，这又集中体现在近代山东城市中劳工阶层的崛起和发展壮大，并构成了城市下层社会的主体。主要包括在工厂、矿山、交通运输等行业中从事体力劳动的工人，他们人数众多，工作场所相对集中，收入低下，生活缺乏保障，生活在饥寒交迫当中。据调查，1932年，分布在济南工业、商业、矿业中的工人就有92 319人，占调查人口的31.5%。1928年青岛有产业工人53 858人，1931年则增加到82 204人，占当年调查人口总数的49%。

与产业工人和手工业劳动者不同，苦力群体是"无固定收入而纯恃出卖体力为生的社会底层劳动者群体"[①]，在这一群体中，既包括传统城

[①] 忻平：《从上海发现历史——现代化进程中的上海及其社会生活》，上海人民出版社1996年版，第155页。

市中已有的轿夫、粪夫、清道夫、码头搬运工、搬运苦力,又包括新兴起的人力车夫和散布在工矿业中的从事最脏最累劳动的季节工、临时工。分散性、流动性较强是苦力群体的突出特征。苦力的分散性是由其职业的独特性决定的,又由于各类苦力往往以出卖体力为生,因而对其他人进入这一职业群体的外在限制很少。同时,由于苦力非常劳累而且收入很少,有时甚至连自己个人的基本生活都难以保证,所以苦力不像产业工人那样是一个可以长期维持的职业,其中很多人一旦有机会,就会另谋生路,这样就加大了苦力群体的流动性。

游民群体是指在城市居民中游离于基本社会结构之外的各个边缘群体,他们一般无固定职业、无固定生活来源,以正当或不正当的方式谋生。在普遍的城市化进程中,现代型游民群体的产生是必然的。近代中国的城市化是由西方触发的、缺乏工业基础的城市化,在这样半殖民地化的社会进程中,一方面社会最底层(包括广大的农民、工人、士兵等)生活日益艰难化、悲惨化,有大量为生计所迫、无家可归的流浪者,为游民队伍的壮大提供了丰富的源泉。如,辛亥革命后,由于土地日益集中,人口增加,再加上不断发生的天灾人祸,大批农民从土地上游离出去,源源不断地加入游民队伍,促使游民人数急剧增加,成为一个极其严重的社会问题。另一方面当时整个社会正逐步结束传统社会以身份为基础的阶层分化,传统文明受到严峻挑战,特别在城市中,出现了加速商业化、世俗化的社会机制,这就为游民阶层的产生提供了宽松的社会背景。游民们耳濡目染,逐渐从传统文明的束缚中挣脱出来,构筑出近代中国城市中一个新的、低级的社会层次。这一群体主要包括乞丐、娼妓、盗贼、卜卦的、算命的、看相的、巫婆、神汉、城市土匪、兵痞流氓、戏子、赌棍、地保、中人、卖假膏药的、卖武的、做烂媒的等。

二、城市下层社会的生活状况

在城市下层社会中的固定收入群体中,有相当一部分人具有一定文化和知识,所从事的是半体力劳动,其中最典型的职业是市政府低级职员、杂役、警察、公司小职员、中小学教师、店员、学徒、手工业者等。他们中有些人是受雇于店铺和手工业作坊的店员,靠微薄的薪金维持生活,由于担心被解雇,往往要忍受雇主种种苛刻要求和盘剥。还有一些人是城市商贩、摊贩,他们虽然独立经营,不剥削别人,也不受人剥削,但本小利薄,收入不稳,每天辛苦所得只能维持一家人的温饱。

小学教师、店员以及低级雇员,拥有一定的文化或做事能力,是下层社会中收入较稳定者,通过个人的努力有向中等阶层过渡的可能性。他们以专业技术知识谋生,职业较为安定。"休息时间多以静坐、深思、徘徊、无聊睡觉、闲谈的方式度过,女教职员除忙于写信、修饰、跑商店之外,还忙于买便宜货和操持家务"。①

劳工群体以产业工人和手工业工人为主体,主要分布在加工制造业、采矿业、建筑业、交通运输业及传统手工业中,是城市下层社会的主要社会群体。一般而言,产业工人的工资收入高于手工业工人和苦力。1924年济南的全体工人中,"青年占百分之六十以上,十五岁以下的占百分之二十以上。手工业及手工工厂的工人最苦,每日工作时间至十六小时以上,工资一月不满一元的很多,吃的非常坏,无床、椅、桌、凳,就地而食,就地而卧,且都是学徒制。机器工人的工作时间自十一时至十四时不等,按需要多寡而增加,但至少在十小时以上。学徒期间无工资,吃的较手工业的工人好。星期日除官办者外无休假,一年无假节,一切死伤疾病,都是'听天由命',无抚恤医药费用。纱厂、发网厂多用女工,地毯厂及火柴厂、铁厂多用童工。分(总)起来说,以地毯厂、发网厂、纱厂以及手工工厂的工人为最苦,铁厂的工人算是最好的。济南的各业业主的资本都不很大,制出的货物不能与外来的相抗衡,所以就不能不尽量压

---

① 陆庄:《小学教师课余生活问题》,上海教育编译馆1935年版。

迫工人,以多榨取些剩余价值"。① 1925年,青岛大康纱厂工人"一天做十二点多的工,得一毛多工钱,日本人要打就打要骂就骂,亡国奴几乎成了呼唤我们的口号。一天的饭钱至少也得两毛,我们怎么活？十三岁以上的童工多吃不饱,喝不足,还得做十三点的苦工,稍一合眼就劈脸使拳猛打,常常打得鼻子出血,还得罚两天工钱,不够十三岁的小孩也只有偷着掉眼泪。广大工人稍有不慎,即是拳足交加,稍一招架,就拿出手枪示威"。②"男女工人多有倒毙厂中者,然亦不过给予二十元而已。厂中并无吃饭之休息时间,一面摇铃一面吃饭。'中国奴'、'亡国奴'是日监工平常辱骂工人之名词,殴打工人则拳足交加,皮破血流者几无日无之,而尤以十龄童子、缠足妇女,或因饥饿或因精力不支,稍有倦怠,即受重殴。冬天则捉工人之颈,置之冷水管之下而淋之,必至鼻破血流,浑身结冰而后已,此则尤为日厂之特刑,幼童妇女因不胜任,昏倒在地者,亦被视为假装而受殴辱"。③ 1927年,山东"纱厂工人最大部分在日本资本家的厂中备受工资刻薄与种种虐待的痛苦。矿工的工作时间在十二小时以上至十八小时,工资异常低微,还要受包工头的克扣,在牛马一般的待遇之下,一点也不许动颤,中兴的矿工则大部分因裁工而失业。一般的城市手工业工人则和农民一样的受苛捐苛税的剥削不能生活。一般的厂主都利用工贼和军阀,以破坏工人组织、镇压工人的反抗"。④ 1928年2月,《中共山东省委通信——山东职工运动的最近与将来》对当时工人生存环境和生活状况进行了较深入的分析:自"五卅"直至现在,中国无日不在混战中。山东适当南北之街(衢),又在不杀人不快活的狗肉将军统治之下,所以无日不是进攻退却与厉兵秣马,结果将整个山东弄的体无

---

① 常连霆主编,中共山东省委党史研究室编:《山东党的革命历史文献选编》(第一卷),山东人民出版社2015年版,第88—89页。
② 同上书,第97页。
③ 同上书,第105页。
④ 同上书,第232页。

完肤。农业十分之五以上流于荒芜,虽说是天灾,其实多半是人灾所致。捐税之繁重,已使农商两业不堪支持。军用票,山东省钞票,以至将山东第二财库之山东商业银行,停止兑现,遂中交两行也发生挤兑,其余小银号更不必说。商业萧条,物价飞腾。仅就穷人赖以周转之当业说,完全闭门。日人趁机渔利,经营当业,当价仅值原价十分之一,利率高至月利十分,而期限又仅两月。至于工业则更凋零不堪。津浦路以日收一万元之济南站,仅收三千;矿业则枣庄早已停止开采;博山继续倒闭,全山东燃料之供给,现只靠大荒地一隅地,然较之以往产量不过三分之一;纱业则鲁丰早已停止夜工,现在准备歇业;其他铁厂、油房等等多半频(濒)于歇业。全山东的工厂,除军械方面者外,至少是缩小范围。在这种情形之下,工人直接所受的影响,第一是失业,虽无确实调查,然仅济南一隅,亦不下三千人;第二是欠薪,或开不兑现的钞票。就津浦路说,每次开支,平均省钞五成,而所押之薪,一九二六年还有三个月的,虽是发了储蓄券,而一时不能使用,卖则只当五折。一九二七年尚欠五、六、十一、十二四(个)月份的,今年又两月了,才听说要发八成。就兵械机关说,新城兵工厂押薪至二月,开支又完全是两三折的省钞,各军械处都是押几个月,赏给几元;铁甲厂半年的工钱开了一个多月的,其余则公开声明不给了。间接受的影响,便是生活(费)的提高。今列表(表 2-4)于下:

表 2-4 (甲)工人生活状况比较表(现在与张宗昌未来鲁之前)日用必需品的价目

物品	现在价目	张宗昌未来之前价目
面粉	三元五角一袋(三等)	二元四角一袋(三等)
房子租价	三元两间	二元三间
鞋	一元一双	一元(双)六角
粥	五枚铜圆一碗	两枚一碗
推头	两角一回	一角推一回

由以上这几项看来,日用必需品的价格,在这几年的期间差不多增加一倍。再看工人的工资:

表 2-4 （乙）工人工资比较表（现在与张宗昌未来鲁之前）

	现在工资	张宗昌未来时工资
胶济路（注）	最低者每人每日三毛五分	最低者每人每日三角
津浦路	开半工——从去年×例连压支及省票折扣——	开整工，不压支
淄川碳矿	（洋钞八吊元），两吊一天（一吊是五十枚铜圆）	（洋钞四吊五元），每日一吊二百文（六十枚铜圆）
济南地毯	每天四角二分	每天五角

注：机务处因罢工，每月增加大洋二元一角；车、工两处未增，故未列在内。

由以上看来，山东工人工资多半是降低，有的竟降低了一半。由甲、乙两项合起来，便可知山东工人生活状况是怎样的日趋低下。①

1929年，"山东工人生活状况甚不一致，最好的为青岛电灯工人，其次为电政工人。电灯工人工资最低者每日七八毛，每日一元者很多，并且每年总要加资一次，有事可以请假一月，工资可不扣，第一月不到则扣一半，第三月不到则退职。……凡在日纱厂者其情形大致相同，最低工资为二角半至三角，这是女工、童工的工资。至男工则每日约有四五角。工作时间每日为十二小时，换班时多做十二小时，每礼拜总可有一日休息，但不是按规定日期。假期无工资，按工作日数有奖金。厂内打人事甚多。现在一天天的剥削加紧，吃饭无时间，工作件数增加等，除鞭打外尚有拧耳、拧眼的虐待，大小都没有限制，到厂迟五分扣半天工资，一刻即不准进厂，工人生活日趋痛苦。……矿工生活，先将日本方面说，外工生活甚苦，每日工资仅二毛五至三毛，每日工作时间为十二小时，甚至有连至二十四小时者，完全为包工制。工人一天能生产三十元的煤，但他自己仅得工资二毛五。整天很忙苦，吃饭无时间，且受打甚烈。……外工因工作而死者给五十元，伤者不问。工人所吃的为一种煎饼，约六百钱一斤，这种饼即小孩每日亦要吃二斤，大人则要吃三斤，故其所得，仅

---

① 常连霆主编，中共山东省委党史研究室编：《山东党的革命历史文献选编》（第一卷），山东人民出版社2015年版，第263—265页。

能维持其最低最苦的生活"。①

1931年12月,《中共山东省委关于全省政治经济形势及组织状况的报告》调查当时工人工资情况,纱厂工人(青、济):每月9元左右,工作时间最低12小时,最近14小时。现在中外营业不振,大批裁工,过去管3部车,现须管6—7部车。现在无吃饭时间。煤矿:包工制,把头(即工头),工人找工必须经过他。每月欠扣工人十分之一的工资,一般工资每月6元(十分之八),最多10元至15元,童工3元左右。青工占十分之六以上。时间,在淄博12时,在潍县24时(换班)。铁路:工资,每月小工12元,普通24元。时间,小工10时,机务9时,车务8时。待遇:在纱厂内男女不准说话,不准假(三日者消工),工作不慎即罚工资。胶济铁路工人俱乐部、消费合作社,征收工人储蓄金十分之二公工资。津浦路,公安捐、招牌捐。②

根据1931年《青岛各类工厂工资比较表》和《各类工厂工人数比较》③来计算,各类工厂工人月薪达到20元以养家糊口的还不足一半。那么,许多工人家庭单靠一个人的工资难以维持,其妻子或儿女也要工作才能维持生存。当时青岛工人除了产业工人外,还有2万多手工业工人和2000多名矿工,其工资和生活水平一般低于产业工人。1931年济南市29家手工业作坊工人月工资平均5.65元,低者2.70元,而工作时间多在12—14小时,最多16小时。在生活方式方面,大多数工人在工作之余,不过是凑在一起吸点劣等纸烟、互相吹牛或赌博等。艰苦的生活使得产业工人阶层很少有接受教育的机会,孩子不能上学,父母不能阅读,生病拿不起钱进行适当治疗。

---

① 常连霆主编,中共山东省委党史研究室编:《山东党的革命历史文献选编》(第一卷),山东人民出版社2015年版,第513、514页。
② 常连霆主编,中共山东省委党史研究室编:《山东党的革命历史文献选编》(第二卷),山东人民出版社2015年版,第363、364页。
③ 青岛市政府秘书处:《1931年青岛市行政统计汇编》,内部资料,第43、47页。

1933年,山东的经济是在极端的恐慌中。除了胶济路机工场的情形特殊外,一切的生产工场,都有大批的过剩产品不能销出。青岛的工业是供给全山东的要求,山东的农村消费者,因为经济的枯竭而失掉了购买力(而不是生产超过了购买力),因此,纱厂工业缩减到三分之一,烟草业缩减到二分之一,其他大宗不详。工人生活状况更加糟糕:纱厂工人,去年前年下半年最高工资大洋二十八九元,现下减低二分之一。现下,新上工的最低工资大洋六元,工作时间每日十二时,并无休息。包工制,星期工资不给,四五日不上工,开除。宿舍住居者二分之一,其余自赁居住(一间小屋,大洋赁费两元)。现在工场因为不能销出商品,时常开除大批熟练工人,以童工女工代之。童工占全部工人之半数。烟草工人,每月合工资二十元(最高者),平均为十五元。资方因业务不振,原先每日作工十小时,现下每日只做四小时,工人工资按时计算。甚或每星期有两日休班,工资不给,无宿舍。火柴业工资不详。铁路工场,待遇较佳,工资仍旧,工作八小时,有抚恤条例。此外,如大车工人,每人每日收入二毛三毛不等,此等工人皆系乡村农人。码头运输工人,每月收入大洋十二元上下。①

1936年,青岛共有产业工人41 534人。② 产业工人的工资多少不一。官办企业的工资较高,如青岛港务局1932年实行70级工资制,最低月薪9元,最高90元。一般产业工人的月薪最高40余元,最低仅5.9元,③普通工人月薪一般在十几元至20元左右。按当时的物价水平,如1936年一个人每月维持生存所需要的生活费有:40斤面粉(4元),2斤肉、20个鸡蛋(近1元),盐油火钱1元。④ 即一个人的伙食费每月需6

---

① 常连霆主编,中共山东省委党史研究室编:《山东党的革命历史文献选编》(第二卷),山东人民出版社2015年版,第516、517页。
② 杨子慧:《中国历代人口统计资料研究》,改革出版社1996年版,第1397页。
③ 青岛市政府秘书处:《1934年青岛市行政统计汇编》,内部资料,第47页。
④ 青岛市史志办公室:《青岛市志·物价志》,中国大百科全书出版社1996年版,第284页。

元。可是如果工人结婚成家,按每家4口人计算,那么,一家人的伙食费每月至少需要16元,再加上杂项开支,一个家庭的月生活费至少要在20元以上。

1937年至1948年9月,由于日本帝国主义的入侵和国民党的残酷统治,造成经济崩溃、物价飞涨、工商业凋敝、工人失业、生活费用猛增,城市居民生活处于水深火热之中。物价指数以1937年为100,到1948年9月高达220 285 900,居民收入远远落后于物价的增长。据调查,1947年一个纱厂工人的工资除去吃饭外,日工资仅能买0.5公斤多小米;一个小学教员月工资120万(法币),仅能买2袋二等面粉;一个人力车夫日收入折合不足2.5公斤小米,难以养家糊口。许多无正式职业或失业者,更是衣食无着,处于饥寒交迫的悲惨境地。[1]

和收入的微薄相比,失业是工人最大的威胁。在近代山东城市中,失业工人是游民阶层的重要来源。在城市经济普遍不景气的情况下,失业工人欲重新谋求到一份正当的职业实属不易,除一小部分可降为苦力、小贩、佣工以外,其他的在无别的生路的情况下,只能沦为游民。

学徒的工资形式各商号不同,有的只按月发工资,有的只年终算提成分红利,有的既按月发工资年终也分红利。学徒刚刚进店工资很低,以后逐年增加。即便如此,学徒的收入还是非常低,像烟台政记轮船公司这样的大公司,学徒月薪也仅2元。虽然学徒的膳宿一般由商家负责,但这点薪水作为零用尚显不足,更不用说养活家人了。据1924年中共山东省委负责人撰写的《青岛政治经济状况》记载:"铁路工厂中的青年工人,半是学徒。学徒分为两种:一是官学徒(亦名艺徒);一是私学徒。艺徒每日工资三角,工作八小时,受教育两小时;私徒每日工资二角五六分至三角,与成年工人做同时间的工,没有受教育的机会,每星期日放假,但无工资。在学徒期间不增加工资,四年满徒。艺徒多他处人来

---

[1] 济南市史志编纂委员会编:《济南市志》(第七册),中华书局1997年版,第50页。

此投考者,其饮食多在饭铺中,每人每日生活费最低亦须二角,他们住的房子是路局里的,电灯自来水管,都是路局管着。私徒多半是成年工人的子弟,他们饮食在家中,住所亦不甚坏,但须纳房金。……其他手工工厂中的青年工人,都是学徒,工厂管饭没工资,每年终给洋数元。他们的工作时间十二小时以上,须侍候工头及店主。"①

1927年,山东纱厂工人中童工占比达到百分之六十。② 1928年,青年工人尤其是纱厂及碳矿青工、童工(青岛纱厂、鲁丰纱厂、淄川碳矿……)的工作时间每日在十四小时,而工资低微到不能维持其一己生活(纱厂工人每日工资一毛左右,碳矿工人每日工资两毛),同时又受到包工头的压迫和剥削(碳矿工人)及工头的惨酷虐待(纱厂、碳矿俱如此)。临枣一带的青工因失业而大批流为匪寇,津浦青工欠资已至四月之久。在这种残苛的压迫和剥削之下,他们的生活简直牛马不如。③

相比较于劳工阶层,近代山东城市中的苦力群体的处境更加悲惨。他们大都没有复杂的谋生手段,只能简单的出卖劳动力,从事人力车夫和车站、码头以及建筑工地的搬运等工作,其收入不稳定,连基本的生存都难以维持。

人力车夫是随着人力车的引进而出现的一个庞大的城市下层社会群体,也是苦力阶层的主要构成部分。人力车在1874年从日本引进上海,十余年以后在济南逐渐盛行。初时仅供官商专用,后发展为客运。1927年,济南市内人力车的购造、价格、车夫等,在周传铭编著的《1927年济南快览》中有着详细记载:虽华美之洋车,除钢丝轮及轮外之橡皮与胎外,其他如弓子、车斗以及护手、辕轩、棚垫之属,类能自制。橡皮轮

---

① 山东省档案馆、山东社会科学院历史研究所合编:《山东革命历史档案资料选编》(第一辑),山东人民出版社1981年版,第22—23页。
② 常连霆主编,中共山东省委党史研究室编:《山东党的革命历史文献选编》(第一卷),山东人民出版社2015年版,第236页。
③ 同上书,第244页。

带,则多邓禄普厂所造。每九百寸长、五寸径者,每副八九元,经用一年左右。一年之价,如系国货,虽灯铃俱全,不过百元。若为欧货或日本货,则需百二十元乃至百五十元。营此业者素无团体,车夫、车主亦无公会名目。警厅无定额之限制,市中无资本家垄断。中人以下,购车招租。营此者多为富有资财及经验之车夫。每日租金亦不划一,以车之新旧为比例,车主、车夫双方议定。新者租三角,次者一吊、一吊五、一吊二不等,虽破旧者,亦需一吊。大小修理,概归车主。警厅月捐,按月五角,由车主担负。自用者则不收租,仅纳牌照费一元。每遇六、七、八三个月中,常有免捐之事,盖所以体恤贫寒也。综集全市,除自用者外,合计一万一千辆之多。盖以生计日蹙,劳动日多,每人每日,多者不过一元五角,生手或破旧之车,每日辛勤所得不过二三吊。除租金外,仅糊口而已。车夫既多,赁价又廉,故车价亦较各埠为贱。然近以日食昂贵之故,车夫索价,常至一倍以上。兹示其标准例如下:城关每里不过铜元八枚。商埠每经一个纬路或一个马路,铜元不过二枚三枚。若以钟点计算,如在四钟点以上,每小时大洋一角,日计不过一元,然以入夜十二时为限。如其包月,饭食及车均归车夫自备,月约十六元。单雇车夫,饭食车辆概归雇主,不过八元至六元也。主人赴宴,饭金二角;妓女牌局,则需一元,几成惯例。然车夫除收拾车辆外,别无所事。概若辈以卖苦力为生,亦无能力问及他事也。市中车夫品类极杂,夜深野地,尤宜留心。外客乘车,务须认明车辆之号数,纵有意外或特别事件发生,仍可向警厅按号索取也。

  可见,"洋车"成为当时济南人的主要交通工具,但拉车人有自己的辛酸和痛苦。张宗昌坐镇山东的时候,人力车夫编了一首歌谣:"张宗昌,坐济南;抓洋车,拉洋面;车站拉到省政府,后面跟着'二尺半'。要车钱,他白瞪眼:'马拉巴子'加'混蛋'!"以倾诉他们的辛酸与痛苦。①

---

① 张登德:《山东交通史》,山东人民出版社2018年版,第302—303页。

由于时局的动荡和城市经济发展不稳定,许多城市平民如小商人、仆佣、摊贩、商店的雇员、其他的苦力以及士兵、低等警察都随时徘徊在失业边缘。一旦失业,则很难维持生存,只要身体状况还不算太坏,其中很多都不得不靠拉人力车为生。正如老舍所说:"被撤职的巡警或校役,把本钱吃光的小贩,或是失业的工匠,到了卖无可卖、当无可当的时候,咬着牙,含着泪,上了这条到死亡之路。"①而且,由于拉人力车简单易学,不需要特别的技术,收入较其他苦力稍好,其劳累度比码头搬运工小一些,这一职业也不像其他旧式职业那样具有较严格的封闭性,只要有拉车的体力,都可以来做。所以,"穷苦百姓到了山穷水尽的时候,没有事干,大半去做车夫"②。据1929年统计,济南已有黄包车10 617辆,1933年更发展到12 700辆③。1932年,青岛总共有8 000多人力车夫。④ 人力车已成为民国前期城市内的主要客运工具。

在收入方面,与其他工厂工人或商店店员、学徒都不同的是,车夫的收入非常不固定,每日的收入都有所不同。其收入的高低全凭每日生意的好坏,因而出入非常大,有时收入较高,尤其是逢年过节时,而一个客人都拉不到的时候也并非没有。据20世纪20年代中期的调查,车夫拉车的收入差距甚至高达7倍或以上。较乐观的估计,至少为每日铜圆40枚,至多为280枚,平均为132枚。⑤ 另一方面,拉车的车夫每天却必须支出固定的金额,这就是车租。因此,如果说工人、店员、学徒之类挣多挣少每天都还有所收入的话,那么,一个运气不好的车夫则可能因生意不好拉了一天车反倒亏本。关于人力车夫家庭的收入及支出状况,《青岛市人力车夫每月收支暨负担家属生活费概况表》有数字统计:民国十

---

① 老舍:《骆驼祥子》,人民文学出版社1981年版,第2页。
② 《新青年》第7卷第1号。
③ 济南市志编纂委员会编:《济南市志》(第二册),中华书局1997年版,第288页。
④ 实业部中国经济年鉴编纂委员会编:《中国经济年鉴》,商务印书馆1934年版,第675页。
⑤ 王清彬等:《第一次中国劳动年鉴》,北平社会调查所1928年版,第616页。

八年(1929年)收入方面:车力工资27.66元,家属及其他收入0.72元,收入共28.38元;支出方面:生活费8.66元,家属负担14.99元,车租10.98元,支出共33.76元。那么,每月亏空5.38元。民国十九年(1930年),收入方面:车力工资25.53元,家属及其他收入1.83元,收入共27.36元;支出方面:生活费8.16元,家庭负担11.32元,车租10.23元,支出共29.71元。那么,每月亏空2.35元。由此可见,人力车夫家庭每月额度开支是入不敷出的。即使一家人都拼命工作,也难以糊口,只好负债度日。1930年8月,中共青岛市委在《青岛七月间三次斗争情形》报告中,对当时人力车夫的生活状况进行了描述:"青岛共有六十多家车行,最大的都属日本人,对车夫的待遇更是苛刻。全市共有二千多辆人力车,依靠这生活的五千多车夫每日车租三角至三角五分不等。每个人力车夫每日所得按月平均七至八角。除车租外,每晚灯油费和洗车褥及车套的费用约需一角多,每人一日饭食至少三四角,这是车夫每日必需用费。每月的必需用费房金至少四五元,无家眷的车夫住宿小店也需二三元。每月衣服,尤其是鞋费平均至少一二元,每月经常零费至少一元。若有家眷的车夫完全要在半饥半饿的生活条件之下。面粉今年涨三次,现价四元多,其他柴米油盐小菜贵了几倍。根据以上每人每月最低限度消费十八、二十元平均,每日至少要拉的六七角。但事实上总共七八角,除去车租尚余四五角。这是目前旺季收入。若到冬季,每每终日车租都不能拉到,五千多人力车夫处在这半死的生活条件下下,车行主人反屡次企图加租。"①

社会学理论认为,可以采用恩格尔系数即饮食费用支出占消费总支出的比重来衡量一个国家或地区的生活水平。如果这项比重在59%以上,则称为绝对贫困;在50%至59%,为勉强度日;在40%至50%为小康

---

① 常连霆主编,中共山东省委党史研究室编:《山东党的革命历史文献选编》(第二卷),山东人民出版社2015年版,第124页。

水平。当时青岛市人力车夫月生活费中食品费占一半以上,最多时达62.5%,可称为绝对贫困。不少人力车夫由于收入低,租不起房子,只好居住于极为简陋的棚户内。

整日在大街上奔波的人力车夫,虽然收入不多且时好时坏,但是其工作却是至为艰辛,而且又十分悲惨的。"一般以拉车过活的人……没有一个不遭遇着很悲惨很残酷的命运,他们的冻毙、热毙,他们的被警棍痛打、撬照会、拿坐垫、拳打、足踢,已成为普遍的现象"[①]。有关人力车夫的痛苦,老舍在其名作《骆驼祥子》中曾做过精彩的描述:"他们设尽了办法,用尽了力气,死曳活曳地把车拉到了地方,为几个铜子得破出一条命。……冬天,他们整个地是在地狱里,比鬼多一口活气,而没有鬼那样清闲自在,鬼没有他们这么多的吃累!像条狗似的死在街头,是他们最大的平安自在,冻死鬼,据说,脸上有些笑容!"[②]

独轮车(小车)是客货兼用的运输工具,1914 年,济南市内运货载人经常使用此车。"凡搬运货物,及载重致远,均须此种车。每车可坐二人,最多可坐四人,其价值与铁轮车相等。"1927 年,济南"附郭之民,多用以输送洋车所不能载之笨重物品,如煤、如米及木器杂具等。有时单人下乡,或妇女小孩出郭探亲,则利其价廉而乘之。……而其价目,近则酌给,十里约五百文,一日不过八角以内也。此等车夫,亦须纳费于警厅,月须二角至一吊不等。专营此业之劳动界,亦在五千人以上也"。1927年统计全市有 5 000 多辆,独轮车夫也是城市下层社会的组成部分。[③]

进入近代以后,山东城市中的游民数量不断增加,规模也不断扩大,并开始以一个阶层的面貌出现,在城市中扮演着越来越重要的工作角色。该群体构成成分复杂,人员众多,这里仅对游民群体中的乞丐和城市流氓的生活状况略加讨论。

---

① "读者来信",《华年周刊》1934 年第 4 卷第 2 期。
② 老舍:《骆驼祥子》,人民文学出版社 1981 年版,第 73—74 页。
③ 张登德:《山东交通史》,山东人民出版社 2018 年版,第 303 页。

乞讨，本是一般民众沦落到无以为生时才不得已而为之的最后选择，而做乞丐又会常常面临饥寒交迫、饿死冻毙之悲惨结局，所以任何人只要还有其他选择，皆不愿为丐。即使一时不得已做了乞丐，一旦有可能，也会很快去做其他的职业。但在近代畸形发展的城市里，当下层民众普遍面临贫困而难以维持生计之时，乞讨反而成为可能比做苦力、当工人更好的谋生方式。

乞丐是城市游民中的最主要组成部分，不管是长期以乞讨为生的职业性乞丐，还是暂时性的灾民、流民，为尽可能地博取世人的同情以维持自己的生存，其行乞的方式总是花样百出，不一而足，如求哀怜、瘫路、喊街、说善书、唱莲花落、算命、打竹板、打鼓、弄蛇、行医卖药等等，除此以外，还有诸如强索、诡托等无赖式行乞方式。

所谓城市流氓，即是"无业之人，专以浮浪为事，即日本所谓浪人者是也。此类随地皆有，京师谓之混混，杭州谓之光棍，扬州谓之青皮，名虽各异，其实一也"。① 古代城市中的同类群体有恶少、无赖、闲子、破落户、无徒、光棍、赖皮等各种称呼。虽然与晚清之后才在城市中出现的"流氓"在名称上有一些差异，在实质上却是相同的。这些流氓的谋生方式主要有敲诈勒索、拐卖人口、偷盗抢劫、打架斗殴等等，其中尤以前两种最为典型。其一，敲诈勒索。随着城市化的发展，近代山东城市人口迅速增多的同时人口流动也日益频繁，大量的外来人口为这些流氓无赖的敲诈勒索提供了更多的机会。"此辈不耕而食，不织而衣，毫无恒业，挟其欺诈伎俩，横行市肆之间。遇事生风，无恶不作，不啻以拆梢为秘诀，以敲诈为薪传"。② 至于其诈骗方式则有"移尸入门""栽赃入室""勾奸买奸"等各类栽赃诬陷、蓄意讹诈，和其他的小题大做、任意讹诈，借人急难、趁机讹诈，捏人把柄、恐吓讹诈，招人痛打、强行讹诈，自残肢体、胁

---

① 徐珂：《清稗类钞》，中华书局1984年版，第107页。
② 郑观应：《郑观应集》（巡捕），上海人民出版社1982年版，第512页。

迫讹诈等各种类型。其二，拐卖人口。拐卖人口是城市流氓中比较盛行的犯罪活动之一，特别是拐卖妇女。因为在人口畸形膨胀的城市里，以男性占多数的移民使城市男女性比例严重失衡。据统计，1914年，济南人口共245 978人，其中，男146 206人，占59.4％；女99 772人，占40.6％；到1937年，济南市区人口共311 243人，其中男性有179 340人，占总数的57.6％；女性有131 903人，占42.4％。① 可见济南人口的男性比例较高。1914年为146.5∶100，1937年则是136∶100。在近代，大批男性劳动力向城市转移，导致城市出现男女比例严重失衡的情况，这是城市现代化转型过程中的特征之一。巨大市场的存在，使拐卖妇女为娼妓成为流氓谋取不义之财的重要渠道。其常见的方式是以介绍工作为名，将农村妇女骗到城市贩卖。各流氓团体往往因此而形成专门的网络，常常有许多妇女被骗到城市卖掉。

娼妓是近代山东城市下层社会中的一个特殊群体。中国古代娼妓因其"官妓""营妓""家妓"性质，服务对象有限，人数也有限。而近代山东城市中，由于城市人口性别结构的畸形发展、娼妓业的合法化和来源构成的日益多样化，妓女数量远非古代可以比拟。据调查，1924年济南有注册领照的妓户共530家，妓女1 080人，其中，一等妓院106家，二等27家，三等62家，四等335家。此外，还有无法确知数字的暗娼。到1927年，本城妓户未见增加，但妓女数量增加至1 800人。② 注册妓院中，有相当部分是从苏、沪、扬等地迁济开办的。"青岛华妓，有南北之分，南妓谓之南班；北妓谓之本地班。南妓大抵来自扬州、徐州、镇江、淞江、苏州等处，北妓则以日照人为最多，其来自济南、胶州、即墨、天津等处者，已有相当数额。妓女由父母翁姑或丈夫等，因生活所迫，送往妓寮合伙营业者，谓之'搭班'，夜度资四六分派，妓女得四成，班主得四成，娘

---

① 济南市史志编纂委员会编：《济南市志》（第一册），中华书局1997年版，第491—492页。
② 转引自王守中、郭大松：《近代山东城市变迁史》，山东教育出版社2001年版，第427页。

姨龟役得两成。此辈妓女,衣饰均须自办,入班之初,必须向班主先借垫款,名为押账,利息甚大。故妓女搭班,名为四六分折,其实妓女所得,除衣饰、利息及其他一切应用物品外,不及二成,亦可为苦矣。妓女由班主价买,身体归班主支配者,谓之'本班',夜度资尽为班主所有,妓女只能于出局时略支一二角车费。即平时零用,亦全靠客人给予也"。① 1928年,青岛有妓女269人,到1931年则增至1 169人。② 其中有华妓656人,妓窑284处,大都集中于某一区域内,像朝阳路、冠县路、黄岛路等,这些都属于"集娼",即聚集在某一定的区域之内,不能随意迁徙。此外,妓窑和妓女都有等级之分,共有头等妓窑56户,三等妓窑居多,共228户,在人数上也就明显多于头等妓窑中的妓女人数;妓窑和妓女等级的不同,其乐资价目即妓女"出场费"也有明显差距,三等妓窑的妓女乐资明显低于头等妓窑的妓女乐资。广大的妓女大都因贫穷而被迫走向这一行业。她们生活在社会的最低层,受窑主的欺侮和压榨,更受到世人的歧视和玩弄,她们完全生活在一种畸形的社会环境中,过着牛马不如的生活。

娼妓不仅人数惊人,而且其种类及层次也很齐全。按是否挂牌营业交纳"花捐",可分为公娼与私娼;按经营方式可分为集娼与散娼。妓女数量多、层次全,是卖淫走向社会化的表现,也是为了满足各式各样嫖客的不同需要,其间既有官僚政客、富商巨贾,也有词客骚人、贩夫走卒等等。卖淫业在走向社会化的同时,也更趋商业化。中国近代以前之卖淫虽然也具商业性质,但那时妓女为迎合士大夫所好,多擅长歌舞,精通诗文,以文采风流于世。而近代公娼需每月定期定额向警察当局交纳"花捐",数额逐年增加,并且还有一些如体检之类的附加费,迫使妓院老鸨压榨妓女,妓女则只专注于嫖客的钱袋;况且近代城市市民分化,嫖客三

---

① 魏镜:《青岛指南》第五编"游览纪要",平原书局1933年版,第31—32页。
② 《胶济铁路经济调查报告分编·青岛市》,第5—6页,出版者、出版时间不详。

教九流,什么样人都有,妓院也便成了人肉市场和罪恶肮脏的交易所,古之风流雅兴几荡然无存。低级私娼则更甚,一经交钱,就随客所欲,逛窑子已如逛商场一般。在这般境况下,妓女处境如何就可想而知了,可说她们处在城市下层社会的最底层。

在城市下层社会中还有一个群体数量不大、流动性较强,但不容忽视,就是城市驻军中的下层士兵。"青年兵士大部来自农间,每年至多发饷之关,其数不过十元左右(兵饷俱发省票,每元合现三毛,每年实得三元上下),住的地方多系破庙或民家厂(敞)棚,概无被褥,在严冬的风雷凛冽之中,尚多有只穿破衣者;食物为粗的高粱面,又绝无蔬菜,以致大便秘结,连长每日饮以香油以通其大便。济南、张店教导团尚且如此,其余军队不言自知!"①

1927年12月,中共山东省委在12月份的总报告中,曾对城市下层社会做了特别关注,提出要山东的党成一真正无产阶级的党,只有毅然决然地把当时以自耕农、工匠和知识分子为主的小资产阶级政党基础彻底地摧毁了,另造一个新的基础。这一新的基础,必须坚决的向以下的路径行去:① 农民方面:雇农、佃农、贫农。② 工人方面:工资不满十元之工人,小工、苦力、学徒。③ 兵士。④ 城市和乡村中的所谓青皮、流氓、地痞、无赖。认为,只有上述四种人是斗争中的勇敢战士,因为一般雇农、佃农、半自耕农莫不感到他们终年的劳碌,完全是为了军阀地主做牛马,过的是牛马不如的生活;工人亦是劳苦一生,所得不但不能养家,就是自己也不能够糊口;兵士更是拿性命到战场上去拼,但是衣食住都坏到了极点;至于青皮、流氓、地痞、无赖等,他们都是穷得精光,一无所有,他们的衣食住都朝不保夕。只有以上这四种人,他们能毫不顾忌地为了生存而向敌人(军阀、官僚、地主、豪绅等)拼命,因为只有从拼命里

---

① 常连霆主编,中共山东省委党史研究室编:《山东党的革命历史文献选编》(第一卷),山东人民出版社2015年版,第245页。

才能生活,不然就会要饿死。天灾战乱频仍的山东,几十百万的饥农,成千成万得不到工资的工人苦力,数十万非人生活的兵士,遍地穷疯了的青皮、流氓、地痞,统统摆在我们的眼前。他们在乡村中暴动,在工厂中罢工索薪,在前敌溃散,在城市和乡村中骚扰,他们通通都是社会的扰乱者,这一社会将来一定会为他们所打碎。我们的党只有毫无疑义地建筑在这四种人上面,只有这样,才成为一个无产阶级的政党;亦只有这样,无产阶级的党才能负起它的历史的使命。①

---

① 常连霆主编,中共山东省委党史研究室编:《山东党的革命历史文献选编》(第一卷),山东人民出版社2015年版,第225—226页。

第三章 北洋军阀政府时期中央和山东政府对城市下层社会的社会调控

第一节 社会调控机构——行政管理体系

行政调控,主要是指通过国家机关的行政权力对社会进行调适与控制。它是确保政府行政职能规范、运转协调、公正透明、廉洁高效的制衡器,是维护社会稳定的主要手段。毛泽东曾经说过:"没有这种行政命令,社会秩序就无法维持,这是人们的常识所了解的。"①国家政治权威的强弱是行政调控得力与否的体征。但是,清王朝被推翻后,新的为全社会所普遍承认的政治权威却未能真正建立起来。军阀按军事实力之强弱分享国家及地方权力。军阀专政、军阀割据、军阀混战,成为北洋军阀政府时期的政治特征,政权舞台上的过客像走马灯一样来去匆匆。据统计,民初16年间,中央政权"大总统更换了8次,其中还有三段时间没有总统;内阁更迭46次,最短的内阁仅存在了6天"②。同一时期,山东政局持续动荡,山东省行政机关和行政长官更迭频繁。1912年3月,山东

---

① 《毛泽东选集》第五卷,人民出版社1977版,第396页。
② 中国史学会、中国社会科学院近代史研究所:《北洋军阀(1912—1928)》第一卷《北洋军阀与北京政府》,武汉出版社1989年版,第201—212页。

巡抚衙门改为山东都督府,省行政长官称都督。1913年1月,实行军民分治,设省行政公署,省行政长官称民政长。1914年5月,改行政公署为巡按使公署,省行政长官称巡按使。1916年7月,改巡按使公署为省长公署,省行政长官称省长。从1912年1月胡瑛任山东都督算起,到1928年4月林宪祖离职,在这16年间,山东行政长官共19人20任,每人在任平均不到一年。①"掌控山东实权的最高长官更替了8人,且多系军人出身,并以主官身份执掌民政,拥有军政、行政、财政大权。这样,军政、民政不分,并以军政统领民政,形成了典型的地方军阀政治"②。用人行政,不但没有共同标准,且任免自由,滥用私人;再加上军阀混战,争夺地盘,一旦占领,即控制地方行政权,派用效忠自己的人为官。这些官员既为残暴虐民的军阀所信任,本身也都是些贪赃枉法的恶劣之徒。"闾阎杀人如麻,而官场中方且呼庐夺彩,夸妓斗戏,安然享太平之福。玩法流弊,日甚一日。"③吏治腐败至此,根本谈不上真正意义上的社会治理,政府借以管理社会的行政调控职能丧失殆尽。

北洋军阀政府时期的行政管理体系主要包括中央和地方两大部分。在中央,根据孙中山制定的《临时约法》,1912年3月袁世凯建立的中华民国临时政府采用责任内阁制,这种行政管理体系主要由临时大总统、内阁构成。临时大总统是国家元首,国务院是国家最高行政机关。其中临时大总统由参议院选举产生,代表临时政府,总揽政务。国务院由国务员即国务总理和各部总长组成,共同辅佐临时大总统。国务总理是内阁的领导者,在国务员中居于领袖地位。国务总理通过国务会议领导内阁成员处理国家政务。国务院设有辅助机构、直属机构和行政各部,这三套机构共同构成国家的行政中枢。国务院的辅助机构是秘书厅,直属机构有法制、铨叙、印铸、蒙藏事务、临时稽勋、全国水利、临时国会事务

---

① 《山东省行政体制沿革》,新华出版社1993年版,第148—152、324—325页。
② 刘寿林:《民国职官年表》,中华书局1995年版,第220—228页。
③ 《民国阳信县志》卷四,据1926年铅印本影印,台湾成文出版公司印行,第194页。

七局。此外,还有一个法典编纂会。国务院下设外交、内务、财政、陆军、海军、司法、教育、农林、工商、交通十部,后来又曾将农林、工商二部合并为农商部。各部设总长一人办理部务,设次长一人,辅助总长办理部务。

袁世凯于1914年5月1日公布了《中华民国约法》(又称《新约法》、"袁记约法"),同时宣布废除《临时约法》。根据"袁记约法",废除责任内阁制,实行总统制。大总统不仅总揽统治权,而且是国家行政机关首长,置国务卿一人赞襄之,行政事务设置外交、内务、财政、陆军、海军、司法、教育、农商、交通各部分掌之。各部总长依法律命令执行主管行政事务。国务院也于即日废止。袁世凯还在总统府内设立政事堂、大元帅统率办事处、翊卫处等,通过扩大总统府的机构和权力,达到独揽大权的目的。1915年10月,利欲熏心的袁世凯操纵国会,悍然恢复帝制,妄图实现自己的皇帝梦。在一片讨袁声中,这种倒行逆施的举动于1916年3月被迫取消。

1916年6月袁世凯死后,北洋军阀集团基本上分裂为三个主要派系,即以段祺瑞为首的皖系、以冯国璋为首的直系、以张作霖为首的奉系。以后围绕北京政权,皖、直、奉系军阀展开了激烈的斗争,轮番上台执政,虽然北洋军阀政府的政权形式屡有变化,但始终没有改变封建军阀独裁专制这一本质。①

北洋军阀政府统治时期,山东长期是段祺瑞皖系军阀割据的地盘,而后又变为张作霖奉系军阀的势力范围,一直是北洋大军阀争夺的据点。这期间,山东地方行政管理体系为省、道、县三级制。

1911年辛亥革命爆发后,各省相继起义,宣告脱离清廷独立。山东巡抚孙宝琦玩弄两面手法,搞假独立,旋即败露。1912年1月20日,南京临时政府任命胡瑛为山东都督,并在烟台设立山东军政府。军政府下

---

① 参见龚书铎总主编、朱汉国本卷主编《中国社会通史·民国卷》,山西教育出版社1996年版,第385—390页。

设民政、交通、执法、军务、外交、财政六司,形成与济南当局对峙的局面。同年3月10日,袁世凯在北京就任中华民国临时大总统。3月15日,袁世凯下令各省督、抚改称都督,山东巡抚张广建随之改称都督。3月19日,胡瑛辞去山东都督一职,随后张广建调离山东,结束了济南、烟台两个政府对峙的局面。山东省都督府设在济南,下设六个司,第一司为民政司。

省长公署是山东省最高行政机关,1913年1月前称都督府。1913年1月8日,袁世凯颁布《划一现行各省地方行政官厅组织令》,令各省实行军民分治。并规定民政长为一省行政长官,设置行政公署;未设民政长的省份,由都督兼任民政长。民政长总理全省政务,由中央任命。省行政公署设置一处四司,即:

(1) 总务处:以民政长名义执行公务,不设处长。其主要职权是:办理机要、印信、统计、人事、记录、文书、会计、庶务等事项。

(2) 内务司:以民政长名义执行公务,不独立对外。设司长一人。内务司主要办理下列各项事务:选举,公共团体,赈恤,救济,公私慈善、公益财团,征兵、征发,户籍,行政区划,土地调查,官产、官物,行政警察,高等警察,司法警察,著作、出版,道路、土木工程,河堤、海港、水道工程,土地征用,整饬礼俗,祠宇、宗教,保存古物,病院、卫生、防疫、检疫,医士、药剂士业务的监察,药品、药物营业的检查,地方交通行政。此外,还办理中央委令省办的有关事项。

(3) 财政司:以民政长名义执行公务,不独立对外。设司长一人。主要办理下列各种事项:监督征收地方税,监督地方税以外的收入,地方税违法征收的处分,滞纳地方税处分的诉愿,监督地方岁出,编制地方预算、决算,地方公债,地方金融。此外,尚有中央委令省办的有关事项。

(4) 教育司:主管全省教育,具体办理下列各种事项:公立学校职员,教育会议、图书审查会、教育博览会,学校卫生、公立学校修建,师范学校、中小学、蒙养园、普通实业学校、盲哑学校、其他特种学校,检定小学教育、学龄儿童就学、私立大学、公立和私立专门学校、外国留学生、国语统一、各种学术会、动植物园、图书馆、博物馆、搜集古物、美术馆、美术展览会、文艺、音乐、演剧、通俗教育、通俗图书馆、巡行文库。此外,尚有中央委令省办的有关事项。

(5)实业司:主要管理农业、林业、工业、矿业。具体办理下列各种事项:农业改良,农事试验场,蚕丝业改良和检查,地方水利和耕地整理,天灾、虫害的预防和善后,农会,农业讲习,农林渔牧各种团体,畜牧改良,种畜检查、兽医,公私林的监督、保护和奖励,苗圃、林业试验,狩猎监察,水产试验和讲习,水产业监理、保护、奖励,劝业会,经营工业,度量衡的检查和推行,模范工场,工业补助,工业试验所,工业调查,工厂监督和检查,工人教育和保护,输出品的奖励,商品陈列,保险业和其他商业监督,工商业团体,矿业调查,矿业监督,矿夫保护,矿税稽核,地方自办和民办的电气营业。此外,尚有中央委令省办的有关事项。①

1914年5月23日,袁世凯为加强北洋军阀政府对地方的控制,并为复辟帝制做铺垫,颁布了《省官制》。规定省置巡按使为一省民政长官,管辖全省民政及巡防、警备各队,并受中央政府委托,监督财政、司法行政暨其他特别官署的行政事务。同日,山东民政长蔡儒楷改任山东巡按使,裁撤原行政公署及所设置的各处、司,置巡按使公署。巡按使公署为省最高行政机关,内设政务厅,管辖总务、内务、教育、实业四科。另外,在原行政公署财政司的基础上,组建山东省财政厅,隶属于中央政府财政部,并受巡按使监督。

1916年6月7日,黎元洪继任大总统,7月6日将各省巡按使改为省长,巡按使公署改称省长公署。同日,山东巡按使蔡儒楷免职,孙发绪任山东省省长,省长公署内设置政务、财政、教育和实业四个厅,其中,政务厅主管民政事务。1917年9月6日,黎元洪颁布《教育厅暂行条例》和

---

① 参见吕伟俊主编《民国山东史》,山东人民出版社1995年版,第30—33页。

《实业厅暂行条例》，规定各省增设教育厅和实业厅，分别直隶于中央政府教育部和工商部，并受省行政长官监督。1918年1月23日，增设全省警务处。山东省省级行政机关设政务厅、财政厅、教育厅、实业厅和全省警务处，政务厅仍为全省行政枢纽，财政厅、教育厅、实业厅作为中央政府派驻山东的直辖机关，并受山东省省长监督，这种格局一直延续到1928年4月山东北洋军阀政权结束。

应该说明的一点是，省长名义上是一省之长，但实际上北洋军阀政府时期省长往往并不掌握最高权柄。如民国初年的都督是统揽军政大权的最高长官，作为省长间接前身的民政长，不过是辅助都督处全省行政事务的官员。1914年5月，在省一级实行军民分治，都督改称将军，另设主管民政的巡按使，是为省长的直接前身。1916年7月改将军为督理军务长官（简称督军），巡按使改为省长，专管民政。但因张怀芝、张树元、田中玉等督军都兼署省长，故实际行政格局与前无异。1923年10月督理军务长官改为督办军务善后事宜（简称督办）。无论名称如何变化，无论省长是兼职还是专职，直到1928年5月山东最后一任督办张宗昌被赶出鲁境之前，山东军政大权始终都是操纵在手握重兵的督军、督理、督办们手里，省行政不过是省军政的附庸。

据齐鲁大学社会学系师生调查编著的《济南社会一瞥（1924年）》记载：北洋军阀政府时期"济南的政府机构复杂，国家的、省的、县的、市的以及商埠的机构都在这里，其权限范围很难说明。……省议会批准由市政厅制定的该城预算案。历城县知事官署在济南，历城县或农村司法机构以及省司法机构，都在这里。旧城里和城郊的土地所有权，在县署登记。管理济南城的两个主要官署是警察厅和市政厅。该城既无市长，也无市府参事"。[①] 北洋军阀政府时期济南行政管理体系的复杂和多变由

---

① A.G.帕克指导，齐鲁大学社会学系调查编著，郭大松译：《济南社会一瞥（1924年）》（上），《民国档案》1993年第2期，第51页。

此可见一斑。

据查,北洋军阀政府时期,济南除省级行政管理机构外,还存有道尹公署、商埠总局、省会市政厅等行政管理机构,其基层组织形式主要是里甲制。

济南道尹公署:初名岱北道观察使公署,1913年1月设,道尹公署置观察使一人,承省民政长之命,主管本道行政事务。公署内设内务、财政、教育、实业四科。1914年5月23日,岱北道易名济南道。道观察使照新颁《道官制》,改称道尹,道观察使公署随之改称济南道尹公署。按新制,道尹隶属于省最高行政长官巡按使,执行道内行政事务,可依法发布道单行章程,并受巡按使之委任或命令,监督辖区内财政司法行政、其他特别官署行政及节制调遣驻扎于本道的巡防警备各队。因济南道治即为省治,在嗣后的督军兼任省长,实行"军民合治"期间,济南道尹还代行省长职,负有考核到省候补县知事之责,祭祀、开会时,常以省长代表身份出席,且较长时间兼任外交部特派山东交涉员,主持全省外交事务。1928年5月,道尹随张宗昌撤离,济南道尹公署终结。

济南商埠总局:1904年(光绪三十年)夏历七月设立,受济东泰武临道道员监督,负责协调管理济南商埠界内有关工程建筑、房地产租赁、中外工商行政管理、税捐征收、地方巡警治安等事务,并在潍县、周村设立分局,兼理两地开埠事宜,为主管济南及潍县、周村商埠事务的行政机关。1908年(光绪三十四年)夏历七月潍县、周村两商埠缓办后,专门负责济南商埠事务。1911年(宣统三年),商埠局照章受历城县署之监督,办理埠内"地方自治"。同年农历七月,成立济南商埠商务会,作为处理商埠公益事务的代行机构。民国成立后,商埠局继续主管济南商埠事务,内设会计、捐务等科。1912年7月1日起,总办改称局长。1920年1月商埠局与市政公所合并为山东省会市政厅。

山东省会市政厅:1917年3月,因修筑省城城关马路,遂设市政公所主持其事。1920年1月,为便利城埠间交通,通盘筹划城内、商埠路政,山东行政当局呈报中央,将市政公所与济南商埠总局合并,在商埠总局原址组建统辖城埠市政事务的机关——山东省会市政厅。市政厅初设总办一人,主持厅务;会办二人,由省会警察厅厅长、历城县知事兼任。市政厅内设总务、收支、工程三科,办理济南城埠有关交通、实业、卫生、消防和救济事业的筹划监理,工商业状况调查,城市建设规划,建筑业管理,房地产管理和地租杂捐的征收稽核,财政预算决算及收支的编制审核,道路桥梁沟渠水道等市政工程的兴修及工程测绘等项事务。1929年国民党政府军队接管济南,市政厅改组为济南市政府。

北洋军阀政府时期,济南的城市基层政权仍沿清制,实行里甲制度。城内设区,区下为约或里(城关称坊、厢,郊区为里)。城内分为一、二、三区,区下设孝字、悌字、忠字、信字、柔美、和礼、法字、温字八个约;城外分为一、二、三区和商埠一、二、三、四区,下设里。

1897年11月14日,德国以"巨野教案"为借口,侵占胶州湾。1898年4月设立德国胶澳总督府,对青岛实施殖民统治。1914年第一次世界大战爆发后,日本乘机攫取德国在青岛的统治地位。同年11月27日,日本天皇发布命令,在青岛设立守备军司令部,开始了对青岛为期八年的殖民统治,并于1917年1月擅自在青岛设立民政署。经过巴黎和会和华盛顿会议两次大型国际会议的"马拉松式"外交交涉和全国人民的奋起力争,1922年12月10日,北洋军阀政府从日本手中收回青岛主权,辟为商埠,在青岛设胶澳商埠督办公署,直隶中央政府。其辖属机构有:秘书处、总务处、政务处、保安处、工程处及财政课、交涉课、警察厅、港务局、码头局、港工局、水道局、电话局、林务局、测候局、农事试验场、商品陈列馆、传染病院、普济医院、李村医院、屠兽场、马术所。此外设有参事室、编纂委员会、财政审查会、财政顾问会、移交公共工程委员会以及自治筹备委员会、自治讲督所、军事审判处等机构。1924年4月,胶澳商埠督办公署对内部机构进行改组。保留秘书处,设立总务科、民政科、财政科、交涉科(后改称外交科)。其他机构设置为:警察厅、港政局、电话局、教养局、禁烟局、观象台、工程事务所、农林事务所、卫生事务所、水道事务所(后改为水道局)、商品陈列馆、军警督察处、清理官产处(后改为官产管理处)、稽查运输违禁品所、牲畜检验局、通俗图书馆等。

张宗昌督鲁后,于1925年7月改胶澳商埠督办公署为胶澳商埠局,直隶于山东省政府,其内部行政机构设置基本维持公署时期的状况,部分机构职能做了调整。同年9月设立教育局,受山东省教育厅及商埠局监督。11月撤销军警督察处,后又于1927年5月复设。

1922年12月,北洋军阀政府制定的《胶澳商埠章程》规定:市定名为青岛市,以青岛市街、台东镇及台西镇之界址为区域,其他各地均称为乡。同时,颁有《市乡自治制令》,其中规定:青岛市定为特别市,依自治制组织法设青岛市自治会。因北洋政府无实行地方自治诚意,致市乡自治制并未认真施行;其基层政权组织主要由警察厅兼管。警察厅下设第一、第二及台东、李村、海西等警察署,共辖分驻所32个,黄岛设派出所一个。

近代烟台自开埠以来直至20世纪20年代后期,既不是独立的行政区域,一度曾是租借地、殖民地,也从未有过租界区。在行政关系上,一直隶属于福山县。然而,由于它的特殊地位和发展经历,在城市管理和城市规划建设方面,又基本与福山县无关而自行其是,不同时期各有其自己的一套体制。1911年11月烟台革命党人发动武装起义,推翻清廷在烟台的统治,成立山东烟台军政分府。同年11月24日,巡抚孙宝琦宣布取消山东独立,不久革命党人改烟台军政分府为山东军政府,负山东革命总指挥之责,并推举王传炯为山东军政府大都督。王传炯与孙宝琦暗中勾结,妄图颠覆山东军政府,被逐,后胡瑛就任山东军政府都督,并改组军政府,设参谋、秘书、民政、军法、外交、财政、交通、巡警等机构,管理各方面事务。1912年3月19日设在烟台的山东军政府解体。1914年5月,置胶东道尹公署(驻烟台),为省下县上一级行政机关。道尹为道署最高职位,掌管全部政务,隶属省长。道署内分设三科,第一科管理总务;第二科掌管行政、司法、财政;第三科掌管实业、教育等。1925年,分胶东道为东海道(驻烟台)和莱胶道(驻胶县),道署内设置同前。1928年两道均废。

综观北洋军阀政府时期的山东城市行政管理体系,呈现出三个特点:一是军政民政不分,以军政统领民政。手握重兵的都督、督军、督理、督办掌握最高权柄,行政长官只是辅助军政长官处理行政事务的官员,没有实权。二是行政管理体系不健全、不稳定。主要体现在机构设置的变化频繁,行政长官更迭较多。军阀混战,争夺地盘,一旦占领,即控制地方行政权,派用效忠自己的人为官,这些官员也大都是些贪赃枉法的恶劣之徒。比如,国民党军阀攻下京津以后,"蒋、冯、阎将至北京开分赃会,但是分赃是分不均的,新的军阀战争的危机早已种植下了(见中央通告)。这个整的危机四伏的割据局面,反映到山东更表现的明显。省政府的改组,由老冯转到老蒋手里。至德州等处,则一支军队换一个县长,一个县长做不到一个星期"。① 而且由于行政管理体系的频繁更替,社会调控工作缺乏一致性、连续性和稳定性,有限的调控成果得不到巩固。三是统治者热衷于抢地盘、争权力,弱化了对城市下层社会的行政调控职能。除部分赈恤、救济、公私慈善、社会教育由政府行政职能部门负责实施外,对城市下层社会的社会调控主要依托警察机构和军队来执行,形成了事实上的行政调控职能缺失。

第二节 社会调控机构——军队、警察与特务

一、军队

北洋军阀统治时期是中国历史上最黑暗的时期之一。当时各地军

---

① 常连霆主编,中共山东省委党史研究室编:《山东党的革命历史文献选编》(第一卷),山东人民出版社2015年版,第300页。

阀在不同帝国主义国家的支持下,想方设法通过各种军政机构控制地方军政大权,然后拥兵自重,割据一方。他们为了争夺地盘,还经常称兵弄权,发动内战。

为了建立独裁统治,袁世凯除了在内阁设立陆军部、海军部掌管全国军政事务外,还在总统府设立军事处和参谋部,直属大总统,掌管全国国防用兵事宜。为了统一军制,1912年8月19日,经参议院议决,袁世凯公布了陆军官制。陆军军衔分三等九级,即上将、中将、少将、上校、中校、少校、上尉、中尉、少尉。同时,还将前清新军中使用的镇、协、标、营、队、排等名称改为师、旅、团、营、连、排等,从而奠定了我国现代军队制度的基本框架。在军队的编制上,陆军部曾编制了陆军平时编制,一师近一万人,较前清新军一镇略少一些,但由于情况复杂,未能通令执行。在军种上,北洋军阀时期有陆军、海军和极少量的空军,陆军除步兵外,有炮兵、骑兵、工兵、辎重兵等。①

辛亥革命前夕,山东驻军主要是陆军第五镇以及巡防队。第五镇归陆军部管辖,巡防队属山东地方武装。民国元年5月,其兵力部署如下:中路十一营驻济南,左路二营驻青州,右路十六营驻曹州,后路五营驻东昌,前路九营驻兖州。② 6月7日,又增设左路第三营。

辛亥革命之后,山东的驻军由两部分组成:一是原清政府在山东的驻军;二是山东同盟会党人组织的反清民军。原清政府在山东的驻军在武昌起义之后其编制几乎未发生变化。民国元年3月28日周自齐任山东都督,对山东的驻军进行了整编,原清政府的山东驻军根据袁世凯的命令按原建制保留下来。陆军第五镇仍驻济南、青州等处,仍以国防为法定职掌,平时兼任青州、潍县、即墨、昌乐、寿光、临朐、安丘、高密、羊角沟等处地方防务。9月,第五镇改称第五师,师长靳云鹏。除第五师外,

---

① 参见高锐主编《中国军事史略》下册,军事科学出版社1992年版,第144页。
② 《掌云南道监察御史王宝田奏山东会党日盛请调劲旅剿抚折》(宣统三年四月十三日),《辛亥革命前十年民变史料》上册,中华书局1985年版,第188页。

五路巡防营暨先锋营、新防营、警卫营计有44营。反清民军号称鲁军北伐第一师,其主力是连承基、徐镜心、丘丕振等人从东北招募来的以山东省人为主的队伍,其中包括一支由郑天楚率领的广东北伐十字军。另外还有应山东反清民军要求前来支援的部队。南京临时政府解散后,反清民军被周自齐改编,连承基所部鲁军第一师被裁编为山东陆军步队四十七协。沪军北伐先锋队被裁编为步队十八标,驻登州、黄县一带,为山东地方部队,军费由山东财政负担。数月后,驻黄县被改编的沪军一部哗变,哗变平息后,步队十八标除一部编入第五镇外,余皆遣散回籍,该部番号也被取消。

1915年9月,孙中山密令居正为中华革命军东北军总司令,并命其在青岛设立中华革命军东北军总司令部。1916年5月,中华革命军从青岛出发向西挺进。吴大洲率第四支队连克周村、长山后,将所部改编为五个梯团并改称山东护国军,自任山东都督,以薄子明为山东护国军总司令。其他四个支队在居正率领下攻占潍县。中华革命军进入潍县后,由居正主持编成两个师。第一师驻潍县,第二师驻高密。1916年5月30日,袁世凯以靳云鹏作战不力内调将军府将军,同日任命张怀芝署山东将军。6月6日,袁世凯死后,中华革命军和山东护国军与张怀芝达成协议,接受政府军改编。中华革命军第一师与山东护国军被编为一个旅,调往济南。中华革命军第二师改编为一个混成团,开赴兖州。经过张怀芝整编后,山东驻军计有:陆军一师两旅一混成团,另有炮连三个连、辎重连三个连、巡防营三十八营。[①]

在1916年5月至1918年11月张怀芝督鲁期间,陆军第五师的驻防编制未发生变化,但承袭多年的各路巡防营制度被取消。五路巡防营被改编成五个混成旅。

1919年3月14日,张树元被正式任命为山东督军。同年12月,改

---

① 张伯峰、李宗一:《北洋军阀:1912—1928》第一卷,武汉出版社1990年版,第21页。

任田中玉为山东督军。1923年山东督军田中玉、兖州镇守使兼山东第六混成旅旅长何锋钰因临城劫车案被免职,山东督军由陆军第五师师长郑士琦担任。

1924年第二次直奉战争前山东军队驻防情况如下:中央第五师,驻济南辛庄;中央第一混成旅、第二十混成旅,驻济宁;山东第二混成旅,驻烟台;山东第三混成旅,驻曹州;山东第四混成旅,驻东昌;山东第五混成旅,驻临沂;山东第六混成旅,驻兖州;山东第七混成旅,驻津浦路北段;中央第四十七混成旅,驻济南、胶东;山东第一混成团,驻曲阜;山东第一步兵团,驻高密、坊子。

第二次直奉战争之后,奉系势力大举进入关内。1925年4月,张宗昌取代郑士琦任山东军务督办。张宗昌上任后,将其驻在徐州一带的部队陆续开进山东,并对原山东驻军进行收编或遣散。

张宗昌不断发动和参加军阀内战,并在内战中拼命扩军。1925年10月,浙奉战争爆发,张宗昌被张作霖任命为直鲁皖苏四省防御司令,所部扩编为五个军。10月21日,张宗昌率部8万人抵达徐州布防。11月初,张宗昌战败,被迫退回山东。浙奉战争刚刚结束,河南岳维峻部又乘张宗昌兵败之际发动对山东进攻。12月10日,张宗昌自任山东保安司令,12日下令将所部改称鲁军,并扩编成11个军、14个梯队。①

1926年2月,张宗昌与李景林合作,组成直鲁联军,进攻国民军,张宗昌任鲁军总司令。编入直鲁军的鲁军有第四、第五、第六、第八军。4月18日张宗昌鲁军攻占北京。在此期间,张宗昌的鲁军得到进一步扩充,计有30个军的番号,人马也激增到20余万人,势力扩展到山东、直隶两省。同年7月,南方国民革命军北伐后,引起北方军阀恐慌。11月,张宗昌派遣大军南下,战至次年3月,鲁军在上海、江苏、安徽三个战场均被战败。5月31日,张宗昌部全部退回山东防守,孙传芳所部亦撤到

---

① 吕伟俊:《张宗昌》,山东人民出版社1989年版,第28页。

山东境内。6月张宗昌部改称"安国军"第二方面军,张宗昌任总司令。1928年4月10日,国民革命军第二次北伐,进攻山东的兵力主要是蒋介石的第一集团军和冯玉祥的第二集团军第一方面军孙良诚部。张宗昌所部节节败退,5月1日,国民革命军进入济南。5月3日,在张宗昌默许之下进驻济南的日军发动"济南惨案",国民革命军绕道济南,继续北伐。5月13日,国民革命军占领德州,张宗昌率残部退往直隶,结束了北洋军阀对山东的统治。①

北洋军阀政府时期,山东统治者都集军政大权于一身,他们穷兵黩武四处征战,兵无息时,人无宁日。他们利用手中的军队在城市中残酷镇压以下层社会群体为主的群众革命运动。"五四"运动爆发后,北洋军阀政府致电山东督军张树元:"东省关系最切,应严加防范,不然人民的仇日举动将会酿成不可收拾之局。"1919年5月7日,山东各界62个团体在济南召开国耻纪念大会,张树元派便衣、军警多方禁阻。6月10日,济南开始大罢市,督军张树元、省长沈铭昌当即派大批军警弹压,威逼商店照常交易,并到各校封锁校门。6月13日,各校学生不顾军警阻拦,冲出校门游行,张树元调集军警将学生围困在西门大街。经省议会张公制等人调停,直到深夜,张树元才下令调开军队。7月21日,济南爱国群众怒砸《昌言报》报馆,并将该报法律顾问、经理、主编等捆绑后游街示众。7月22日,张树元召开军警首脑紧急会议,决定缉捕"祸首"。24日,致电北洋政府,谓"莠民"假借学生名义肆行暴动,拟实行戒严。北洋政府令准山东宣布戒严,委任济南镇守使马良为戒严司令。济南戒严后,禁止群众集会、结社、散布传单,并特调军政检查员分赴邮政、电报两局专门稽查;警方派专人对新闻机关检查审阅,《山东日报》因未送检而被封禁。8月3日上午,济南各校学生代表300余人到督军署请愿,马良

---

① 参见《民国山东通志》编辑委员会编《民国山东通志》第一册《军警志》,[台北]山东文献杂志社2002年版,第485—494页。

闻讯即派兵驱赶,扯碎请愿书,捕去刘文彦等16人,毒打女生吴夏蒲,并将其与16人关在一起。直至当晚7时,才由省议会议长张公制出面,将被捕的17位学生全部保释。11月,省议会全体通过备文咨请军政当局解除山东戒严,而军政当局以维护地方安宁为由,继续压制爱国运动。11月23日早7时,张树元派军警将山东省学生联合会强行解散。24日,派武装军警协同保安队等严守各校校门,禁止学生外出,或以枪柄击打,或以枪刺扎挑,学生受伤者不计其数。

1925年4月,青岛日本纱厂的工人为反抗日本资本家武力禁止工人组织工会、开除工会发起人和虐待工人,在中国共产党领导下举行了罢工。罢工坚持了22天,迫使厂主答应了工人组织工会、提高工资的要求。但工人复工后,日本资本家却不履行已签订的条约。5月25日,他们勾结青岛警察厅厅长陈韬,强令解散工会,并开除工人。大康纱厂、内外棉纱厂及隆兴纱厂的工人在中共四方区支部(书记李慰农)领导下,于25日再次罢工。28日,日本从旅顺调来两艘兵舰,企图登陆屠杀工人。胶澳督办温树德也于当晚制定了屠杀计划,并电请张宗昌做最后决定。张宗昌于29日2时复电,谓"地方官宪有维持治安之权力,有必要即可开枪",示意武力解决。于是,温树德于29日3时调集陆军、保安队、海军陆战队共3 000余人,分别包围了大康、隆兴和内外棉纱厂,并扼守四方各要道,严禁通行,封闭工会,勒令工人出厂。温树德对包围内外棉纱厂的海军陆战队下达了"打死人不要紧"的命令。结果,工人被打死8人,重伤17人,轻伤无数,有75人被捕,3 000多人被押回原籍,为日人所暗杀,抛弃海中者若干人,工人住所均被军警包围,形同监禁,不给饮食,压迫上工,罢工斗争被残酷镇压。

5月30日,上海发生"五卅"惨案。青岛、济南等地的工人罢工、学生罢课、商人罢市,要求给青沪被杀害的同胞报仇雪恨。6月15日,张宗昌自天津致电代省长龚积炳,要他令各校恢复秩序,照常上课。龚积炳接

87

连发布两道通令,宣称禁止集会结社,违者一经查获,立即正法。25日,张宗昌与龚积柄会衔发出布告:"各界爱国运动,不得逾越正轨,解决沪案,政府自有正当办法,倘无识之徒,借端滋扰,即行严惩"。但山东各地爱国运动仍此起彼伏。济南、烟台、济宁、周村等地举行了示威游行,各县农民也纷纷行动起来,支援青沪工人的斗争。青岛日本纱厂工人在共产党领导下,掀起了第三次罢工高潮。7月26日,张宗昌首先镇压了纱厂工人罢工。27日,又命令其后方司令任锡吾率领大批军队赶到四方,封闭了胶济铁路总工会、胶济铁路青沪惨案后援会和青岛总工会,捣毁了四方机厂及各纱厂工会,逮捕了中共四方区支部书记李慰农、《公民报》主笔胡信之和四方机厂工人纠察队队长赵石恪等13人。同时,在沧口和市内还抓捕了10余名工人和7名学生,并通缉邓恩铭等600多人。29日拂晓,将李慰农、胡信之、赵石恪等绑赴团岛秘密杀害。① "当胶济路工之沪案后援会被武装解散时,四方全镇在包围之中,完全断绝交通至两日之久,全镇均被搜查,凡工人家中,多搜至四、五遍,工人多受殴打,妇女亦多受侮辱,至于杂物损毁遗失更不计其数,即胶济路工之沪案后援会内之聚集捐款约二千元,准备即日寄沪者,亦全数遗失"。② 张宗昌之所以动用军队,更加残酷地镇压山东底层工人争取基本权益的斗争,除了其反动军阀本质决定以外,1927年11月时任中共山东省委书记邓恩铭在向中央的报告中,也做了一些分析:"日本在民四把山东从德国手里抢夺过来,整个的山东又落到日本帝国主义政治的经济的掠夺之下了。过去许多统制山东的军阀,虽然也同样的要去仰日本帝国主义者的鼻息,但是没有比张宗昌之恭顺到这步田地。张宗昌虽不是奉张(嫡)

---

① 参见山东省地方史志编纂委员会编《山东省志·政权志》(下册),山东人民出版社1995年版,第874—877页。
② 常连霆主编,中共山东省委党史研究室编:《山东党的革命历史文献选编》(第一卷),山东人民出版社2015年版,第106页。

系,但在外交上是和奉系一致的,更加以山东为日本帝国主义侵掠之中心,张宗昌更得仰其鼻息了。而日人为了保障他侵掠的安全,故亦不惜在军事、财政、军械各方面予张宗(昌)以接济。因此,过去在事实上表现了张宗昌奉日本帝国主义的命令残杀青岛四方纱厂罢工工人,尊重日本资(本)家的利益压迫胶州湾的盐户。"①

二、警察

作为中国近代警察制度的创始人,袁世凯深知警察的用途,所以他在上台后不久,就开始采取一系列措施来完善、充实警察制度。北洋军阀政府时期的警察系统主要包括两大部分:京师警察厅和地方警察机构。

1914年年初,袁世凯下令将京师内、外城巡警总厅合并,组成京师警察厅。京师警察厅直隶内务部,主管京师城内警察、卫生、消防事宜。其首长为总监,承内务总长的指挥监督、综理全厅事务,统辖所属职员,并可在不与现行法令抵触的情况下发布单行警察章程。厅内分设总务、行政、司法、卫生、消防等处,各处分设二三科不等,分工处理各项事务。为加强外勤勤务督察,京师警察厅专门设有勤务督察处,由督察长和督察员若干人组成,在总监的直接指挥下,专司勤务督察报告之责。厅下为各分区(当时为20区)警察署,署置署长。署内分设总务、行政、司法、卫生等课和内勤所、外勤所、拘留所。警察署下设警察分驻所和派出所,分驻所为统辖派出所的巡官处理内外勤务的办公处所,派出所则在巡官的指挥监督下,具体办理基层的各项警察事务。此外,厅下还设有保安、侦缉、消防、交通、巡逻等专职警察队。各队在警察厅的统一指挥下,共同维护京师的社会秩序。通过袁世凯的整顿,京师警察机构比清末大为加强,当时平均每平方公里有警官和巡警49人,每1000居民中配置警官和巡警11人。

---

① 常连霆主编,中共山东省委党史研究室编:《山东党的革命历史文献选编》(第一卷),山东人民出版社2015年版,第206—207页。

北洋军阀政府时期的地方警察系统分为警务处、警察厅、警察局和警察所四级。另外还建立了一些新的警察组织,其中比较有影响的是武装警察和水上警察。武装警察于1914年在北京创办,主要任务是保护外人的生命安全。水上警察创办于1914年,职责是梭巡所辖流域,维持水上治安。①

山东的警察制度始于光绪二十八年(1902)周馥任山东巡抚之时,是年11月,省城济南巡警总局成立。光绪三十四年(1908),设置省巡警道署取代巡警总局,并组建警务公所。不久,各州、县巡警机构亦相继成立。到辛亥革命前夕,"各地一律设巡警完备,有三十四个州、县设立乡镇巡警,九十九个州、县开办了巡警教练所"。②

辛亥革命之后,山东警察制度仍沿袭清制。1914年5月,取消巡警道,改设省会警察厅。同时因商埠日渐繁荣,增设商埠警察署,专管省会警政。全省地方各州、县的巡警局亦相继改称警察所、警察事务所。1916年7月6日,改巡按使为省长,设置省长公署,下设政务厅,厅辖内务科,职掌全省警政事务,全省其他各级警察机构并未发生变化。是年,山东省会警察厅城内外九个警察署(不包括胶济铁路各警察署和小清河区警察署)共辖63 119户、227 848人;省城有各种警察1 515人,平均每32户有一名警察,或者说,平均每115.36个居民中有一名警察。③ 这些数字说明了一个事实,即在作为山东省政治、经济、文化中心的省城济南,警察的作用已渗透到居民生活的各个角落,成为严密控制人民的一支重要力量。

1920年2月9日,山东省长公署设置警务处,原政务厅内务科警察职能划归警务处管理。第二次直奉战争之后,张宗昌控制山东,和威将

---

① 参见常兆儒《北洋政府的警察制度及其特点》,《中国警察制度简论》,群众出版社1985年版,第318—336页。
② 山东省地方志编纂委员会编:《山东省志·公安志》,山东人民出版社1995年版,第17页。
③ 山东省会警察厅编:《中华民国五年山东省会警务一览表》,中国第二历史档案馆馆藏档案。

军、济南戒严司令袁致和被任命为警务处处长,且兼任省会警察厅厅长。袁致和接任省警务处处长之前,山东省的警务除省会警察机构比较健全外,各州、县的警察机构则较薄弱。据齐鲁大学社会学系调查编著的《济南社会一瞥(1924年)》记载:"像政府的其他厅局机构一样,警察厅(指省会警察厅,笔者注)有相当正规的组织。我们不必考查它的组织,但要了解它的活动,因为它负责的工作,在西方城市里是由几个部门完成的。它在或大或小程度上控制并检查建筑、工业、街道交通、报纸、剧场、娱乐活动、集市以及屠宰场等;它有一个由40人组成的消防队;它下设的卫生局监督清扫街道、清除粪便和垃圾,检测一般卫生环境及流行病;它还进行人口统计并登记所有现行统计数字;它征集车辆、船只、妓女、剧院营业税和娱乐活动费。最后,它下设的16个警察署,负责城市巡逻、执行法规以及维持秩序等常规警察工作。济南城警力约1 750名,或者说是每170人有一名警察。比较来看,北京每80人一名警察,一座美国城市则每400—600人一名警察。"①1925年山东省会警察厅机构设置情况见下表(表3-1)。袁致和在任期间,对全省警务进行了整顿扩充,制定颁布了《山东省警务处组织章程》。

1927年8月,山东全省除各县设有警察所外,还设有省会警察厅、烟台警察厅、胶澳警察厅和水上警察厅,以及龙口商埠警察局。省会警察厅在济南城内、城外、商埠、西南乡区、东北乡区和小清河设13个区警察署。省会警察厅下辖一个总队部、一个警卫队、四个步警大队、两个骑警大队、一个侦察队和一个机关枪队。②另外,张宗昌督鲁后期,省会济南处于戒严状态,城垣各城门及商埠经纬各路除原有警察守卫外,均加派陆军步兵巡查,当时警备队兵力系第二十八旅第七十四团步兵一团、第七

---

① A.G.帕克指导,齐鲁大学社会学系调查编著,郭大松译:《济南社会一瞥(1924年)》(上),《民国档案》1993年第2期,第51—52页。
②③《山东全省警务报告书》下册,山东省档案馆档案,"敌伪资料",目录号4,卷号26。

表3-1 1925年山东省会警察厅机构设置

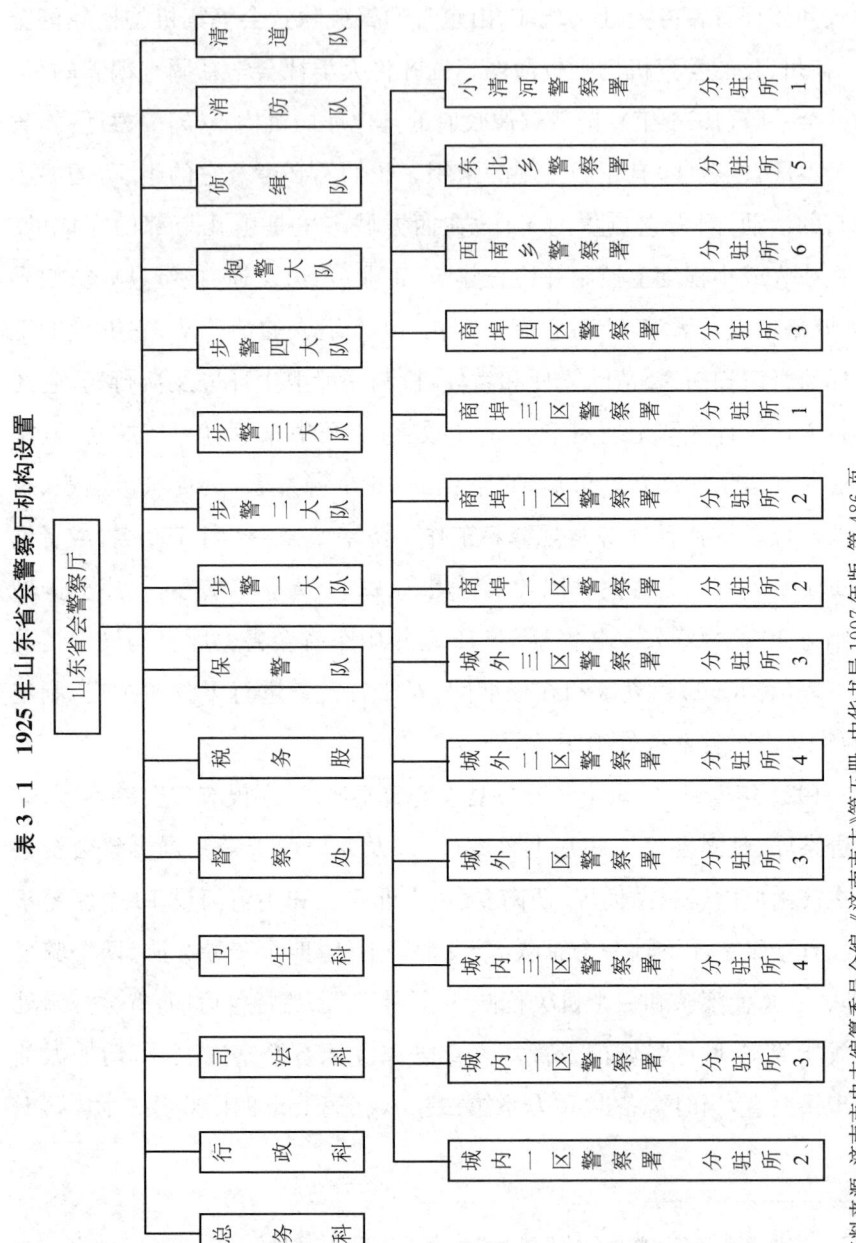

资料来源：济南市史志编纂委员会编：《济南市志》第五册，中华书局1997年版，第486页。

十四旅步兵一营、迫击炮一连,且拥有保安队五队、侦缉队一队、机关枪三排。①

烟台警察厅下设行政、司法、卫生三科,拥有保安队、消防队、军乐队、侦缉队和侦缉分队。该厅下设五个警察署,分置全埠五区,按照总务、行政、司法、卫生四项五股办事。此外一区和二区设分驻所,其他三个区则各自设有派出所;所有五个区设置清道夫驻所、屠兽检验所等。烟台警察厅亦即陆警厅,实际上等于烟台商埠的行政管理机构。据统计,1916 年烟台警察厅共置职员 36 人,当时所谓职员是指该厅荐任、委任、管理员等警察官员而言的,不包括雇员。除职员外,在烟台警察厅各部门中工作的巡官长警共 557 人,两者相加,合计 593 人。当时烟台东西 11 里,南北 3.33 里,总面积为 37 平方里,共有 10 596 户、63 517 人,平均 17.87 户有一名警察,或者说平均每 107.11 人中有一名警察。②1916 年烟台警察厅机构设置情况见下表(表 3－2)。

胶澳商埠于 1922 年 12 月 10 日由中国政府收回,定为自辟商埠。当时,"立法仅就目前所急,陆续颁定,甚或因利乘便,朝令夕改,而所取之标准,又多取法于德日,德之法令大都出之于殖民地长官之命令,所以处理殖民地者也。我国因袭而杂糅之,冀使原住侨民相安于固有之制度,故与他埠政令歧出"。③ 在警察机构设置方面,胶澳商埠虽然与其他商埠大同小异,但保留有殖民地的残迹。如在胶澳接收之初,日本一方面交还青岛,撤退其军队和宪兵,同时又在青岛总领事馆内设置日本帝国警察署,并在市内外设派出所九处。这当然是对中国主权的侵犯,但由于北洋军阀政府腐败无能,虽然交涉经年,"仅得取消日警派出所之招牌"而已。

胶澳商埠警察厅与其他商埠警察厅大体相同。其内部组织为总务科、行政科、司法科和卫生科,并设勤务督察处和教练督察处。1927 年聘

---

① 《山东全省警务报告书》下册,山东省档案馆档案,"敌伪资料",目录号 4,卷号 26。
② 烟台警察厅编制:《中华民国五年烟台警务一览表》,中国第二历史档案馆藏档案。
③ 袁荣叜、赵琪修:《胶澳志》,青岛华昌大印刷局 1928 年版,第 36 页。

表3-2 1916年烟台警察厅机构设置图

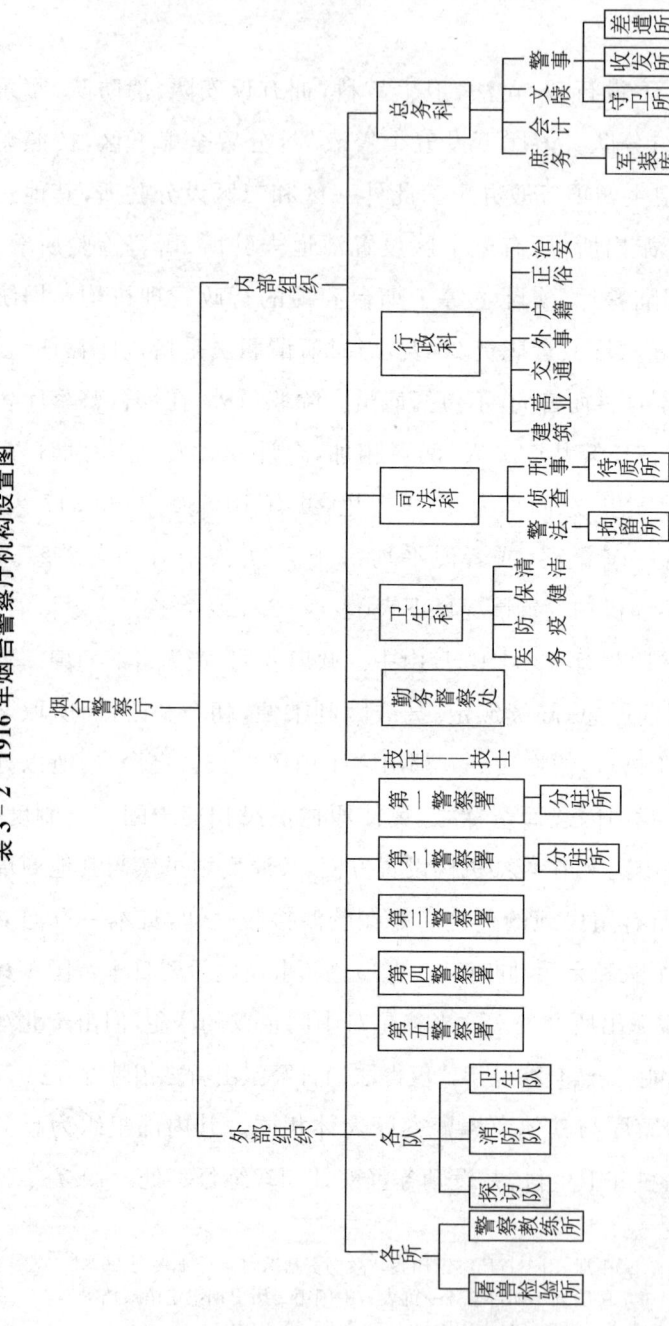

资料来源：韩亦龙、苏亦工等：《中国近代警察史》(上)，社会科学文献出版社2000年版，第388页。

德人安德河为警察顾问,兼司教练及侦缉事宜。其外部组织除设保安队、差遣队、消防队、侦探队和音乐队而外,原设四个警察署,即青岛警察署、台东警察署、李村警察署和水上警察署。1923年将青岛警察署一分为二,成立第一区、第二区警察署;1926年1月将水上警察署改称海西警察署;1928年7月添设四沧警察署。这样一来,胶澳商埠警察厅共有六个警察署。警察署下设分驻所和派出所。第一区警察署下设八个分驻所,第二区警察署下设六个分驻所,海西警察署下设六个分驻所和四个派出所,另有"靖澳""安澳"两巡舰,台东警察署下设三个分驻所,四沧警察署下设两个分驻所,李村警察署下设七个分驻所。

当时胶澳商埠共有居民16万人,商埠警察厅有警察2 600人,保安队警目311人,平均每55个居民中就有一名警察。但胶澳市政当局仍嫌警力不足。由于胶澳"居民华洋杂处,良莠不齐,在昔未经接受之前,素为宵小出没之处,近来市面萧条,人心不靖,胶东游击队甫经遣散,恐或潜回为患,尤当严加侦缉,冀弭患于无形"①,于是在警察和保安队之外,借助胶澳督办卫队和胶防司令所辖之第五师,以及海军陆战队、第八军第六十七师等,以维持地方治安。

这样一来,驻军、警察和保安队总计不下五六千人,他们"性质既殊,统属各异,同负治安之责,而彼此不能互相照应,力量虽厚,运用欠周"②,形成了"军队愈多,警察乃愈难全其责"③的局面。在这种情况下,胶澳商埠督办高洪恩呈请设立了胶澳商埠军警督察处,以加强联络,统一事权,消除军警"畛域之见","弥逢"军警关系,维持军警法纪,以达"共维治安"之目的。

胶澳商埠军警督察处由驻扎该埠的海陆军警共同组织,设处长一人、督察员八人、副官兼教练官一人、书记官一人、军需一人。处长由胶

---

① 《胶澳商埠督办高洪恩关于组织军警督察处呈文》,中国第二历史档案馆馆藏档案。
③ 袁荣叟、赵琪修:《胶澳志》,青岛华昌大印刷局1928年版,第51页。

澳商埠督办委任;督察员由胶防司令部、渤海舰队陆战队、商埠警察厅分别推荐,由督办委任兼充。该处置兵目100人,由渤海舰队陆战队、胶防司令部各拨30人,商埠警察厅拨40人组成,每满半年或一年换拨一次,每次以1/2为限。军警督察处的活动以外勤督察为主,由100名军警组成的督察队伍,每日分8班分途巡查,"以军人聚集出没之处所为主"。军警如有扰乱秩序、违反法令之行为,由督察员送交原单位处罚;情节严重的,由督办公署召集军警会议议惩。军警会议由胶澳商埠督办、渤海舰队司令、胶防司令、商埠警察厅厅长、军警督察处处长或他们的代表组成。① 从形式上看,胶澳商埠军警督察处是治军治警而不治民的,实际上,它是通过治军治警,达到治民目的的军警联合机构。

  北洋军阀政府统治时期,警察依据官署制定的有关法规、章程对部分工商业进行开业资格审查、违章违警事项取缔及处罚。列入"营业警察"管理的行业主要是城市下层社会民众从事的小本经营行业,如理发、人力车行、餐馆、澡堂、旅栈、破烂、修理、清凉饮料等。凡列入"营业警察"管理范围内的行业,在开业、停业或歇业时,均须向警察机关申请登记,出具铺保证明;未经警方批准,任何与营业有关的活动均不得进行。对旅栈的管理实行"住客登记循环簿"制度,每日送专管警察审查。登记簿撕页、空行,或发现形迹可疑人不报告,业主将被罚款、拘留,直至勒令停业。

  警察还负有维持城市公共秩序的职责,加强对城市下层社会群体的控制、管理,特别是对下层工人的革命活动进行了残酷镇压。北洋军阀政府接管胶济铁路后,下层工人受到严酷的压榨和剥削,激起了青岛四方机厂"圣诞会"工人的强烈愤怒和反抗。1924年春,以郭恒祥为首的1 200名"圣诞会"成员包围了胶济铁路局,并向局长提出了增加工人工资等五项条件。罢工斗争持续到晚上8点,铁路局局长被迫答复了工人提出的要求。工人复工后,该局利用警察局轮流对郭恒祥等威胁、利诱。

---

① 《胶澳商埠军警督察处组织章程》,中国第二历史档案馆馆藏档案。

由于郭恒祥等不为所动,坚持工人利益,警察、保安队和厂警包围了"圣诞会",并贴出布告:"奉吴佩孚大帅令,开除郭恒祥、郭学谦、耿华山、张吉祥……",并威胁,以后工人稍有活动,即照该四人治罪。

　　北洋军阀政府警察也开展了禁赌、禁娼、禁毒活动,但大多因为利益驱使而流于形式,或者干脆同流合污、助纣为虐。警察厅依据有关赌博业的取缔规则和《违警罚法》管理赌场,禁止秘密聚赌,而赌场经营者只要持有政府有关机关核发的许可证就可以公开营业,而且要将收入的10%以上作为税金上缴。1924年,胶澳商埠督办温树德与英、美、日等国商人合办"万国体育会",在汇泉兴建跑马场,赛马赌博。跑马场日均有2万余人参赌,每天门票盈利约3万元,是全国"四大跑马场"之一。北洋军阀政府时期,政府虽一直提倡废娼运动,但效果不是十分明显。到了20世纪20年代,随着商务发展渐兴,娼妓业反而有愈演愈烈之趋势。究其原因,主要在于近代山东动荡不安的社会环境和执政当局的默认等因素,导致娼妓业屡禁而不止。"济(南)市娼妓,在民二以前完全属于半公半私为自由营业之时代,居处无指定之地点,警察无一定之阶级","迨商埠开办,警厅加以取缔,娼妓必须挂灯以为标志,领照以分等第",①政府虽对私娼制定了取缔措施,但对领取执照的妓女仍允许其营业。胶澳商埠警察厅曾制定《娼妓管理规则》,统一命名妓院,指定营业地点,依据设备条件和所在地点,将妓院划分为三等,收取捐税不等;还成立了妓女检查所,定期进行健康检查,借机收取费用。1924年,胶澳商埠督办公署设立禁烟局,征收鸦片税,控制毒品交易。1926年,张宗昌将形式上的禁烟局也撤销了,种植罂粟及贩卖毒品均无限制。

三、特务

　　为了加强对社会的控制,特别是镇压资产阶级革命党和广大群众的

---

① 周传铭:《济南快览》,济南世界书局1927年版,第235页。

革命活动,袁世凯当政时期,除了扩大警察队伍外,还另组了京畿军政执法处、京师稽查处、拱卫军司令部执法处等军事特务机关。这些机关直接听命于袁世凯,各自豢养秘密侦探,拥有监视和缉捕等特权,不受法律束缚。京畿军政执法处有特设监狱,由它处理的案件只报袁世凯,既不履行法定程序,也不公之于众。数以千计的民主人士和城市下层人民群众遭到这个特务机关的逮捕和杀害。

北洋军阀政府在山东的特务组织主要是侦缉队。1916年至1928年,军阀混战,先后有各系军阀包括张怀芝、张树元、田中玉、郑士琦、张宗昌等驻鲁统治。北洋军阀政府时期,改清制山东省巡警道为山东省警务处,下属省城济南和港口胶澳(青岛)、烟台警察厅,各州、县设警察局。凡警察厅均设侦缉队(侦探队),即秘密警察,设队长、书记等若干人,多者百人,分布于各行业,以公开身份为掩护进行侦查、搜捕等特务活动。侦缉队是军阀诛除异己的工具,主要是镇压迫害进步人士和人民群众。中国共产党山东地方组织建立后,侦缉队又集中镇压、破坏共产党领导的人民民主革命。如,军阀张宗昌指使侦缉队派遣特务二人,伪装成学生身份混入共产党地下组织,监视共产党地下组织负责人的行为。1925年1月,共产党地下组织"在沧口发了几份传单,被日本纱厂的走狗发觉,报告警署后,立即严行调查户口逐驱闲人,如留有闲人不报告逐驱者,则罚房东大洋五元"。① 在同年11月,探悉中共山东地方委员会在济南筹备纪念"十月革命"节,遂派军警镇压,逮捕中共山东地方委员会书记邓恩铭和部分下层革命群众。

1926年,《团济南地委关于济地政治经济状况的报告》曾对张宗昌利用军警和特务对城市下层工人实施压迫的情形进行了揭露:"山东自张宗昌长鲁以来,全山东的人民便陷于张氏的铁蹄践踏、残酷无情的压迫

---

① 常连霆主编,中共山东省委党史研究室编:《山东党的革命历史文献选编》(第一卷),山东人民出版社2015年版,第500页。

之下。一切爱国之举动——不论是集会、结社都严被取缔,尤其是学生会与工会更为张氏所忌恨仇视。……工人——因产业不振,生活昂贵,物价飞腾,各工厂因货品卖不出去,出入不灵,遂即大裁工人,工人应得工资又不能照发,年终薪金停止发寄,致使工人生活日难维持,困苦难言。……济南鲁丰纱厂厂主则又因积货共有二千包纱未得卖出,逼不得已遂向工人进攻,减低工价,缩短工作时间,使工人自动告〈退〉,被资本家招补女工来代替。(此种毒辣手段,厉害无比)使千余工人日趋失业道路,而流为兵士或土匪。其他济南面粉厂皆停工。津浦大厂,兵工厂,则奉令加赶夜工为张氏制造铁甲车、大炮、子弹,人饿得要命,请求厂主,则皆置不理。同时张宗昌则又派遣密探多人,侦察工人有无不稳举动,而加以取缔与压迫。"[①]

第三节 法律与规章

调控机构在社会控制方面功能的发挥,主要是通过法律来实现的,一旦离开了法律,所谓的社会调控机构,无论是国家行政管理体系,抑或是军队、警察(特务机构除外),也就徒有虚名了。

国无法不治,民无法不立。北洋军阀政府的立法行为,从整体上来说,是在南京临时政府立法行为的基础上进行的。不过,南京临时政府的立法行为,主要是要打碎旧的封建制度,建立一种新的资产阶级民主共和制度,尽管由于中国民族资产阶级的软弱性,南京临时政府在这方面做得很不够。北洋军阀政府,无论是袁世凯时代还是后来段祺瑞、曹锟、张作霖统治时期,其立法行为,尽管由于时代的因素,不可避免地带有近代色彩,但他们立法的主旨不是要建立一个新的平等的民主共和制

[①] 山东省档案馆、山东社会科学院历史研究所合编:《山东革命历史档案资料选编》(第一辑),山东人民出版社 1981 年版,第 102—103 页。

度,而是要在保留某些旧的封建专制制度和伦理道德的基础上,建立或维护一种在新的历史条件下的更为野蛮的封建军阀专制制度。

  袁世凯于1912年3月10日在北京就任临时大总统后,于当日发布大总统令:"现在民国法律未经议定颁布,所有从前施行之法律及新刑律,除与民国国体抵触各条,应失效力外,余均暂行援用,以资遵守。"①同年4月30日北洋军阀政府公布《删改新刑律与国体抵触各章条》,袁世凯的所谓"删改"云云,不过是将《大清新刑律》改名为《暂行新刑律》,删除了"侵犯皇帝罪"一章和维护皇帝特权的一些条款,以及《暂行章程》第一条至第五条中的"制书""御玺"等字样。此外,还把律文中的"帝国""臣民""复奏"等字词改为"中华民国""人民""复准"等,②而对其主要内容及其实质,丝毫没有改变。

  北洋军阀的统治是靠窃取辛亥革命的胜利果实而建立起来的,所以他们对于下层人民群众的革命活动极为恐惧,不仅利用种种社会调控手段来稳定自己的统治,而且在立法上把镇压人民的革命活动作为其指导思想。由《大清新刑律》改名而来的《暂行新刑律》中规定的"内乱罪""骚扰罪""妨害秩序罪""妨害公务罪",就把镇压的矛头直接指向反对军阀独裁统治的下层人民群众。根据《暂行新刑律》规定,凡"颠覆政府,僭窃土地及其他紊乱国宪而起暴动者",均视为"内乱罪";凡"意图内乱,聚众掠夺公署兵器、弹药、船舰、钱粮及其他军需品,或携带兵器公然占据都市、城寨及其他军事用地,均以内乱既遂论"。凡犯有"内乱既遂罪"者,为首者处死刑或无期徒刑,"执重要事务者"处死刑、无期徒刑或一等有期徒刑(15年以下10年以上),附和参加者处二等至四等有期徒刑(10年以下5年以上至3年以下1年以上)。凡"预备或阴谋"犯"内乱罪"者,处一等至三等有期徒刑。《暂行新刑律》还把"从事同一业务之工人同盟

---

① 《现行法令全书·司法》,中华书局1921年版,第1页。
② 杨鸿烈:《中国法律发达史》下册,商务印书馆1930年版,第1033—1035页。

罢工""聚众为强暴胁迫",以及利用文书、图画、演说及其他方法宣传他人反对北洋军阀统治者定为"妨害秩序罪",为首者和从犯均处以严厉的惩罚,剥夺了下层人民群众的一切集会、言论和罢工的自由。

北洋军阀政府不仅严厉镇压下层人民群众的反抗活动,而且企图限制一切政治活动。袁世凯时期颁布的《治安警察法》就把限制人民结社、集会、游行作为其重要任务。《治安警察法》把结社分为政治结社和非政治结社(即关于公共事务之结社)两大类,规定政治结社应于其组成之日起三天之内,向当地警察官署报告其名称、规约、办事机构。非政治结社虽与政治无关,但行政官署认为有必要时,也应向警察官署报告其名称、规约和办事机构。如果警察官署认为政治结社或非政治结社的宗旨有"扰乱安宁秩序""妨害善良风俗"之虞者,或有"其他秘密结社者",有权将其解散,并处一年以下有期徒刑。

《治安警察法》把集会分为政治集会(即政谈集会)和非政治集会(即关于公共事务之集会)两种,规定政治集会要在集会前12小时由发起人向警察官署呈报开会的时间、地点,逾期不集会者呈报无效;非政治集会虽与政治无涉,但行政官署因维持安宁秩序认为必要时,得以命令其向当地警察官署预先呈报。举行集会时,警察官署有权派警察官吏身着警服到场"监临",并得向集会发起人要求设立"监临席"。如果"监临"集会的警察认为讲演议论有涉及未经公判的刑事案件及禁止旁听的诉讼案件者,或煽动曲庇犯罪人,或赞赏救护犯罪人及刑事被告人,或陷害被告人者,以及有扰乱安宁秩序或妨害善良风化之虞者,得中止其演讲或解散集会。不遵守命令者,得处以5个月以下徒刑或10元以上50元以下之罚金。

《治安警察法》对城市下层劳动工人的聚集也严加限制,认为有涉及同盟解雇、同盟罢业、强索报酬、扰乱安宁秩序、妨害善良风俗等诱惑及煽动情形的,警察官吏得禁止之。不遵守命令者,处以5个月以下之徒刑,或5元以上50元以下之罚金。规定:"采用警察力量,制止一切工人之结合与行动。"据此,山东各官办企业普遍实行军事管制办法,"每十人

101

以什长一人束之,每五什长以队长一人束之"。①

《治安警察法》把游行称为"屋外集合"或"公众运动游戏"。凡"屋外集合"或"公众运动游戏",须于集合24小时前由发起人出面,向集合所在地之警察官署呈报集合场所、时间、须经过之路线。如果警察官吏认为"屋外集合"或"公众运动游戏"有"扰乱安宁秩序"或"妨害善良风俗"之虞者,得下令禁止或解散。不遵警察官吏命令者,得处以20日以下拘留或处以20元以下的罚金。无论集会、游行,凡故意喧哗骚扰、举动狂暴者,警察官吏得制止之;若不服从时,得令其立即退出;再不服从者,得处以10日以下之拘留,或处以10元以下之罚金。②

北洋军阀政府不仅要限制城市下层人民群众的一切政治活动,而且要严格控制人们的思想。北洋军阀政府时期,通过颁布《出版法》《管理印刷营业规则》《审定教科用图书规程》等一系列法令,建立起一套包括注册登记、审批审查等内容的出版管理制度。对于新闻,则通过颁布《报纸条例》《修正报纸条例》等法规严加控制。《出版法》严格禁止有损于北洋军阀政府统治的文书图画的出版,首先是禁止出版"淆乱政体"和"妨害治安"的文书图画。就内容而言,在被禁止出版的文书图画中,还包括所谓"败坏风俗者""煽动曲庇犯罪人、刑事被告人或陷害刑事被告人者""轻罪重罪之预审案件未经公判者""诉讼或会议之禁止旁听者""揭载军事、外交及其他官署机密之文书图画者""攻讦他人隐私、损害其名誉者"等等。在外国发行的违反以上规定的文书图画,禁止在国内出售和散发。凡出版、销售或散发含有上述内容的文书图画的,该管警察官署得没收其印本和印板。《出版法》还规定了相应的严厉惩罚措施。如出版"淆乱政体"和"妨害治安"的文书图画的,除没收其印本和印板外,处著作人、发行人和印刷人以五等有期徒刑或拘役;出版含有"败坏

---

① 山东省地方史志编纂委员会编:《山东省志·工人团体志》,山东人民出版社2003年版,第59页。
② 《法令大全·内务》,商务印书馆1921年版,第18—23页。

风俗""煽动曲庇犯罪人、刑事被告人或陷害刑事被告人"等内容的文书图画的,除没收其印本和印板外,处著作人和发行人以150元以下50元以上之罚金。

最为荒唐的是袁世凯时期不仅颁布了严厉的《戒严法》,而且颁布实施了《预戒条例》。所谓《预戒条例》,就是政府对公民的既未构成也未违犯《违警罚法》的某些言论和行为施以惩罚性的法律,以防止越轨行为的产生。该项法规的最大特点是越轨行为的不确定性和惩罚的随意性。该法规共14条,主要包括颁行的目的、发布预戒命令的行政官署、预戒命令适用的对象和内容以及违反预戒命令的罚则等。关于颁布《预戒条例》的主要目的,该法第一条说为了"维持公共之安宁秩序,及保障人民之自由幸福"。实际上,所谓的"保障人民之自由幸福"只是幌子,"维持公共安宁之秩序",亦即维护其封建专制统治,才是真实目的。据该法规规定,内地各省警察厅和县知事、蒙藏地区和其他未设警察厅和县知事地方的地方行政官署,可对《预戒条例》适用的不同对象分别向其发出不同的预戒命令,并对违犯者采取相应的处罚措施:

(1) 对无一定职业,常有狂暴之言论行为者,得命其在一定期限内从事合法职业,否则,得处以10日以下的拘留或10元以下的罚金;

(2) 对妨害他人集会或欲行妨害者,得命其不得妨害他人的集会,否则,得处以15日以下的拘留或15元以下的罚金;

(3) 对不问公私,干涉他人之业务行为,妨害其自由或欲行妨害者,得命其不得以任何借口索取他人的财物或提出不正当的要求,也不得强人会晤,或利用胁迫性质的信件和其他威吓方法改变他人的意见,或妨害他人的业务及其自由,否则,得处以20日以下的拘留或20元以下的罚金;

(4) 对不知检束,常有破坏社会道德或阻挠地方公益之言论行为者,得命其不得蔑弃道德或阻挠公益;

(5) 对意图为上述第(2)项、第(3)项之妨害,而使有第(1)、第(4)项情形之人者,得命其不得利用特定的第三者妨害他人集会或业务及其一切自由,并且不得以财物扶助已受预戒命令之人,如仍利用特定第三者妨害他人集会或其业务和自由,并以财物扶助已受预戒命令之人,得处以25日以下的拘留或25元以下的罚金。

该法规还规定,警察厅或县知事发布预戒命令时,应将预戒命令书送达受预戒命令人,并且要在该地方公布,以资警诫。受预戒命令之人自接到预戒命令书之日起,三年内直接处于警察官署的严密控制之下,在此期间,受预戒命令人的住址如有迁移,须于24小时之前报告警察官署,并要在迁移后24小时内向新住址所在地的警察官署报到;警察官署得指定"义务报告人"随时监视受预戒命令人的言行;对受预戒人的表现,警察官署得按年月填入《视察受预戒命令者月记表》,如受预戒人在一年后确有"后悔情况",警察官署得撤销其预戒命令,除通知本人外,并于该管地方公布。①

为了维护其军阀强制统治,在一定程度上缓和城市社会矛盾,北洋军阀政府制定了一些有关城市下层工人劳动保护和游民教养、习艺以及"禁娼"的法律和规章。如1914年3月18日公布的《矿业条例》及其施行细则,其中有一部分条文为保护矿工的规定,是我国保护劳动立法之始。至1923年2月,京汉铁路工人大罢工,国内劳工立法运动日益扩大,政府也渐承认劳工运动的势力,筹划取缔办法,农商部特于同年3月29日以部令公布《暂行工厂通则》28条,虽未经国会通过,实为我国第一部工厂法。此通则最重要的条文为:(1)规定劳工者最低年龄;(2)限制工作时间;(3)禁止童工夜间工作;(4)规定女工生产之优待;(5)辅助工人之教育;(6)规定工厂卫生安全之设备。1927年10月27日,北洋军阀政府公布《工厂条例》15章50条;11月2日,又公布《检查工厂规则》27条。然该政府旋即消灭,此两法规亦成空文。

---

① 《法令大全·内务》,商务印书馆1921年版,第18—23页。

北洋军阀政府时期许多城市工业部门大量使用儿童劳动,受到工人和社会舆论的强烈谴责,一些有识之士呼吁通过立法保护童工。北洋军阀政府虽未专门为童工问题立法,但在当时制定并通过的有关立法中却有所涉及。1923年,北洋军阀政府公布《暂行工厂通则》,其中第三条规定,"男子未满10岁,女子未满12岁,厂主不得雇用之"。其第十八条规定,"厂主对幼年工及失学职工,应于本厂内予以补习相当教育,并担负起费用。前项补习教育时间,幼年工每星期至少应在6小时以上,失学职工每星期至少应在6小时以上"。① 同年,北京农商部公布《矿工待遇规则》,其第五条规定,"12岁以下之男子,不得用为矿工"。1925年北京交通部通过的《国有铁路职工通则草案》第四条规定,"凡年龄未满14岁者不得雇用,并不得收为工徒"。并明确规定了成年工人的最低年龄,即"18岁以上为成年工"。尽管各种"法令""条例""草案"等规定了童工的最低雇用年龄、童工从事的工作、童工的劳动时间等,然而逐利成性的工厂主根本不可能"遵纪守法",而且有些法令条款对违法使用童工的工厂也没有明确的处罚规定,因此,民国初年的童工劳动依然盛行于各类工厂中。

　　1915年12月18日公布实施的《游民习艺所章程》是迄今所见北洋军阀政府颁行的唯一一部专门的救济法规,其中明确规定了对城市下层游民非供款制和无偿救助的方式,不但规范了社会救济活动,而且使之由原来官府的施舍行为渐变为政府的当然责任或义务,这在中国近代史上是一个显著进步。其总则指出:"本所直隶于内务部,专司幼年游民之教养及不良少年之感化等事项,以获得有普通知识,谋生技能为宗旨。"②专门收入年龄在8—16周岁而城市中贫苦无依者和性行不良者,但疯癫者不得收入。该《章程》对收受游民数额、入所年龄、出所年限、教育事

---

① 刘明逵编:《中国工人阶级历史状况》第一卷第一册,中共中央党校出版社1985年版,第696页。
② 戴鸿映编:《旧中国治安法规选编》,群众出版社1985年版,第103页。

务、工艺事项、设备事项、设员分职等都做了规定。游民习艺所须备有下列物品：服装（凡冬季单棉衣裤以及被褥鞋袜等项一律设备）；食料（杂粮米石不等，每日两餐，每遇月初月中及令节庆祝等日并给面食肉菜）；教育品（凡书籍纸张笔墨以及其他关于教育用品一律设备）；作业品（各种工艺品大小机械等项）。凡收所游民之教养分两种情况：一是年龄较小者就学，年龄在10岁以内者，学习初等小学课目（包括国文、修身、读经、识字、算术、图画、风琴唱歌、体操），学制四年；凡入所时具有相当程度知识或在所初等小学毕业者酌量拨令就学高等小学科目（在初等小学基础上增有历史、地理、英文、商业或工科、理科），学制三年。二是年龄较大不堪就学者则习艺，学制三年，教以染织（平布、提花布、毛巾）、打带、印刷（木版印刷）、刻字、毡物（毡帽、毡鞋、床桌毡等）、铁器、木工、石工、制腱、缝纫、制帽、制鞋、抄纸13种日用工艺品技术，使其具有自谋生计的能力。规定游民习艺者不兼就学，就学者不兼习艺，以期专一，但于晚间设一补习班，教年长习艺者以修身、习字、珠算，使出所后便于经商。

北洋军阀政府从袁世凯执政时起即提出"禁娼"，这从《暂行新刑律补充条例》和《违警罚法》等文件中可以看出。1915年11月公布的《违警罚法》第7章第43条规定，"暗娼卖奸，或代为媒合及容留住宿者"，"处15日以下之拘留或15元以下之罚金"。[①]《暂行新刑律补充条例》虽然反对亲属强制其后代卖奸或为娼，但在量刑方面不平等，如规定祖父母、父母强制女、孙（女）及子、孙之妇卖奸或为娼，处五等有期徒刑或拘役，而丈夫对于妻及在监督权内的卑幼，则处三等以下有期徒刑。更为严重的是，北洋军阀政府对公娼没有办法，让妓院合法存在，并发给营业执照，公开让妓院营业，以征收苛税。济南对娼妓正式进行管理始于1913年。省城警察厅令妓院一律持灯为志，由卫生局检验合格给予营业证，并按等级分别将妓院称为班、堂、寓，班为一等、堂为二等、寓为三等。

---

① 戴鸿映编：《旧中国治安法规选编》，群众出版社1985年版，第83页。

1914年4月,又将妓院分四等,由税务局正式收税:一等妓院每月3元,二等2元,三等1元,四等5角。1913年前,济南娼妓主要集中在菜园子、半壁街、鹊华桥一带,后扩展到纬四路、纬五路、万紫巷、升平街、经二路路南各里和经三路以北等处。在北洋军阀政府时期,连私娼亦未真正禁止,上述法律成为一纸空文。

北洋军阀政府统治时期,山东境内军阀混战,法律调控无从谈起。山东先是段祺瑞皖系军阀的割据地盘,而后又变为张作霖奉系军阀的势力范围,兵联祸结,民无宁日。"战火破坏,无尽无休,民无宿储,脂膏枯竭,为延残喘,能无盗乎?"①大小军阀为了争夺地盘,扩充势力,不断地在人力、物力上充实。他们以各种名目搜刮百姓,形同勒索,百姓稍有不从,则武力迫之,这种举止与土匪实无差别。再加上山东军阀大都集军政于一身,个人独断专行,根本无视或不屑于法律和规章制定,甚至出现了执政者与作为立法和审议机构的省议会之间的强烈矛盾冲突。这一时期的法制活动,主要体现在山东省议会审议的一些议案上,即便是这些议案决议也大多是为统治者施政走过场、走形式,或者议决案也是一纸空文,无关痛痒,无人执行实施。1913年2月北洋政权山东省第一届议会刚成立时审议了许多议案。1914年1月10日,袁世凯下令解散国会,2月28日又下令停办地方自治几个省议会,山东议会的活动随即停止。1916年6月,黎元洪继任大总统之后,恢复国会,各省议会亦恢复活动,山东省议会继续审议了许多议案。第二届时,活动很不正常。第三届时,形同虚设,无审议议案记录。山东省议会审议的有关城市下层社会调控的议案主要有:《议复扩充巡警办法案》《议复变通孤贫口粮办法案》《议决剔除虚里积弊案》《议决整顿吏治案》《议决整顿全省小学校案》《议决设人力机制纱厂案》《议决裁撤东西粥厂栖流所设立贫民工厂案》《议决裁撤各县警备队案》《议决请禁止分防军队驻扎学校文庙案》《议决

---

① 政协临沂市委员会编:《临沂文史集粹》,山东人民出版社1997年版,第83页。

整顿监狱办法案》《议决取消感化院筹备处并清查用款案》《议决烟台广仁善局售地入款办贫民工厂案》《议决警察厅附设景物研究教练所案》《议决请饬各县国民学校附设夜课学校案》《议决设立山东蚕丝劝业场案》等等。① 同时,山东统治者严厉执行北洋军阀政府的法律和规章,残酷控制城市下层社会民众。

第四节 思想文化与社会规范控制

袁世凯上台伊始,在政治上破坏民主制度的同时,在思想文化方面也采取了一系列措施,反对资产阶级民主主义,宣传封建主义,加强对民众尤其是城市下层社会民众的思想文化与社会规范控制。早在1912年9月20日,他就下令"尊崇伦常",提倡"礼教"。他说:"中华民国以孝悌忠信礼义廉耻为人道之大经,政体虽更,民彝无改。""惟愿全国人民恪守礼法,共济时艰……本大总统痛时局之阽危,怵纪纲之废弛。每念今日大患,尚不在国势,而在人心。苟人心有向善之机,即国本有底安之理。"②随后,他又采取了一系列的措施来宣传封建主义道德。

第一,恢复祀孔祭天制度。1913年6月23日,袁世凯颁布《尊崇孔圣文》。次年9月25日,又颁布《祭孔令》,说"中国数千年立国根本在于道德,凡国家政治、家庭伦理、社会风俗,无一非先圣学说发皇流衍。是以国有治乱,运有隆替,惟孔子之道亘古常新,与天无极"③,规定每年仲秋上丁(即农历八月上旬的丁日,为封建社会统治者的祭孔日),中央和地方一律举行祀孔典礼,公开恢复了前清的祀孔制度。同年12月20日,袁世凯又下令恢复祭天制度。他说:"改革以来,群言聚讼,辄谓尊天

---

① 山东省地方史志编纂委员会编:《山东省志·政权志》(上),山东人民出版社1995年版,第184—187页。
② 《正宗爱国报》,1912年9月20日。
③ 《政府公报》,1912年9月12日。

为帝制所从出，郊祀非民国所宜存。告朔饩羊，并去其礼。是泯天下为公之旨，而忘上帝临汝之诫……古之莅民者，称天而治，正以监观之有赫，示临保之无私，尤与民之精神隐相翕合。前经政治会议议决，嗣由礼制馆拟定祀天通礼，业经公布……本年十二月二十三日为冬至节令，应举行祀天典礼。"①

第二，发布"告令"，维护封建纲常名教。1914年3月10日，袁世凯颁布《褒扬条例》，规定凡孝行节妇"可为世风者"，均由其颁给"匾额题字"，受"褒扬"人及其家庭愿立牌坊者，"得自为之"。11月3日，又发布《箴规世道人心》的告令，说自民国初年以来，"一二桀黠之徒（指孙中山、黄兴等革命党人——引者注），利用国民弱点，遂倡为无秩序之平等，无界说之自由，谬种流传，人禽莫辨，举吾国数千年之教泽扫地无余。求如前史所载忠孝节义诸大端，几几乎如凤毛麟角之不可多得"。他认为一个国家的贫弱并不可怕，可怕的是国民道德的沦丧，一旦如此，"乃必鱼烂土崩而不可救"。最后他表示，既然国民将国家"托付"给他，他就要"改良"社会，"以忠孝节义为中华民族之特征，为立国之精神"。②

此外，袁世凯通过颁布《出版法》《著作权法》《管理印刷营业规则》《报纸条例》《修正报纸条例》《新闻电报章程》等一系列法令，来控制和操纵出版新闻事业。③

北洋军阀政府统治者对山东城市下层社会民众的思想文化与社会规范控制首先表现在对舆论的钳制和摧残上。1917年6月，《山东公言报》发表了题为《对各督军最后之忠告》的评论文章，针对督军团宣告脱离中央一事，指责军阀拥兵自重，使国家紊乱。时任山东督军张怀芝见报后，下令将该报编辑人员王湘岑等逮捕，该报被迫停刊。《新山东日

---

① 《政府公报分类汇编》第四册《祭天祀孔》，第1—2页，出版者、出版时间不详。
② 《爱国白话报》，1914年11月5日。
③ 参见龚书铎总主编、朱汉国本卷主编的《中国社会通史·民国卷》，山西教育出版社1998年版，第439—443页。

报》由于在评论中有"不好犯上而好作乱者,未之有也;不好犯上又好作乱者谁也?今之军人也"等语,也遭到封闭。《齐美报》仅因转载了英国《字林报》的一段新闻,对督军团有所讽刺,就被罚停刊一个月。《民志报》曾披露济宁县视学私眷土娼,山东司法厅便以该报混乱吏治为名,罚大洋100元。张怀芝肆意干预报界,动辄传讯主编经理,无任何新闻自由可言。张宗昌更是公然向新闻界宣布:"你们报上登载消息,只许说我好,不许说我坏。如有哪个说我坏,我就军法从事。"①

北洋军阀政府时期统治者还针对山东城市下层社会群体开展了社会教育活动。社会教育,是指学校以外的文化教育机构对人民群众和少年儿童所进行的教育。早在清末新政时期,伴随着整个社会改革的进行,济南事实上已着手筹办有关社会教育事宜。1905年兴建的山东图书馆,即是济南社会教育颇为可观的一项工程。辛亥革命以后,民国成立之初,社会教育即被革命势力所提倡并得到初步实施。同时社会上许多有识之士也认为,要革除"民可以使由之,不可使知之"的专制恶习,建设民主政体,根本改造社会,应当以提高敏智为首要任务。鉴于"今日国民教育尚未普及,多数国民类皆缺乏常识"的事实,教育总长蔡元培在欧洲游历多年,亲身感受到西方各国社会教育发达,对促进民主政治有重大作用,而我国年长失学人数众多,若以此立国,国基难稳。因此他在执掌教育部时即以三民主义为指导,极力提倡社会教育,在教育部设立社会教育司,该司与普通教育司、专门教育司并立,负责全国社会教育行政事宜。教育部通令各省提倡社会教育,以"开通民智,改良风俗"为宗旨。民国时期的社会教育,主要是针对平民进行识字教育和对失学民众进行文化补习教育,其施教机构有通俗教育讲演所、民众教育馆、民众学校等。

1912年,山东有通俗教育讲演所四五处,每周讲演三次,听讲演者平均每次约80人。1914年,省政府"拟定通俗讲演会简章,通饬各县遵照

---

① 吕伟俊主编:《民国山东史》,山东人民出版社1995年版,第211页。

迅办",同年,济南"开办通俗图书馆及通俗教育画编辑所各一处"。①
1914年,为统一经管全省社会教育事宜,山东省设立社会教育经理处,直隶省教育厅,名义上是主管全省社会教育,但事实上真正起到组织管理作用的范围,基本仅限于济南一地。1915年,省政府主持设立了模范通俗讲演会和巡行四道讲演团。其讲演内容主要有五类:(1)通常讲演,主要选自省公署印行的讲演稿;(2)变格讲演,主要是省公署印行的各种词曲;(3)特别讲演,主要是天灾流行及猝发事变等;(4)临时讲演,主要是解释重要命令及法定机关的布告;(5)特殊讲演,听讲者限于妇女、儿童,由女士讲演,主要内容为女子应有的知识与技能。1929年,青岛公安局局长就曾亲自到各纱厂去演讲,内容有:"民国十四年罢工时,是工头在前领导,屠杀工人的是张宗昌,领导罢工的是共产党。现在的工会是工人在前,工头在后,现在的工会是有武装保护的(指公安局的武装)。你们的家中都有老婆孩子,好好的干工挣钱要紧。共产党是利用你们的,你们大家千万不要上他们的当。你们要罢工,可先告诉我……"这种恩威并用的办法,在工人方面很容易促进其对国民党的幻想。②

以济南当时的规模而论,政府开办的社会教育机构,与各县相较(一般每个县城至少设一处通俗讲演所,大的府镇另设一处通俗图书馆),似显不足,但这些机构自成立以来,确确实实办了不少事。如:社会教育经理处,在城内共设露天学校18处,入学学生为下层市民及无缘入正规学校的青少年和外地进城打工者,每天"授课2小时","分正课、附课、旁听等班,人数无定。其常到者为正课生,不常到者为附课生,途中随意听讲者为旁听生",按国民教育部颁定的教科书,有计划地进行授课。其下辖两处讲演会、团(后均改为固定讲演所),每周讲演两次,讲课内容主要是

---

① 丁致聘编:《中国近七十年来教育记事》,国立编译馆1935年版,第54、55页。
② 常连霆主编,中共山东省委党史研究室编:《山东党的革命历史文献选编》(第一卷),山东人民出版社2015年版,第540页。

民众权利和有关社会福利的意义问题等,听众一般有数百人。为了配合露天学校教育和各讲演会、所的宣传,社会教育经理处还设巡回文库两处,"所有图书,共分小说、词曲、图画、儿童读物、女子读物、讲演书类、科学类、参考类、教授(教科)书、杂俎十类,并时常游行城厢各处"①,以供随时随地借阅。据时人调查,该图书馆还设有三处分馆,"济南任何一个有保证人的人,都可以在这个图书馆的三个分馆借书,这些分馆设有阅览室,各阅览室有少量杂志"。位于大明湖附近的省立图书馆,清静优雅,景色宜人,是人们游玩和读书的好去处。该馆藏书丰富,据说20世纪30年代初在全国省级图书馆中,藏书"仅次于浙江省图书馆",馆内有人造山水、藏书楼、阅览室、检书处、接待室、抄书室。阅览室为圆形建筑,四面采光,"窗明几净,没有光线不足的地方。室内的西半部陈列着各种报刊,供人借阅"。② 入馆费1分,每周除星期二休馆外,轮流对男、女开放,每天入馆人数为150名。此外,省立图书馆还附设博物院,"物虽不博,然而植矿亦略具备,人体生理蜡型较精,并蓄有生鹤、虎、豹、麋鹿"③等,亦有助于开风气、长见识。

政府倡行于上,开风气之先,有识之士也在力所能及的范围内,起而仿行。统计这一时期济南私立社会教育机构有武术传习所、通俗教育研究会、通俗教育讲演所、评书词曲社、农民讲习所、易俗社等。其中对社会教育贡献最大的为农民讲习所和易俗社。农民讲习所为有"历城武训"之称的张芹香所创,"招收农民和社会青年,进行爱国反帝、提倡妇女放足、上学等宣传教育"④。易俗社在老济南人心目中似乎只是个"戏剧科班",因为它曾培养了一些全国知名的京剧演员,但实际上易俗社远非

---

① 周传铭:《济南快览》,济南世界书局1927年版,第166页。
② 严薇青:《济南掌故》,山东人民出版社1985年版,第103页;周传铭:《济南快览》,济南世界书局1927年版,第167页。
③ 周传铭:《济南快览》,济南世界书局1927年版,第167页。
④ 张志择、张椅生:《"历城武训"张芹香》,山东省政协文史资料委员会编:《山东文史集粹·教育卷》,山东人民出版社1993年版。

只是戏剧科班。该社征集贫家子弟,授以普通常识及戏剧,以改良社会为主;昼间授课三小时,入夜则演剧,并备有简单之军乐器,供民间婚丧嫁娶租用。通俗教育讲演所分普通讲演和特别讲演两种。普通讲演主要内容是鼓励爱国、劝勉守法、增进美德、灌输常识、启发美感、提倡实业、注重体育、劝导卫生等;特别讲演以时事为主要内容。至1916年,山东有通俗讲演所65处,每处每星期讲演3次,每次平均听众人数达30人。另有巡回宣讲团45处,每处每星期也讲演3次,每次平均听众80余人。①

除政府和私人开办的社会教育机构外,一些基督教会组织或所设机构,也为济南的城市下层社会民众教育做了大量工作,其中比较著名的有广智院和基督教男、女青年会。

广智院在齐鲁大学迁济南以后,改为该校的社会教育科,只是对外仍称广智院。辛亥革命以来,随着社会政治、经济的变革和人们思想观念的变化,对广智院这类机构大多数人避而远之的局面逐步改观。出于对新知识的渴求,或缘出于某种好奇心,"济南人常到这里来,也吸引了外地参观者到济南来"。凡到广智院的人,无论男女老幼,均可免费参观一些新奇展览,随意阅读各类书刊。人们不仅可以"看到涉及一个先进社会所有方面有教育意义的逼真展览品",而且可以听到在当时普通民众心目中颇觉新鲜的科普知识和卫生常识的介绍,因此由单只男人们来,到女人们也成群结队地来,参观、听讲的人数日多一日,20世纪20年代中期已多达"每年50余万"人次,其中多为城市下层社会民众。广智院为了迎合当时的社会习俗,特意规定了专门为妇女开放的时间,并为她们准备了专门讲演。

青年会即基督教青年会的简称,初创于英国,后传入美国,从初时在

---

① 《民国山东通志》编辑委员会编:《民国山东通志》第四册《教育志》,[台湾]山东文献出版社2002年版,第2607—2608页。

青年职工中倡行宗教活动,发展为进行广泛社会活动,特别是在青年中进行德智体教育、提倡改良主义的世界性组织。1913年美国传教士、世界基督教青年会领导人穆德来济宣传、倡建青年会,不久即主要由美国北长老会负责成立了济南青年会。青年会成立后便积极开展活动,自始因陋就简,租赁房屋,开办英语补习班,组织室内文娱活动,募捐救灾,开展各种社会服务。后几经努力,多方筹集经费16万元,终于1925年在普利门外建成新式楼房作为会址,内设小礼堂、体育馆,经常举行各类讲演和比赛,自编自演话剧,同时在兴办正规中、小学教育外,还举办英语夜校及各种业余学习班,聘人教授会计、簿记、国文、理化、钢琴等。该会宣传宗教,但不收教徒,只是通过各种社会活动扩大基督教的影响,因此它在济南的活动,尤其是社会教育方面的活动,固然在某种程度上宣传了基督教,但更主要的还是为当时无缘进正规学校的下层社会青少年提供了一些受教育的机会,对开阔人们的眼界,传播新知识、新文化,以至改变社会陈旧习俗和风气,具有积极意义。如基督教女青年会的各种活动本身及其提高妇女社会地位的理想,对各阶层妇女都产生了较大影响,对妇女解放运动起到了促进作用。1912年至1927年济南主要社会教育机构设置情况见下表(表3-3)。

表3-3 1912—1927年济南主要社会教育机构

机构名称	成立时间	性质及经费(元)	备注
通俗图书馆	1914	省立,年拨款2 496元	
通俗画编辑处	1914	省立,经费不详	20世纪20年代撤销
通俗讲演所	1914	省立,年拨款1 000元	初称通俗教育演讲会
社会教育经理处	1915	省立,年拨款9 024元	
通俗教育固定演讲所	1915	省立,年拨款3 960元	初称模范通俗讲演会

续 表

机构名称	成立时间	性质及经费(元)	备注
巡行四道教育讲演团	1915	省立,年拨款 4 744 元	
山东省公立图书馆	1915	省立,年拨款 4 800 元	初称山东图书馆
通俗教育研究会	1919 前	私立,经费不详	
通俗教育讲演所	1919 前	私立,省府年补助 900 元	
无数传习所	1919 前	私立,经费不详	
评书词曲社	1919 前	私立,省府年补助 200 元	
农民讲习所	1919 前	私立,经费不详	
易俗社	1919 前	私立,经费不详	
第一公共体育场	1926	省立,年拨款 1 284 元	
广智院	1904	教会主办	

资料来源:王守中、郭大松:《近代山东城市变迁》,山东教育出版社 2001 年版,第 405 页;《山东省立图书馆概况》,山东省立图书馆编印,1933 年。

北洋军阀政府时期,济南的报刊、出版、书店等文化事业,较辛亥革命前取得了十分明显的进步。有关资料显示,民元以来,适应政治、经济和文化发展的需要,济南各种报刊几度蜂起,共计曾刊出日报 30 余种、期刊 10 余种、杂志 2 份,合计各类报纸杂志近 50 家。不过,由于中央和地方政治局势的变动或经济相互竞争特别是民众阅读能力等原因,有些旋办旋停,1924 年还有报纸 19 种,至 20 世纪 20 年代末虽然期刊因政府注意宣传、贯彻政令而有增无减,但这些期刊大都是非营业性质的,而是印发各有关职能部门的宣传品,除图书馆摆上几份,民众中无甚影响。日报的情形就不同了,加上张宗昌 1925 年督鲁后新刊出的《山东新报》和《新鲁日报》,总共也不过 14 份(其中有 2 份日文报纸)。当然,相对于济南民众的阅读能力和经济状况,就种类而言,这些亦不能算是少数了。至 20 世纪 20 年代末,济南报刊种类不少,但销量有限。中文报纸发行量最大的《大风日报》,也不过 2 000 份;其次销量稍多的为《简报》和《大民主报》,日销1 000份;其他多者700份,少者200—500份不等。除《山东晚报》销量不详外,所有中文报纸发行量总计7 900份,在约30余万人口的城市中,10多种报纸日销不到万份,足见一般民众读报者微乎其微。究其原因,主要是受财力和知识两个方面的限制。据时人调查,20世纪20年代中期济南五口之家的月生活费用为15元,"一名体格健壮的做粗活的工人,每月工资为7.5元"。像这样的单身工人的月生活费约计也是7.5元,若已婚有2—3口人的家庭,就必须在某种程度上依靠家庭其他成员的收入维持生计。而当时的各种报纸,每份售价依张数的多寡和大小,每月铜圆30枚至1元左右,如是,则下层民众便很难负担得起,况且他们为生活奔波,即使有些人能够读书看报,也无闲暇亦无兴趣去花钱读报。因此这一时期济南的报纸市场,基本上仍局限于经济宽裕的知识阶层中。

自1914年年底至20年代末30年代初,青岛文教事业发展的历程,大致可分划为两个时期:第一个时期历时八年,为日本殖民统治时期;第二个时期历时五年,为收回后政权自主时期。比较说来,后一时期无论是学校教育、社会教育还是其他文化事业,发展都较前一时期迅速得多。本书重点考察北洋军阀政府统治时期青岛的平民教育和通俗教育。德、日占领时期,青岛向无平民及通俗教育,只是为了殖民者进行殖民统治的需要,不时开办一些单科业余学校,主要教授德语和日语。中国收回青岛后,在致力于发展正规学校教育的同时,积极兴办平民及通俗教育,旨在普及和提高城市下层社会民众的文化素质。1924年春,先由青岛中国青年会发起创办了私立"平民教育促进会",筹设平民读书处10余所。是年8月,胶澳督办公署成立了"平民教育委员会",在市区创设平民学校7所,由永裕盐业公司捐助部分经费,公立学校教师出任义务教员,先后开办2期,每期4个月,随后因时局不宁,一度停顿,继之改设夜校。30年代初全市推设近70所,同时开办各类职工补习学校、妇女职业补习学校及英语、世界语、商业等夜校或补习班等20余处。此外,中国青年会和万国体育会所属"平教部",还分期开办读书处,得到了胶澳商埠局的充分肯定和大力支持。通俗教育方面,1924年商埠督办公署创办"公立通俗教育讲演所",聘请专家,实行定期和临时巡回讲演,内容为通俗学术和时事问题,同时成立"公立通俗图书馆",购置各类图书,供城市下层民众借阅。30年代初,通俗图书馆改为民众图书馆,另设市立图书馆和巡回书库。市立图书馆藏书丰富,可满足不同文化水平人们的需求。显然,平民和通俗教育的推设及渐趋普及,对于提高青岛城市下层社会群体的文化素质乃至科学知识水平,起了不可低估的积极作用。

随着工商业特别是文化教育的渐趋普及和提高,报刊作为新闻和科普宣传载体,在收回青岛主权后开始呈现出迅猛发展的势头。据查早在德日占领时期,"无所谓新闻事业",中国收回前,"仅有中、日文报章各一种";"接收以后,新闻事业,日渐发达"[①],先后有《胶澳月报》《青岛公民报》《青岛时报》《平民自治报》《中华报》等问世,或报道综合新闻、时事,或"以启发民众教育为目的","宗旨纯正,阅者欢迎"。20世纪20年代末至30年代初,青岛"报章繁兴,印刷鼎盛",计各类报纸20余种。[②] 同时定期刊物"亦颇发达",如观象台刊出之《观象月报》《海岸半月刊》《天文报告》,教育局刊行之《教育半月刊》《民众学校教育概况半年刊》,胶济铁路局刊出之《铁中月刊》《铁路月刊》《胶济铁路运输统计月报》,以及其他有关部门刊出的《农村生活周刊》《警务旬刊》《港务统计月报》《乡村建设月刊》,等等,总计多达20余种。[③] 如此众多的报刊问世,从一个侧面反映出这一时期青岛文教事业的发展和民众知识水平的提高,而反过来又必将进一步促进文教事业的发展,提高民众的文化素质和科学知识

[①] 魏镜:《青岛指南》之"社会纪要",平原书店1933年版,第56—60页;青岛档案馆编:《帝国主义与胶海关》,档案出版社1986年版,第242—244页。
[②]《青岛大事记史料》(1891—1987)上册,1989年刊,第48、54页。
[③] 魏镜:《青岛指南》之"社会纪要",平原书店1933年版,第56—60页;青岛档案馆编:《帝国主义与胶海关》,档案出版社1986年版,第242—244页。

水平。

如果说在北洋军阀政府统治时期烟台的学校教育主要是由私人和教会开办和发展起来的(事实上教会办的学校经费亦大部由私人捐助),那么由于烟台行政隶属关系的缘故,城市下层社会教育的发展更与政府无涉。烟台最早的具有社会教育性质的机构,是基督教美国北长老会传教士郭显德于清末创设的博物院。该院兴办的目的虽然主要是传教,但为了引人前来听道而购置一些珍禽异兽、矿石标本、科普挂图等分列于30余间房屋,对开阔人们的视野和引导下层民众特别是青年人追求新知无疑起到了很大作用。据博物院入门处装设的旋轴计数器每日入院人数统计,数十年间达300余万人,每年来院参观者约7.5万至10万人。这些人中绝大多数当然主要不是为了听道而是来参观的,其社会教育的作用可以想见。

烟台设立的社会教育机构,主要为私立通俗教育讲演所、平民教育学校和益工会等。通俗教育讲演所是由教会学校毕业后经商致富者,联合报界人士发起成立的。该所选拔"演员"数名,"轮流宣讲,每周开讲一次或两次,颇得社会欢迎"①,对普及知识,通达对外时事商情,宣传有关法令法规和一般社会公德,起到了较好作用。平民教育学校由基督教青年会约集烟台工、商、学"各界要人讨论发起",目的是要使"烟埠贫寒不习字者得以读书识字,使有国民的常识,以作普及教育的基础"。该校在20世纪20年代初开办,颇具声色。首次开办时从外地请名人来烟演讲,召开露天大会,并聘各校学生分头招生,仅一天时间竟"招目不识丁的学生2000余名,大者65岁,少者8—9岁不等"。男女分班,设男生班70个,女生班30个,计100个班,每班学生20多人,动用全埠各类学校以至工厂和个别私人住宅,每晚教学两小时,四个月完成自编千字课本教学任务,经考核成绩优良及一般"不废学业者",发给文凭。为扩大影响,鼓

---

① 郑千里:《烟台要览·教育篇》,胶东新报社1924年版,第8—10页。

动和发展平民教育,该校于第一届学生四个月毕业时,特聘"前国务总理熊希龄夫人来烟分赠文凭",举行隆重的毕业典礼,到会者数万人。民间自发组织如此大规模大气魄的平民教育,可说只有在烟台这样的开放港口城市才可以办到,也充分表明烟台工、商、学各界在无政府出面组织的情势下对城市下层民众教育是何等的重视。益工会,从字面上看,为有益于工业的组织,似乎与社会教育无关,实则不然。查该会缘起,最初是因花边、发网工业兴起,大批乡村女工涌进城市,尤其是发网业,各出口检验工厂盛时女工达2万余人。这些人大多未受过教育,年纪轻轻,为谋生计外出工作,引起人们的同情和关注。特别是如此众多的单身年青女性,挤进总计不足10万人口且有相当数量流动年青男性人口的小城里,社会特别是妇女道德问题尤为人们所担忧。于是,烟台基督教各教派中外基督徒发起组织了益工会,成员主要由各教会男女教徒组成,其中女多于男,中国人多于外国人。该会成立伊始,仅于中午时间组织会员到各女工集中之工厂"教授其手工、习字,并演讲道德"。随着工作的深入,内容不断增多,范围亦日益扩大,逐步定期为工作妇女召开演讲大会、交流大会,开办夜校,开展平民教育,倡办天足会、卫生会等,结果不但使不识字的妇女"学会了阅读",而且极大地提高了妇女的现代生活和社会意识,于烟台乃至胶东的花边、发网生产的发展,以及社会生活质量的提高,都起了良好的作用。

第五节 社会救济与慈善活动

1912年8月,北洋军阀政府内务部颁布《内务部官制》,规定内务总长管理赈恤、救济、慈善及卫生等事务,并监督所辖各官署及地方长官。其下设民政司具体管理社会救济工作,执掌贫民赈恤、罹灾救济、贫民习艺所、盲哑收容所、疯癫收容所、育婴、恤嫠、慈善及移民等事项。社会救济的对象,主要是流入城市的贫穷、残废、孤幼、年老之人,以及失业贫民、烟民和遭受战争或其他变故祸害而不能维持生活的人。1920年直、鲁、豫、晋、陕北五省旱灾严重，10月，北洋军阀政府决定在北京设立专门的办灾机构——赈务处，附设于内务部，总揽赈灾行政事务，并特派内务总长张志潭为赈务处督办。10月16日《赈务处暂行章程》公布，章程规定：政府为统一赈务行政起见，特设赈务处，综理直鲁豫秦晋各灾区赈济及善后事宜。赈务处置督办一人，会办一人或二人，坐办一人，委员若干人。赈务处办理事务与其他各官署有关系时，应会商各该署行之。办理赈务各官署所有灾区状况及关于赈济一切事宜，应随时报告赈务处。① 1924年10月17日又公布《督办赈务公署组织条例》和《附设赈务委员会章程》，规定设置督办赈务公署主办全国官赈，凡海关附加收入的全部均交由其支配。

山东省的政府赈抚机构随着政局的变迁，其名称也不断发生变化。1920年9月，山东成立了山东省赈务处，其章程规定：本处为赈务行政机关，综理本省各灾区赈济及善后事宜；本处设督办、会办、坐办综理或掌理本处事务；本处设置四科（总务科、赈抚科、调查科、考核科），每科设科长一人，科员若干人，由督会办选派，分别掌管本科事务；本处办理事务与其他官署或各团体有关系时应会商行之；办理赈务各官署所有灾区状况及关于赈济一切事宜应随时报告本处。② 其主要任务是接收中央的拨款与各地官绅的捐款，发放中央赈务处及其他机构拨给山东灾区的赈济物资。

民国以降，特别是20世纪20年代以来，日益恶化的社会环境，层出不穷的天灾人祸，使无数的山东人民陷入了破产的境地。1920年华北五省遭遇特大旱灾，山东是重灾区，受灾程度仅次于直隶。11月12日《大公报》刊登了山东灾赈公会发给大总统、各部院、赈务处及各救灾团体的

---

① 《大公报》1920年10月17日。
② 山东省赈务处编：《山东省赈务处征信录》，出版者不详，1923年，第1页。

通电。电文称,"本会据调查员报告,被灾最重者为临清、无棣、乐陵、德县、堂邑、平阴、阳信、武城、恩县、馆陶、济阳、平原、清平、邱县、濮县、德平、陵县、冠县、夏津、沾化、范县二十一县,灾民共三百四十一万四千三百人。次为临邑、齐东、禹城、长清、茌平、商河、东阿、齐河、博平、高唐、观城十一县,灾民共三十一万五千五百人。奄奄待毙,惨难言状。两项合计,受灾最重和次重县达三十二个,灾民达三百七十余万人"。《民国日报》9月14日曾从济南来函中报道山东灾情:"连年以来,吾东土匪蜂起,水旱相乘,已陷于水深火热之地位,哀鸿嗷嗷,时有所闻,然未有今年之甚者。而灾区之广,灾民之多,灾情之重,更未有如今之厉者。自去岁秋间,大小麦安置之后,即亢旱不雨,越冬徂春,以至三伏,凡东省各县,除胶东一段外,无一场透犁之雨,土燔尽裂,麦苗槁死。各县之情形,虽轻重不同,然东临武定一带,约三十余县,如利津、惠民、聊城之属,其祸犹烈。"在如此大灾下,灾民的惨状更不忍睹,"各县灾民,类皆槁顶黄馘,形容消瘦,因饿而病,因病而死者,几道路相望。死者则听其自死,生者则坐以待毙。其间有忍饥逃荒之人,亦病体怯弱,酷暑相逼,死转沟壑者,不知其数。至所谓鬻男卖女之说,在该处尤不可行,盖无人能鬻,无处可卖也"。《民国日报》9月25日报道,直隶、山东等处灾民,向人乞食,仅能伸手作势,而口中已无声息。且树皮争食殆尽,青草每斤竟售四十文,尚多不得食者。灾民每有将其子缚于树上,弃而之他以求食。足以说明当时山东旱灾的严重程度,真正到了不能坐视、非救不可的地步了。①

面对如此严重的灾情,北洋军阀政府不得不进行救灾动员和多方筹款。赈灾最重要的是筹款。直皖战争后,由直系和奉系新组建的北洋军阀政府政局不稳,财政枯竭,完全靠借债维持,根本不可能拨款救灾,只能通过强征捐税、借款及发行公债来筹款。包括海关额外税借款、常

---

① 王林:《山东慈善史》,山东人民出版社2018年版,第185、187页。

关附加税、交通部收入、普通捐款在内,北洋军阀政府赈务处共收入8 345 022.75元,另有银两3 780两,日币29 560.03元。交通部赈款收入总额为3 850 746.99元。山东从赈务处和交通部所得赈款为2 169 851.89元,日币18 780.03元。这对山东近400万灾民来说,显然是杯水车薪。

此时,山东正处在对救灾极为不利的政治经济环境。山东各界正在发起两种运动:一是反对山东督军田中玉兼任省长;二是反对中央任命的张寿镛任财政厅厅长。前者是因为田中玉越权乱政,迫使原省长齐耀珊辞职;后者因为山东财政积亏过千万,山东人要自理财政。10月21日,《晨报》刊载了山东各界请核减军费、救济财政电,其文曰:"东省财政,日堕危机,揆厥原因,实以军队充斥,饷费浩繁,出入相悬,为数过巨。查山东国家预算岁入率九百余万,而军费一项,已占七百余万之多,政费三百余万,几等无着,是以数年积亏,已达千万。"如此财政状况,维持省政府存在尚且困难,更谈不上拨款来救灾。9月成立的山东省赈务处在这次旱灾救济中所起的作用相当有限。同期成立的民间救灾机构山东灾赈公会,寄希望于各界捐款救灾,可成立二十余日,所有设法劝捐之数及各处协济之款仅区区十余万元。因此,仅靠山东一省之力来救济如此大灾是根本不可能的。①

20世纪20年代中后期,是山东灾荒空前严重的时期。除连续数年的天灾,匪患和兵灾更是雪上加霜,天灾与人祸叠加,将山东上千万人推向了死亡的边缘。如,据《河北山东赈灾委员会报告书》及其他资料综合统计,1924年山东共38县受灾,其中被水者19县,春旱秋涝或夏潦秋旱者7县,被旱或淤沙者3县,因直奉战争中直鲁溃军过境,或县域驻兵发生兵灾,以及秩序混乱发生匪灾者9县。灾民约计200万人。② 1925年8月至9月间,黄河在直隶濮阳李升屯(今属山东东明)和山东寿张黄花

---

① 王林:《山东慈善史》,山东人民出版社2018年版,第187、204、205页。
② 李文海等:《近代中国灾荒纪年续编》,湖南教育出版社1993年版,第116—117页。

寺（今属梁山）先后决口，被灾之区约 2 000 方里，灾民约 200 万人。10月至 12 月间，又发生鲁豫军阀战争，临沂、泰安、滕县、德县等被水县份又被兵灾。是年，因处于战线内或被兵匪抢掠成灾之县还有宁阳、嘉祥、巨野、菏泽、定陶、新泰、莱芜等 14 县。本年度山东受灾县有 47 个，据《河北山东赈灾委员会报告书》及不完全统计（部分受灾县灾民数目不明），灾民约计 217 万人。① 1927 年济南慈悲社致中国济生会函称："鲁省历经水旱兵蝗各灾，致颗粒不收者 57 县。"②

这个时期山东的匪患也极为猖獗，可以说无县不匪，无地不匪。不仅鲁南、鲁东山区是土匪之渊薮，而且鲁西、鲁北平原地区也时有土匪出没；不仅穷乡僻壤土匪活动猖獗，而且城镇闹市乃至省城济南也出现土匪。据估计，当时山东全省的土匪总数在 20 万以上。③ 如，1928 年 3 月 24 日《大公报》："旧历正月十六日，有大股土匪四五千人，由沂水南境，抢至沂水北境，又由沂水北境，抢回沂水南境。全县十八区，被抢者遍十五区，所架男女肉票先后不下四五万人，死伤五六千人。沂城几乎为匪占去，匪入境至出境共十余日，复于二月二十六日折回沂水城南，粮米牲畜，被抢一空，真空前之惨劫也。"更为严重的是，土匪的泛滥也使得外部的赈济机构和组织无法进入灾区救灾。1928 年 2 月，《晨报》曾报道："费、蒙二县，多崇山峻岭，向为盗寇之渊薮，虽有乐意前往赈济灾民者，亦多因土匪之故，而裹足不前，故该二处之灾民尤苦。"④

1925 年 4 月，张宗昌任山东督办（后兼省长）后，山东战祸不断，先后发生了张宗昌与孙传芳之间的浙奉战争，与岳维峻之间的鲁豫战争，直鲁联军与国民军之间的战争，以及张宗昌对抗北伐军的战争，还有日军侵占济南并制造震惊中外的"五三惨案"。同期，张宗昌的横征暴敛也达

---

① 李文海等：《近代中国灾荒纪年续编》，湖南教育出版社 1993 年版，第 138—140 页。
② 《民国日报》1928 年 2 月 9 日。
③ 《东方杂志》1927 年第 24 卷第 16 号。
④ 《晨报》1928 年 2 月 22 日。

到了疯狂的地步。他在山东几年的搜刮"有账可查的,在二万七千万以上。这笔钱的来源,除正赋外,或是加捐,或是勒派,那时候山东民众的痛苦,实为各省之冠"。① 当时山东田赋的正税、附加税和摊派已失去标准,附加超过正税五六倍以上。除去田赋,各种苛捐杂税有30多项,此外,还强制大量发行金库券、公债和军用票,导致商民损失惨重,商号倒闭,银号歇业。人祸加天灾,把山东人民推向了痛苦的深渊。面对如此严重的灾情,山东灾民救济会试图开展有组织的救济。该会是山东官绅联合组成的慈善机构,成立于1926年5月13日,结束于1927年1月20日,历时8个月,成为这一时期山东省最主要的救灾机构。山东灾民救济会在当时的条件下,对灾民进行了一些力所能及的救济,但效果非常有限。如,该会对山东57个受灾县、70余万灾民直接施放的赈款只有30余万元,赈粮1万余袋,棉衣1 000件,平均计算,每个灾民获得的赈款不足五角,真可谓杯水车薪、微不足道。②

更多的山东难民走上了逃往异乡之路。大部分农民涌入城市,给城市造成很大人口压力,增加了城市失业人口。还有很大部分难民争相移民地广人稀的东北地区。难民赴东北多从海路,"青岛和大连是他们的普通出入口岸,也有从龙口或烟台出发到安东或营口的。石臼所和红石崖是山东东南部难民的两个集中地方,他们由这两处地方乘民船到青岛,再改乘轮船"。③ 由于青岛有便利的铁路贯通,加上人多船少,难民一时无法顺利上船,青岛成为难民赴东北的主要集结地。

大量难民聚集青岛产生以下问题:第一,多数难民为了早日上船,时常在码头站立拥挤,影响交通,港警为维持秩序,有时驱逐殴打,妇孺面临倾跌危险。第二,往来青岛的船只除在船售票,还委托客栈代收船票。但售票时往往不问该船舱位容积,尽量售卖,漫无限制,以致难民上船

---

① 袁家普:《山东一年来之财政情况》,山东印刷公司1930年版,第6页。
② 王林:《山东慈善史》,山东人民出版社2018年版,第206—214页。
③ 袁荣叟、赵琪修:《胶澳志》卷三《民社志·移殖》,青岛华昌大印刷局1928年版,第130页。

后,舱狭人多,拥挤不堪,甚至发生失踪落水被挤毙命之事。还发生过日轮"现德丸"沉没事件,该船海关限制只准载客 150 人,1927 年 9 月,船长贪载违章,在红石崖上船多至四百余人,船行至距小港口外十余里沉没。经各方抢救,救出男女 121 名,先后捞出大小男尸 92 具,大小女尸 99 具,漂沉无踪者不可胜计。第三,难民生病,无钱医治。第四,中途断资,无法继续前行。① 为维持社会秩序,防止出现人道灾难,胶澳商埠官商各界采取难民收容、减免车船票等措施,对过境难民进行了多方救济。

1. 难民收容。1927 年山东遇空前未有之灾情(主要为旱灾、蝗灾和雹灾),据华洋义赈会山东分会调查山东省该年灾区结果,灾区共 56 县,面积 24 万余方里,占全省面积 6/10,灾民 20 860 121 人,占全省人口 1/2 强,灾况之重,实空前所未有。② 1927 年春,鲁西各县民众携家由青赴东谋生者已达 3 万余人,在济南站候车待发者有 1 万余人,在原籍整装预备出发者有四五万人,而滞留青岛候船者有五六千人之多。③ 为救济难民,1927 年 10 月 27 日,商埠局军政警绅商各界,于青岛总商会内组织成立胶澳商埠过境难民临时救济会,专以送遣过境难民为宗旨。其常年经费由商埠局军政警绅商各界发起人共同担负劝募,如一时缺乏并无存储,适遇有急用,必须由原发起人共同负担垫用并自行劝募。对于需要救济的过境难民,"须经调查员报告,协同警察调查,确系该难民由原籍来青,欲赴关外及其他各埠谋生,中途断资,欲归不能,欲行不得",然后才能"将该难民安置送遣所,给予宿膳",并由救济会代购船票,随时送遣。④ 针对难民居留无所的现象,胶澳商埠行政公署训令警察厅,对于各客栈及招揽客人的栈伙从严取缔,并令各客栈视"房屋之多寡规定住客

---

① 王林:《山东慈善史》,山东人民出版社 2018 年版,第 221 页。
② 常连霆主编,中共山东省委党史研究室编:《山东党的革命历史文献选编》(第一卷),山东人民出版社 2015 年版,第 212 页。
③ 胶澳商埠局编纂:《胶澳商埠行政纪要续编》,《民国史料丛刊》第 112 册,大象出版社 2009 年版,第 348 页。
④ 同上书,第 327 页。

额数,务使各有宿憩之所"。"倘访闻各客栈,或经调查员协同警察报告,如有派伙赴各难民原籍以甘言拉客,诱令先付票价,包送客至所往目的地,及入栈后至于难民待遇有不相当之处",一经"审察属实,应即随时报告警察厅严重惩办,仍责令该栈迅将该难民妥为包送,不准稍有勒索"。并转饬港政局"暂腾仓库一处,以为容纳难民之所",港政局遂腾出"第六号仓库以为难民收容所"。后因人数众多,又将第十三号仓库开放,使难民暂行分住。但由于仓库内仍不敷居住,露宿于空地者甚多,警察厅遂恳求商埠局转饬临时救济会"在码头附近一带,择定一二较大相当房屋作为临时难民收容所,俾得过境难民暂时收容,轮流发船出港,不致再受露宿风餐之苦。或与政记公司商定增添船只,转运难民多次,以资疏通,而免拥挤"。除了对穷无所归的赴关难民提供暂时栖息之地外,胶澳商埠局令普济医院、传染病院,对"颠沛流离,露宿风餐,染患疾病者",如由救济会送往诊治,概予收容。①

2. 减免车船票。为了便于难民运输,北洋军阀政府铁道部经赈务委员会及各慈善团体提倡,于1925年颁布京奉、津浦、京绥、京汉四路发售移民减价票规则。② 此时,胶济铁路并未实施此种减价办法,山东同乡会会长迟子祥电告胶澳商埠局说明情况提出建议后,商埠局致电山东省政府,称"南满铁路且减车费,胶济铁路似难独异"。山东省政府遂与京奉、津浦两铁路局进行协商,"将小工票分别减免"。另外,商埠局与政记公司、日商大连汽船会社及阿波共同汽船公司等轮船公司也进行了磋商,各公司初步答应所售各客栈开往大连的四等船票,减为大洋1元5角。同时为了增船转运难民,难民救济会与政记公司商议,"专调宏利、得利、广利、同利四轮驶青,专为轮班运载此项难民之用",并规定"船价不得丝

---

① 胶澳商埠局编:《胶澳商埠行政纪要》,青岛华昌大印刷局1927年,第334页。
② 秦孝仪主编:《十年来之中国经济建设(1927—1937)》,中国国民党中央委员会编辑发行,1977年版,第107页。

毫浮加"、"无论何家一律不准售卖通票,严防栈伙勒索客商"。① 如因天时关系,临时发生困难,"应仍与港政局、政记公司随时接洽,妥筹办理"。② 鉴于轮船公司和客栈无限制出售船票导致舱位拥挤,以及客栈虐待难民情况,1927年2月28日,胶澳商埠局训令警察厅:"客栈招徕客商首重和平,轮船载客例有限制,似此任意卖票,欺凌旅客,实属不尊定章,有乖人道,殊非营业所宜。"命令该厅"严加取缔,以便行旅,并将办理情形,具报备核"。③ 据《青岛市志·民政志》载:1931—1936年,胶澳商埠局过境难民临时救济会,共救济资遣难民22 651人。④

对于非灾变状态下的鳏寡孤独者,由于年龄、身体等生理因素,或由于缺乏足够的谋生能力等社会因素而导致生活贫穷的城市下层社会群体,北洋军阀政府沿用了清政府设置的传统救济机构,主要有:

1. 养济院。又称"孤贫院""孤老院",收养鳏、寡、孤、独及废疾中无依无靠之人。养济院在清代是最主要的慈善救济机构。按照清政府的要求,凡各省府州县均要设立养济院。清代养济院收养的孤贫有定额,数额由清政府来定。在一省之内,各县的孤贫数额也多少不等。孤贫的口粮银米(包括衣服)也有定量,口粮有的给实物(谓之"本色"),有的给银(谓之"折色"),有的则二者兼有,⑤但对孤贫的救助只限于维持其生存的最低需要。北洋军阀政府时期,养济院作为地方的一种恤贫机构,依然存在。如:1924年在济南就有,一所养老院,有31名男的,20名女的;一所老年寡妇院,有157名妇人;一所济良所,为妓院里受虐待和希望从良的女孩设立,有45名女孩,寻求配偶的男人提交适当证件,即可在济

---

① 胶澳商埠局编纂:《胶澳商埠行政纪要续编》,《民国史料丛刊》第112册,大象出版社2009年版,第20页。
② 同上书,第333页。
③ 同上书,第348页。
④ 青岛史志办公室编:《青岛市志·民政志》,中国大百科全书出版社1996年版,第157页。
⑤ 王子今等:《中国社会福利史》,中国社会出版社2002年版,第239页。

良所找到一位。① 1924年,胶澳商埠督办公署在团岛办济良所。1925年9月,济良所移交商会接管,后迁至朝城路。济良所收养娼妓、姬妾、婢女、童养媳及流落无依、深受迫害和被人诱拐的妇女。② 收容妇女30名内外,老幼兼收,每日并授以市内工作及读书习字,正当婚配准其出所,年幼被拐入所者经本生父母领回者亦不少。③ 在济宁,贫民皆不住堂,只按月赴州县支领口粮。孤贫额和钱粮亦有定数,如民初有正浮额孤贫94名,每名每月支400文;增额孤贫22名,每名每月钱数150文;残废孤贫35名,每名每月钱数200文。④

2. 育婴堂。育婴堂是专门收容弃婴的机构。育婴堂的出现,溺婴恶习的存在无疑是重要原因。清代虽普设育婴堂,但溺女恶俗在全国大部分地区一直没有断绝,直至民国年间溺女之事还时有发生,因此育婴堂在北洋军阀政府时期依然存在,但存留不多。济南设有一所育婴堂,1924年收养17名婴儿;同时设有两所公立孤儿院和一所私立普济孤儿院,共收养有546名孤儿。这里的孩子上一些课,也受雇做各种活计。济南道院第一育婴堂1927年收男婴15名、女婴30名,各项开支大洋3 354.71元,尚结存36 489.36元。⑤ 育婴堂雇佣慈祥且有育婴经验的乳妇,一名乳妇哺育四名婴儿,乳妇不能与婴儿同睡。育婴堂用牛乳喂养婴儿,满一岁后将牛乳递减代以食物。婴儿满一年无疾病即施种牛痘,两年后再施种一二次。男女婴儿满六岁时,不能同院居住。婴儿至四岁时送入育婴堂附设的幼稚园,六岁时送入附设的小学校。小学毕业后视其资质,授以相当教育或职业,待其有独立能力时让其自谋生活,女婴满

---

① A.G.帕克指导,齐鲁大学社会学系调查编著,郭大松译:《济南社会一瞥(1924年)》(下),《民国档案》1993年第3期,第56页。
② 《民国山东通志》编辑委员会编:《民国山东通志》第四册《救济志》,[台湾]山东文献出版社2002年版,第2446页。
③ 袁荣叟、赵琪修:《胶澳志》卷十二《大事记》,卷三《民社志十》,青岛华昌大印刷局1928年。
④ 潘守廉修,袁绍昂纂:《济宁县志》卷四《故实略五十》,1927年铅印本,第103页。
⑤ 《济南道院1927年办理各项道务慈务报告》,《道院第七届公会议事录》,济南道院,1928年。

18岁时由育婴堂安排择配。青岛育婴堂是由胶澳商埠局于1927年成立的。其开办经费由官绅募集，计约总数为2万元。由商埠局拨给第63号官产一处，并于捐款项下增筑房屋一所。"其常年经费，则由牛照项下，每张附捐一角，约计年可收六千余元。""计截止十七年底，共收男女婴孩三十二名，除领出男婴二名，女婴六名，病伤四名，计存有男女婴二十名。"①

3. 栖流所。由于养济院仍不能满足社会上被救助人群，特别是冬春间大量衣食无着的贫民和乞丐的需要，有的地方又有栖流所之设。栖流所又称"留养局""留养所"。乾隆二十八年（1763年），清政府命"直属州设留养局收恤老弱贫民，其外来流移贫民例无给赈者，一体入局留养"②。明确将栖流所作为收留外来流民乞丐的福利机构。其后，留养局、留养所在各地陆续设立。济宁栖流所创始于道光十八年（1838年），由王荟宗、王泳、王家柱等与运河厅德畅亭筹捐兴修，"是年及十九年收养贫民甚众"。1923年，邑绅潘守廉筹募"基金洋一万八千一百六十五元，钱一千九百零二吊"，此时栖流所资金充足，管理日臻完善。③ 济宁栖流所章程声称，其收养贫民缘于"济宁地当通衢，来往流丐甚多，每逢冰雪载地，苟因饥寒受病倒毙街巷，贻害商业居民"。收养对象从"老幼残疾、皮黄面瘦"的贫民中选择，先斟酌情况发给散票，散票分"男丐、女丐、孩丐"三种，不得随意更换。被收养贫民"按散出男女孩丐各票检阅收入，无票者概不准私行收入，如有各界保送者，亦可推情验收，以广善举"。"凡收入男女贫民须先问明姓名、年龄、籍贯及某门、某氏，载在点名清册，以示有别"，所收养贫民"各屋均用席片、铺草、稿荐以避寒凉"。其饮食主要是粥、馒，在制作和分发时，有严格的规定。"凡每日发米煮粥，向遵公署定

---

① 胶澳商埠局编纂：《胶澳商埠行政纪要续编》，《民国史料丛刊》第112册，大象出版社2009年版，第315页。
② ［清］乾隆官修：《清朝文献通考》卷四六《国用八》，浙江古籍出版社2000年版，第28页。
③ 潘守廉修，袁绍昂纂：《济宁县志》卷四《故实略四十》，1927年铅印本，第105页。

例,按数照发,必须司昼班绅董合计若干,预夕前亲眼称出,不得奉行故事,任凭差役自由","凡下米煮粥,须司夜班绅董亲眼检点,以察稠稀,并防煮粥人等私行剋拨"。馒头制作、分发,亦如发粥。蒸馒用面必须由"司昼班绅董合计每名若干,预夕亲眼过称,不得假手差役致生弊端"。和面时"须司夜班绅董亲身监视用水多寡,不得因夜寒不起,致令面案乘隙作弊"。面案每日蒸馒时,"每个酌定九两之重,须个个过称,不准因个数过多随便不称"。① 发粥时间一般在每日辰刻,"不分大小口,每人一大马勺,如发粥时循情爱面,忽多忽少,责成院头即将发粥差役搭出永不复用"。发馒时间一般为申刻,"不分大小口,每名一个"。每日发粥发馒时,"先发男房,次发孩房,末发女房。凡点名时,无论男女均分屋头、二屋、三屋,以及各屋责成屋头各自领出,不得任意齐出,以致拥挤"。贫民每日领粥领馒时,"必须亲自应名,按次接领,不准替代,如实系有病者,方由男女屋头报明情由,代领以示体恤"。日夕,由司昼班绅董酌给发面和糊制作面汤,"贫民见天日夕领馒后,各自领汤饮送"。收养贫民开口味之佐菜只能是"每五日按人发给咸菜一包"。但在特定时节,其生活待遇有所改善,如"每逢过年正月初一,每人发给九两馒头两个,内有县公署照例一份。早晨发粉条、汤菜,日夕发绿豆面条,以示优待"。对收养贫民之医疗卫生状况,栖流所也予以关注。对有病之男女贫民,就诊施药。"凡收入男女贫民,如因寒凉受病者,照发给痧药、姜汤及药、茶叶等即行调治,以防传染",或"收入贫妇,如有在厂生产者,皆因无家可归,照例发给生化汤数剂,以保穷苦生命"。同时也注意居住环境卫生,规定"凡收养贫民各屋立春后,见天用苍术、蕲艾、大黄等药焚薰,以解恶气","凡男女各院,见天绝早开锁,责成院头督催扫地夫,内外打扫洁静,并赴各院粪除一切,以保卫生。开厂期限"例由冬至日起至来春正月底止,无论年岁丰歉,米面贵贱,届时一律酌收"。"凡届粥厂停办日期,放出贫

---

① 潘守廉修,袁绍昂纂:《济宁县志》卷四《故实略四十》,1927年铅印本,第108—110页。

民,发给当日口食外,每人酌给铜元数枚,以图完善"。① 该栖流所的设置,使济宁城市下层社会的流民乞丐、老残贫瘠者,在寒风凛冽的冬日,免于冻馁。虽然其生活水准仅限于维持生存,但确实对稳定当时的社会秩序起了一定的作用。山东其他城市也采取了相应的救济措施,帮助部分城市下层社会民众越冬。如1927年1月,胶澳商埠局在青岛市区设临时粥厂四处,依旧例冬月15日开始施粥,救济贫苦的下层市民。②

4. 以传授生活技能为主的救济机构:贫民工厂(教养局、感化院、工艺所、平民工厂)。山东最早的此类机构为教养局。光绪二十六年(1900年)袁世凯鉴于"东省人多田少,不敷耕种,连年河水冲没,闲民日多,弱者坐守饥困,黠者流为剽窃。是以曹州东昌等属,历年多盗,诛不胜诛,良由年壮游闲,迫而为此",在济南设立教养局,专教贫民无业者,学做粗工。教养局的开办经费2.3万两,岁需成本费一万数千两,主要生产布疋、靴鞋、木器、绳席、毛巾等,1904年时有工人500多名。③ 民国以后,此类机构依然存在。设置贫民工厂的目的不在营业而在训练贫民的谋生技术。据《济南指南》(1914年)载:教养局在正觉寺街,专以收养无业贫民,教令习艺,期因材施教、各有所能,使日后可以自谋生计为宗旨。设南北两厂,分木作、布作、毛巾作、鞋靴作、成衣作、绳作、席作、毡作,并附设初等小学校,以公款维持,其常年经费共45 300余两。④ 1924年,胶澳商埠督办公署创立青岛教养局,年支经费一万四五千元,收容无产贫民,授以工艺。下设有染织、化妆、印刷、成衣、制鞋、绳索、木工等科。⑤

---

① 潘守廉修,袁绍昂纂:《济宁县志》卷四《故实略四十六至四十七》,1927年铅印本,第111—112页。
② 《民国山东通志》编辑委员会编:《民国山东通志》第四册《救济志》,[台湾]山东文献出版社2002年版,第2458页。
③ 王守中、郭大松:《近代山东城市变迁史》,山东教育出版社2001年版,第263—264页。
④ 叶春墀:《济南指南》,大东日报社1914年版,中国文联出版社2004年重印,第45页。
⑤ 《民国山东通志》编辑委员会编:《民国山东通志》第四册《救济志》,[台湾]山东文献出版社2002年版,第2467页。

所收艺徒或由警察厅移送,或由团体家族保送,盛时五六十名,少则二三十名不等。①

此类机构亦有民间承办的。1920年,济南以慈善家所捐城北三孔桥基地作为开办地,设立了山东厚德贫民工厂。其章程规定:本厂以救济贫民,传习技艺,俾能自谋生活为宗旨,本厂先购足踏式布机二百台以资工作,俟款项充裕再扩充他项工业。本厂工徒计分两部:甲部专收贫苦无告儿童充之,乙部则专收有家属之贫民在厂传习。本厂基金除由慈善家捐助,并呈请山东省政府拨款补助,基金总额定为25万元,暂以募集之洋62 000余元先行开办,余俟陆续募集。② 济宁邑绅潘守廉募集资金,在南关慈善院内设立济民贫民工厂。潘守廉在《呈县署立案文》中对开办缘由和经费筹集情况有详细说明:"因本地穷民太多,非代谋生计,则贫民永无自立之基础。乃自捐二千元,阖家眷口捐五百元,以为提倡。自春间至八九月止,已集大洋一万六千余元、一千四百余串。"③潘守廉还制定了《贫民工厂暂行简章》呈请县署批准立案,"专收贫寒子弟,以年在十四岁以上至二十岁,资质明白,素习正当,身无暗疫者","以教授浅近普通工艺,使贫寒子弟造成自谋生活之技能,并发达地方实业"。开设科目有:"一、编科。专编席片、经绳及柳条藤具等类;二、织科。专织地毯、精布、毛巾、手套、袜带等类;三、木科。专制改良木器、家具之类;四、制造科。专制油墨、墨汁、面糊、粉笔、胰碱、毛纸之类",毕业后由厂方决定其去留,"留厂者,一律酌给工资"。④ 贫民工厂的开设,使传统的救济方式发生了变化,由以"养"为主,而易为以"教"为主,使救济对象摆脱依赖性,向自食其力的方向发展,体现了一种社会的进步。

另外,清末至1928年,特别是辛亥革命以来,北洋军阀政府指令山

---

① 袁荣叟、赵琪修:《胶澳志》卷三《民社志十》,青岛华昌大印刷局1928年版。
② 《山东厚德贫民工厂章程》,济南市档案馆,档案号:临76-1-534。
③ 《民国济宁县志》卷四《故实略》,出版者不详,1927年。
④ 潘守廉修,袁绍昂纂:《济宁县志》卷四《故实略五十一至五十三》,1927年铅印本,第125页。

东地方政府并鼓励私人举办了不同类型的救济慈善机构和设施,同时部分外国来华传教机构也设置了一些救济与慈善机构,在对城市下层社会的救济工作中发挥了一定的作用。如,山东省会慈善事业公所,初名广仁善局,光绪十一年由历城部分绅士倡办,设于城内都司门口,办理施诊、舍药、施茶、舍棺,以及其他慈善事业,并设义学,是山东省成立较早、延续时间较长的慈善组织。1914年4月改为官办,并改名为山东省会慈善事业公所,继续办理全省慈善事业。依据章程,公所拟设下列各局所:(1) 养老院,收养男妇六十岁以上无依者;(2) 孤儿院,收养男女自三岁至十岁之无依者;(3) 贫儿学校,教育贫不能就学之男女;(4) 恤嫠所,经发极贫次贫较贫嫠妇恤金;(5) 济良所,收养择配不愿为娼之妓女及诱拐之女子;(6) 因利局,经放款项与小贩业者;(7) 掩骼所,施舍棺木及掩埋骨骸;(8) 免囚保护所,收留介绍免囚之人予社会;(9) 惜字局,拣收遗弃字纸;(10) 临时设置之慈善事业机关。公所经费分为四项:(1) 官款,(2) 基本生息,(3) 不动产生息,(4) 慈善家寄附金。① 1915年秋曾举办孤儿院、养老院、济良所、恤嫠所、全节堂、育婴堂等部收容老幼残疾鳏寡。1924年,齐鲁大学社会学系对济南慈善机构的一个调查中谈到:政府慈善机构除一处之外,都由山东慈善事业公所管理。该公所管理的六个慈善机构是:一所孤儿院,有78名男孩,36名女孩;一所养老院,有31名男的,20名女的;一所老年寡妇院,157名妇人;一所育婴堂,17名婴儿;一座为妓院里受虐待和希望从良的女孩设立的济良所,1924年有45名女孩;一所年轻嫠妇院,84名妇女。②

红十字会与山东渊源颇深,山东人吕海寰、吴重熹是中国红十字会的创始人之一,山东也是红十字会成立较早和数量较多的省份。据统计,1919年山东红十字分会有4个,1920年、1921年有5个,1922年有6

---

① [美] A.G.帕克指导,齐鲁大学社会学系调查编著,郭大松译:《济南社会一瞥(1924年)》(下),《民国档案》1993年第3期。
② 叶春墀:《济南指南》,大东日报社1914年版,中国文联出版社2004年重印,第46页。

个,1923年、1924年有8个。①红十字会的宗旨是发扬人道主义,对战争中的伤兵病员实施救护。除战地救护,还从事医疗及其他慈善救济活动,如设置施医所,免费施种牛痘,免费施粥,冬季为贫民发放棉衣,夏季为路人施茶、发放防暑药等。1929年3月,胶东各县受战事影响,大量难民扶老携幼逃难青岛,红十字会青岛分会千方百计放粮施赈、赠医施药。为防止疫病蔓延,1929年4月,青岛分会设立防疫处,施放各种防疫药品;5月设特赈处,为胶东一带兵灾难民施放面粉1.8万袋;又特设粥厂,为胶县无依无靠之难民施粥,施放红粮大米计400包。

  道院,1921年创设于济南,是宗教慈善组织,以修道为主,兼办慈善。济南道院成立后,迅速向全国扩展,至1924年建立120家,其中山东41家,占总数的1/3。②世界红卍字会是源于道院的慈善组织,1922年10月间在北京内务部呈奉批准立案,12月在北京筹开成立大会,以促进世界和平、救济灾患为宗旨。山东是道院的发源地,也是红卍字会设立最多的省份,全省的红卍字分会有70余处。③世界红卍字会是民国时期山东设置最为普遍、影响最大的民办慈善组织。它所从事的慈善救济活动可分为两类:一是临时慈善事业,是指对突发的水旱、瘟疫、战乱、匪患等自然和人为灾害进行救济。1928年夏天,临朐县遭遇大水,县政府曾向济南红卍字会求救,济南红卍字会拨红粮2 000袋予以救济。同年秋天,该县遭受蝗灾,县政府又致函济南红卍字会请求赈济,济南红卍字会又拨红粮1 000袋赈救。④1928年冬,济南红卍字会和济南红十字会、济南慈悲社共同计划开办粥厂并兼施衣,分设三处救济贫民,历时四个月,辅助政府救济工作,减轻无靠贫民的苦痛,稳定地方社会秩序。二是永久

---

① 张建俅:《中国红十字会初期发展之研究》,中华书局2007年版,第93页。
② 《道院一览表》,《道德杂志》1924年第3卷第10期。
③ 《世界红卍字会全鲁各分会联合救济办事处救济水兵灾报告》,甲编《组织概要》,出版者不详,1938年,第1页。
④ 王林:《山东慈善史》,山东人民出版社2018年版,第395—396页。

慈善事业,是指常年开办的具有固定场所的机构,专门救恤鳏寡孤独及贫困人群。其种类有卍字学校、平民工厂、施诊所、医院、因利局、平粜局、育婴堂、残废院、恤嫠局、恤产局、恤养院等,尤以恤养院规模最为庞大,举凡收养孤儿、婴儿,救济产妇、嫠妇、老羸,附设学校,开办工厂等,几乎无所不包。①1923年12月,济南红卍字会第一施诊所设立,地址在麟祥南街,设内外两科及会计、调剂、挂号等处,每月施诊病人约2 000名,月开支200余元,由济南红卍字会拨付。②面对当时农村破产、商业萧条,一般小本经营者资金匮乏的现状,各地红卍字会都设有因利局,旨在"接济贫民,以作小本经营,维持其生活",由于"所贷之款,分期归还,意在使一般贫民,因贷款而获利,故名因利局"。③红卍字会开办的因利局一概不收取利息,只要求借款人到期归还本金。1921年10月,济南道院开办因利局,借给贫民钱款以做小本经营,按期归还,不取利息,其后经费由济南红卍字会补助。④1927年12月8日,青岛道院在青岛曲阜路十四号设立因利局,章程规定:"专放贷款与贫民为小本经营,不取利息,分期摊还。俾无告灾黎,免趋死地,而受异乡颠沛流离之苦。每人借本不得超过五元,随收随放,辗转流通。"⑤济南红卍字会第一残废院,地址位于千佛山麓十九号,在1927年存有基金5.1万元,收养残废男女100名,院内附有聋哑学校,有学生10名,各项开支洋6 433.95元,各种捐助及基金利息收入共计6 973.95元,尚结存51 394.04元。⑥

中国华洋义赈救灾总会是民国时期最具影响的国际性救灾组织,成立于1921年11月。山东是其工作的重点区域之一,山东华洋义赈会是民国时期山东的重要救灾力量。华洋义赈会的办赈原则是以最经济的

---

① 王林:《山东慈善史》,山东人民出版社2018年版,第298—299页。
② 同上书,第416页。
③ 吕梁建:《道德概要》下卷,龙口道院,1938年,第40页。
④ 《济南分会、山东各分会情况》,山东省档案馆藏,档案号:J162-01-14。
⑤ 《晨报》1927年12月9日。
⑥ 《济南道院1927年办理各项道务慈务报告》,《道院第七届公会议事录》,济南道院,1928年。

方法,为大量之救济,不欲养成贫民之依赖性,使其永堕穷途。除临时急赈不计外,施赈原则如下:(1)对灾民不以金钱空施;(2)对灾民不以粮食空施;(3)凡壮丁及能工作之人皆应从事相当之工作;(4)如于粮食缺乏之地,即以粮食为工资;(5)工资应按工作单位,核实施给。防灾之计划,在工程方面,如水利、堤工、路工等,是为工赈;在农业方面,有籽种之改良及农村合作之发展等事。① 1921年7月,利津县宫家坝黄河决口,利津、沾化、滨县数百村被灾。1922年秋,山东华洋义赈会制订堵口计划。1923年6月堵口工程完竣,共用款150万元,其3/4由山东省政府担任,其余36万元则由山东华洋义赈会捐助。此项工程颇著成效,使25万灾民受益。② 1923年,山东华洋义赈会又经办齐河浚河工程,实用工款共计6.15万元,其中3.8万元系由各村筹措,其余2.35万元由山东华洋义赈会协助。③

教会或者传教士个人还办有一些收养婴幼儿及残老的慈善机构。如创设于1908年10月的济南天主堂孤儿残老院,专收无主的私生子。至1914年孤儿增至百余名,遂将院址扩大,并增收残老,添设诊所,改称孤儿残老院,历年皆由济南教区总堂派修女主持。女孤儿至18岁后经人介绍由该院审查可以结婚。④ 1916年,由美国传教士安临来夫妇在泰安东关教堂的基础上创办"阿尼色弗山东泰安孤贫院"(史称"泰山孤贫院"),当时只有5名孤儿、2名寡妇。至1922年,院内孤儿增至300余人。为筹集经费,安临来夫妇多次回国内募捐,并在美国成立"阿尼色弗孤贫院芝加哥办事处",代为募捐和推销产品。至1928年,全院已有房屋220余间、耕地36亩、织布机22台、织袜机18台、面粉钢磨5台,还有柴油机、发电机及制鞋、针织等机械设备,并成立刺绣房、漂染房、铁木

---

① 《中国华洋义赈救灾总会会务一览》,北京市档案馆,档案号:J002-006-00037。
② 《山东利津县黄河堵口大工报告》,《救灾会刊》1923年第1卷第2册。
③ 中国华洋义赈救灾总会编:《民国十二年赈务报告书》,出版者不详,1924年,第18—19页。
④ 《济南市社会救济福利团体概况》,济南市档案馆,档案号:70-1-28。

业、土木建筑业和奶牛场、农艺场等,其收入可供全院人员生活费用的一半。①

清末至 1928 年山东省主要城市救济慈善机构团体情况见下表(表 3-4)。

表 3-4 清末至 1928 年山东省主要城市救济慈善机构团体情况表

名称	设立时间	驻地	职员人数	收容人数	业务概况	备注
山东省慈善公所	1884	济南运署街15号	11	55	收容残老、孤儿、孀妇、妓女、弃婴等	
烟台公济医院附设孤儿院	1886	烟台	16	96	收容孤儿残老	房52间,土地4亩,接受外国津贴
益都天主教孤儿院	1893	益都	9	16	安老育幼,教养习艺	房118间,地3.5亩,地基4.5亩,农业生产,接受外国津贴
济南私立仁慈堂孤儿残老院	1896	济南洪家楼69号	18	24	收养弃婴、孤儿、残老	接受美国津贴
威海卫天主教孤儿院	1900	威海	15	8	收养孤儿	房屋479间,接受外国津贴
山东民众慈善医院	1903	济南西门外姜家池	22		对赤贫民众免费施诊、药	
济南东关天主教孤儿残老院	1908	济南东圩门外	27	252	收养孤儿、残老	接受美国津贴
山东省会慈善公所慈幼院	1915	济南运署街15号				
济南哲院	1916	济南花墙子街	10		施棺木	

---

① 郑新道整理:《泰山孤贫院及其创始者安临来》,《山东文史资料选辑》第 24 辑,山东人民出版社 1987 年版,第 210 页。

续 表

名称	设立时间	驻地	职员人数	收容人数	业务概况	备注
泰安泰山教养院	1916	泰安	14	171	收容孤儿残老及聋哑	房150间,地10.6亩,地基7.2亩,织布,织袜,接受美国津贴
济南普济孤儿院	1920	济南标山前	4	72	收容教养孤儿	
济南红卍字会第一残废院	1920	济南千佛山19号	5	84	收养老弱残废施以习艺	
济南市明德慈善公所	1920	济南南关佛山街34号	7		对无产贫民施诊	
山东慈悲总社	1920	济南官扎营影壁后20号	6	50	施衣饭茶水	
万国道德会济南分会	1921	济南正觉寺街新桥14号	35		施诊、药,社会救济	
济南道德总社	1921	济南林祥街202号	5	37	宣传道德精神,研究医学等	
济南红十字会	1921	济南上新街6号				
世界红卍字会济南妇女分会	1922	济南上新街10号	25	180	救济灾民,施医药	
世界红卍字会济南分会	1922	济南上新街59号	21	200	社会救济,施诊、药	
济南道院	1923	济南上新街59号	19		研究玄学,宣传道德精神,育婴,救济,施医药	
济南私立慈善事业公所	1924	济南南关半边街				

续 表

名称	设立时间	驻地	职员人数	收容人数	业务概况	备注
济南市齐鲁麻风病疗养院	1924	济南	5	51	收容麻风病人施以治疗	土地8.6亩,房屋54间。接受美国津贴
济南红卍字会第一育婴堂	1925	济南永庆街28号	6	11	收养婴儿	
中国红卍字会济南分会	1925	济南杆石桥南街17号	26		办慈善事业	
青岛市立救济院	1926	青岛	50	390	收养孤儿、残老并习艺	
世界红卍字会潍县分会	1927	潍城内郭宅街	17		救灾济荒	
济南诚善社	1928	济南普利门三元街1号	7		施放冬赈,施粮、茶、药	
济南贫民医院	1928	济南馆驿营影壁后7号	8		对赤贫民众免费施诊	

资料来源:山东省地方史志编纂委员会编:《山东省志·民政志》,山东人民出版社1992年版,第193—200页。

第四章 南京国民政府时期中央和地方政府对山东城市下层社会的社会调控

第一节 社会调控机构——行政管理体系

南京国民政府的中央行政管理体系为五院制,在五院之外,尚有国民政府主席、国民政府委员会。

国民政府主席是国家元首,对外代表国民政府,并兼中华民国陆海空军总司令。国民政府委员会名义上是国民政府的最高权力机关,该委员会的职权随着蒋介石的位置改变而改变。它最初负责处理国民政府的"全国事务",解决院与院之间不能解决的事项,讨论议决国民政府将要公布的法律和将要发布的命令。1931年蒋介石兼任行政院长,行政院会议改为国务会议,国民政府委员会也就徒有其名了。

国民政府下设文官、主计、参军三处作为辅助机构,分别协助国民政府处理具体事务。国民政府的直辖机构有军事委员会、总司令部和首都建设委员会、黄河水利委员会、导淮委员会、建设委员会(一度隶属行政院)、总理陵园管理委员会、中央研究院、故宫博物院等。

行政、立法、司法、考试、监察五院是国民政府行政管理体系中的基本组成部分,分别执行国民政府的最高职权。其中,行政院是国家最高行政机关,立法院为最高立法机关,司法院为最高司法机关,考试院为最高考试机关,监察院为最高监察机关。上述五院相互联系,相互制约,彼此独立。五院之中,行政院职权最广泛,组织最庞大。它下辖内政、外交、财政、实业、教育、交通、铁道、军政、海军、卫生、司法行政等部和侨务、蒙藏、禁烟、劳工等委员会。

国民政府的地方行政管理体系分省、县两级。在县之上,有省设派出机构——行政督察专员公署。县下设有区、乡(镇)、保、甲等基层组织。国民党山东省政府于1928年5月16日组建,同年6月1日正式成立,1949年8月解体。国民党政府统治山东期间,实行省、县两级制。

1928年4月,国民党北伐军进入山东。5月3日,日本帝国主义制造了震惊中外的济南惨案,使山东政治形势更加复杂,呈现出四分五裂的割据局面。从政治的表面看,好像有国民党新旧军阀、豪绅地主资产阶级、民团、土匪、大刀会、红枪会等各个统治的局势,事实上,无论在政治还是经济上,日本帝国主义才是唯一的权力者。当时日本帝国主义在山东驻军"约四万人,分住济、青及胶路沿线各重要车站,最初以派遣军的名义出布告,现已改为警备军。在济、青及胶济路要站,除广觅驻军地点,大加修缮,并积极准备军事上之一切防御工程。他所占有的区域,在名义上不过问政治,而令所谓地方绅商出来维持,实际上,所谓维持会不过是一个传达日本帝国主义命令的机关"。① "日本帝国主义一方面使胶东一带大小军阀盘踞活动援助张宗昌的复兴,另一方面又允许张治公一派人物在济南招兵买马,这些都很明显的是日本帝国主义要挟国民党必然要在其一切要求条件之下来谈交易的圈套而已。至于山东经济的锁钥,完全操在日本帝国主义者手里,从城(市)到村都是受日本帝国主义经济的支配。日本银行设立在青岛、济南间,发行的钞票是山东唯一的

---

① 常连霆主编,中共山东省委党史研究室编:《山东党的革命历史文献选编》(第一卷),山东人民出版社2015年版,第322页。

有价兑现证券,执掌了山东全省金融的牛耳。日本的一切日用等商品充满了市面,为山东市场不可少的货物。日本的产业企业更是压倒了山东地方产业企业之兴起,日本大小商人更是无孔不入的钻营一切投机营业事务,甚至日本人买(卖)白丸打吗啡等营业更是日益发展"。①"山东一般农村经济状况是完全破产,土匪骚扰、军阀割据的状态中,自然是日本帝国主义在山东的经济不能顺序的发展与稳定。可事实上日本帝国主义在山东尤其是青岛、济南的经济是发展的趋势,这一方面是日本帝国主义垄断山东的经济特权,利用混乱的局面武力占据青岛、济南,勾结豪绅资产阶级、大小军阀、民团等把持交通,贱价收买一切生产原料;另一方面极力压榨工人,以低价的劳力生产、运输、出口,以维持其经济的平衡进展。所以,日本帝国主义者在山东的经济能够在这样混乱的矛盾现象下维持平衡,而且日本帝国主义将要在这一现象下如何保持其政治上经济上的进展,就是说日本帝国主义要在山东抓住一个新的工具来统治山东,更进一步的发展其经济,恢复其经济上更厉害的新剥削,对山东一般民众,尤其是工人阶级农民群众的新剥削的可能前途。这一前途的实现即是济案如何在其特权势力下使国民党新军阀完全投降的解决,以恢复其在山东经济的要快(?)发展"。② 显然,日本帝国主义的目的很快就实现了。

  1928年5月16日,国民党中央政治会议根据4月27日修正公布的《省政府组织法》的规定,决定成立山东省政府。省政府实行合议制(即委员会制),由委员9—11人组成省政府委员会,设主席1人,常务委员3—5人,均由行政院会议议决,国民政府简任之。省政府委员会为一省最高行政机关,受南京国民政府直接领导。6月1日,国民党山东省政府在泰安正式成立。省政府下设秘书处、民政厅、财政厅、建设厅、教育厅。

---

① 常连霆主编,中共山东省委党史研究室编:《山东党的革命历史文献选编》(第一卷),山东人民出版社2015年版,第466、467页。
② 同上书,第467、468页。

6月9日,增设农矿厅。6月18日,增设工商厅。

1929年1月,国民政府在南京召开编遣会议,蒋介石与冯玉祥发生矛盾。3月,"济案协定"①签署后,蒋介石阻挠冯玉祥部属孙良诚接收济南,蒋、冯矛盾由此加深。为实施反蒋计划,孙良诚遵照冯玉祥令,于4月27日率部撤离山东。5月18日,国民政府改组山东省政府。省政府机构仍设秘书处、民政厅、财政厅、建设厅、教育厅、农矿厅、工商厅。省政府各机关进驻省会济南,驻院前街珍珠泉旧督办公署。

1930年5月,蒋、冯、阎中原大战爆发,阎锡山所属晋军从河北向山东推进,省政府人员逃往青岛。6月25日,晋军占领济南,并组织阎氏山东省政府。8月10日,晋军在山东全线崩溃,8月15日,叛冯投蒋的韩复榘同蒋军李抱玉部将晋军逐出济南,原省政府人员返回济南。9月5日,国民政府国务会议决定改组山东省政府,韩复榘任省政府主席。省政府下设秘书处、民政厅、财政厅、建设厅、教育厅、农矿厅、工商厅(虚设)。按1931年《山东省政府组织法》规定,民政厅主管十项业务:(1)县、市行政管理的提请任免事项;(2)县、市所属地方自治及经费事项;(3)警察及保卫事项;(4)卫生行政事项;(5)选举事项;(6)赈灾及其他社会救济事项;(7)劳资及佃业争议事项;(8)礼俗宗教事项;(9)禁烟事项;(10)土地测丈征收和其他土地行政等事项。此后省政府对直属机构进行了部分调整,至1938年12月,省政府共计十名委员,机构设置有秘书处、民政厅、财政厅、建设厅、教育厅、汽车路局。

抗日战争爆发后,日军沿津浦路侵犯山东。1937年11月,韩复榘为保存实力即行撤退,命令军政机关南移。12月24日,韩复榘撤离济南,经泰安、兖州、济宁,退至曹县。济南于12月27日沦陷。1938年1月11日,蒋介石在开封召开北方将领会议,以"不遵命令,擅自撤退"等罪名,

---

① 1928年5月3日"济南惨案"发生,1929年3月18日日军同国民党当局经谈判签署关于济案问题的协定。

143

将韩复榘逮捕。1月23日,国民政府免除韩复榘本兼各职,在汉口将其秘密处死;同时,改组山东省政府,沈鸿烈任省政府主席。省政府下设秘书处、民政厅、财政厅、建设厅、教育厅、保安处。省政府驻地因日军"扫荡"而辗转迁移,先后驻曹县、东阿、惠民、沂水东里店、临朐八区寥子村、蒙阴八区唐家沙沟和临朐八区吕匣店子等地。

1942年1月9日,国民政府免去沈鸿烈省政府主席职务,任命鲁苏战区总司令于学忠部五十一军军长牟中珩为山东省政府主席。省政府驻地由临朐吕匣店子迁至该村以南的栗行村。省政府下设秘书处、民政厅、财政厅、建设厅、教育厅、保安处,原粮食管理处并入财政厅。1943年6月,蒋介石电令于学忠率军撤往皖北。7月5日,于学忠率部南移,牟中珩率省政府人员随于学忠部出鲁,9月5日到达安徽阜阳,驻三塔集、赵栅一带村寨。阜阳距山东遥遥600里,国民党山东省政府实际上已失去了对山东的控制。

1944年12月,国民政府改组山东省政府。何思源任省政府主席,省政府机构设置未做变动,省政府驻地仍在安徽阜阳。1945年2月20日,何思源按战时体制对省政府机构进行改组,将民政厅、建设厅、教育厅合并为总务厅,保安处改为军事厅,秘书处、财政厅合并为政务厅。6月,省政府主席何思源率省政府部分人员到达山东寿光张景月部驻地。8月,成立了山东省设计考核委员会和省政府调查室。抗日战争胜利后,国民党山东省政府各机关于1945年9月1日进入济南。9月22日,接收伪山东省政府各机关,并开始办公。山东省政府驻地设在城内原伪省长公署院内。

国民党山东省政府进驻济南后,即新建和恢复了一些行政机构。1946年1月1日,省政府撤销政务厅、军事厅、总务厅,恢复秘书处、民政厅、财政厅、建设厅、教育厅、保安处建制。根据《山东省政府合署办公施行细则》规定,民政厅的任务在原有的基础上,又增加了地方行政区域划分、区县市行政人员训练、人民诉愿、行政诉讼事项、编组保甲、民众自卫、兵役、优待"出征抗敌"家属、禁毒、查禁通缉和仓储、户籍管理、国籍变更、外国侨民居留、公益及慈善团体之指导监督、人民团体之管理、社会服务、社会福利和社会保险等事项。同日,设立山东省抗战烈士抚恤委员会,1月5日改称山东省抗战烈士遗族抚恤委员会。8月13日,成立警务处。9月1日,成立卫生处。

1946年10月22日,南京国民政府改组山东省政府,王耀武任省政府主席。截至1948年8月,山东省政府直属机构共计23个,即秘书处、民政厅、财政厅、建设厅、教育厅、保安处、设计考核委员会、调查室、公路局、水利局、警务处、地政局、总务处、人事处、会计处、电话管理处、田赋粮食管理处、农林处、合作事业管理处、卫生处、社会处、抚恤救济委员会、省银行。

1948年9月,中国人民解放军解放济南,王耀武化装潜逃,在寿光被俘。同年12月30日,国民政府任命秦德纯为山东省政府主席,1949年2月2日兼任青岛市市长,并在上海明园路设立山东省政府临时办公处。3月中旬,秦德纯在青岛就职。4月23日,中国人民解放军占领南京,国民党统治宣告垮台。8月,秦德纯经广州逃往台湾,国民党山东省政府至此结束。[1]

南京国民政府对济南的统治始自1929年中日两国解决"济案"的协定签订后。暂驻泰安的国民党山东省政府主席孙良诚于该年4月9日任命凌勉之为济南市市长,准备进驻济南,旋因与南京中央政府发生龃龉,凌勉之未及组织市政府,便随孙良诚进入河南。5月上旬,国民党政府军队接防济南,山东省政府由泰安迁驻济南,筹划设立济南市。5月16日,阮肇昌奉国民政府接收胶济特派员陈调元令,以济南市市长名义接收山东省会市政厅,着手组建市政府。6月5日,新任省政府主席陈调

---

[1] 参见山东省地方史志编纂委员会编《山东省志·政权志》(上册),山东人民出版社1995年版,第289—296页。

元正式任命阮肇昌为济南市市长；7月1日，市政府成立，暂以省城城厢内外原警察局保安巡警区域为行政管辖区域。

济南市政府直隶于山东省政府，综理全市行政事务。设市长一人，主管全市政务；参事二人，辅助市长，负责法令起草、审议及规划市政设计之事项。市政府下辖秘书处和财政、社会、工务、公安四局。市政府决策采用市政会议制，市政会议由市长、参事、秘书长、各局局长参加，以市长为会议主席，每周举行一次或由市长临时召集，就重大事项进行议决。各处局职责如下：秘书处，管理印信及档案，办理文牍、统计、会计、收发、庶务，以及机要和其他不属于各局之事项。财政局，主管市场金融，市内公产，办理公债、税收、捐纳事项，编制总预决算，兼房地产管理。社会局，负责农、工、商业的管理，处理劳资纠纷，主管公益、慈善、救济事业，管理社会团体及公共娱乐场所，兼理教育文化事项。工务局，负责工程建筑、公用事业、规划测绘等。公安局，负责户籍、交通管理、消防、治安、缉捕等，兼理卫生事项。

1930年9月初，新任省主席韩复榘任命其部下陈维新为济南市市长。1931年1月6日，韩复榘以济南市政府焚烧毒品误烧炸药，致公务员多人死伤，且办理市政以来毫无建树等为由，下令免去陈维新市长职，并取消市政府，市属各局归省政府有关各厅直辖。14日又下令裁撤济南市社会局，局内职员一律遣散，原有社会行政事务归省民政厅办理。23日令市公安局改称山东省会公安局。3月5日，在中央政府诘问下，韩复榘又恢复济南市政府，任命闻承烈为市长。次日，市政府重建。市教育局、财政局、工务局自3月13日起仍划归市政府管辖，省会公安局亦于4月14日复称市公安局，归还市政府建制。同月，市政府秘书处内添设社会股和卫生股，对全市社会、卫生行政行监督之责。1937年2月1日，市公安局遵部令改称山东省会警察局，脱离市政府建制，归省民政厅管辖。1937年5月济南市政府行政管理体系情况见下表（表4-1）。

第四章 南京国民政府时期中央和地方政府对山东城市下层社会的社会调控

表4-1 济南市政府组织系统图（1937年5月）

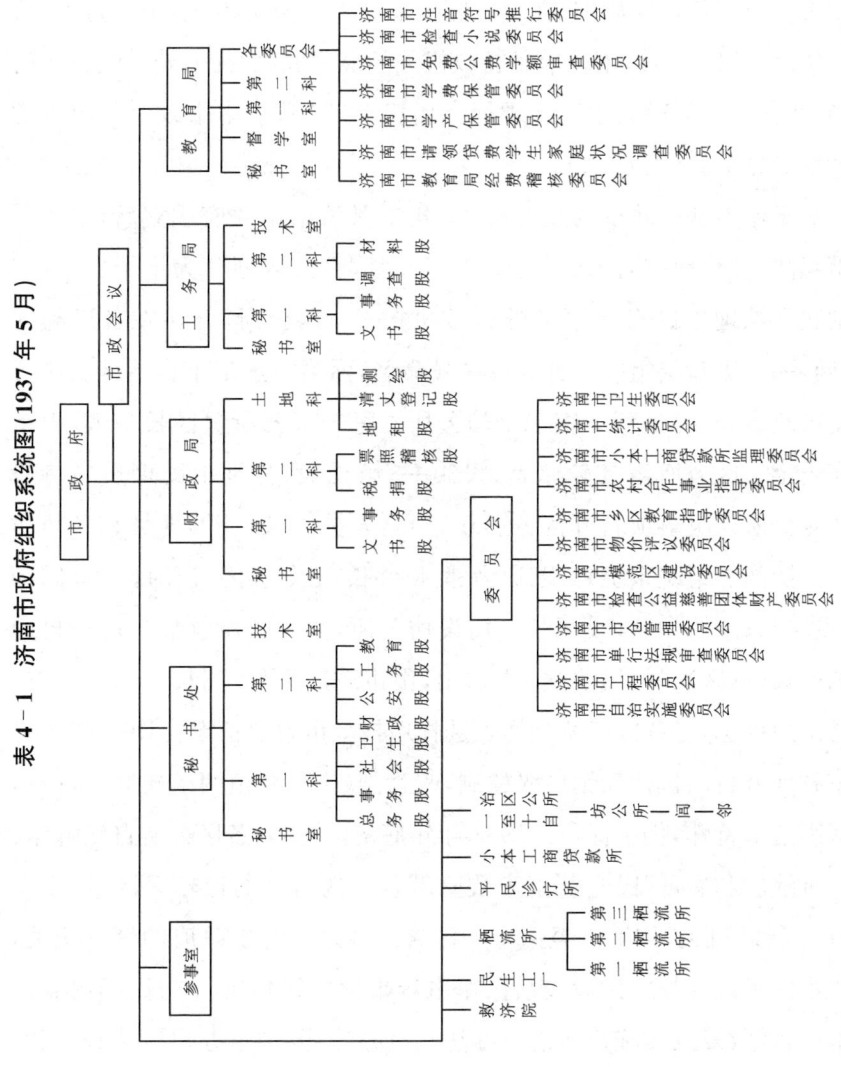

资料来源：济南市史志编纂委员会编：《济南市志》第五册，中华书局1997年版，第45页。

147

1937年12月济南沦陷前夕,市政府撤出济南,后停止活动。

1945年1月,重建济南市政府,但机构不健全,且未进驻济南。8月15日,日本政府宣布无条件投降,国民党山东省政府即于当日委任张金铭为济南市市长。嗣后,张在日军庇护下进入济南市市区,于8月22日接管伪市政府。9月,市政府各行政机关相继落成,设秘书处、社会局、财政局、教育局、工务局、水道管理处。1947年12月济南市政府行政管理体系情况见下表(表4-2)。

对于城市基层政权的建设,1929年7月济南市政府成立后,依照县市组织法,推行地方自治。至1931年5月,将市域划分为十个自治区,分别建立综理本区自治事务的行政机构——区公所,开始在各区组建坊、间、邻三级基层组织。各区以序号命名,称第一至第十自治区。区公所受市政府领导,分别下辖十个坊公所。每个区公所置区长一人,由市政府委定。区公所事务较繁者,设第一、第二股,分别由助理员主持股务。区公所议决事项召开区务会议,出席人员为区长、助理员和各坊坊长。区坊间邻组织系统是:五户为邻,设邻长;五邻为间,设间长;20间为坊,设坊长;十坊为区,设区长。坊设坊公所,受区公所领导。坊长自旧有的街长(城区)、村长(乡区)中选出,由市政府委任;间长由邻长推选,邻长由户推选,经各区长协同坊长选择后报呈市政府备案。1934年6月山东省地方自治机构撤销区级建制,改为县(市)、乡镇两级建制,济南市各区因情形特殊,仍予保留。1937年年底济南沦陷,各区公所自然解体。

抗战胜利后,国民党济南市政府沿袭日伪时期的市辖区区域,设立11个区行政机关,称第一至第十一区署。各区署为市政府的辅助机关,负责本区民政、财政、建设、教育、军事等事项。1945年10月,国民党内政部公布《收复区实施户口清查办法》。《办法》要求举办户口清查,同时整顿保甲。根据南京国民政府行政院公布的《户籍法实施细则》,省政府制订了《山东省各县调查户口编组保甲施行细则》,进一步推行编组保甲制度。保甲编制以户为单位,城市以10—30户为甲,10—30甲为保。在

第四章 南京国民政府时期中央和地方政府对山东城市下层社会的社会调控

表4-2 济南市政府组织系统图(1947年12月)

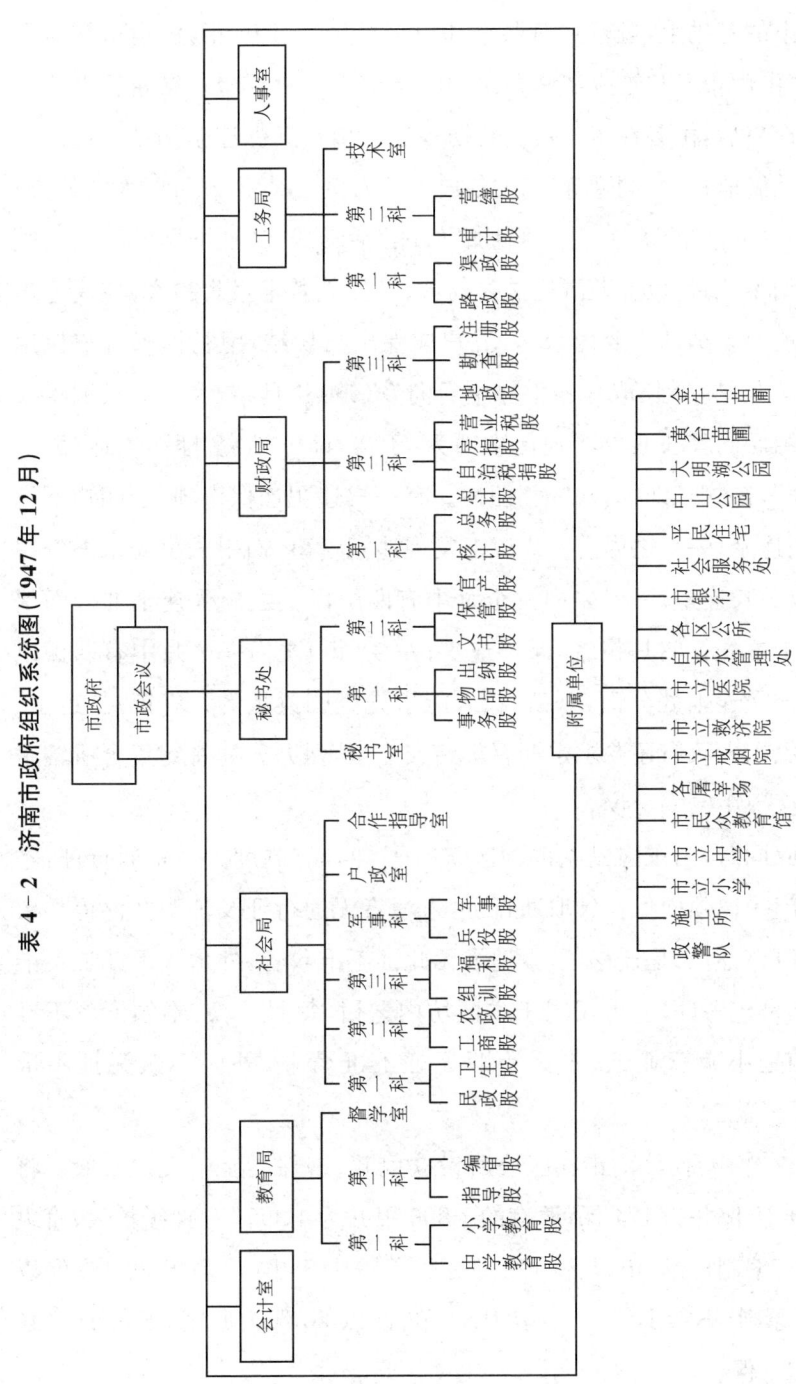

资料来源:济南市史志编纂委员会编:《济南市志》第五册,中华书局1997年版,第46页。

编组保甲的基础上,进行户口调查和户籍登记。1946年,济南市政府先后制定《济南市五户连坐实施办法》和《济南市五户连坐切结暂行办法》。在清查户口后,由各保甲长负责督饬各住户出具互保连坐切结。连保各户互相劝勉监视,共同遵守:(1)各户出入人口;(2)形迹可疑人的侦查;(3)对于"匪患"的防范等。对参加"奸匪"活动或有"通匪"情形者、秘密组织意图不轨者,以及藏匿枪械弹药者,互保人若不报告检举,应受连坐处分。连保切结的主要内容是:五户连保出具切结,甲长取得各户保结后向保长具结,保长取得各甲保结后向乡(镇)长具结,乡(镇)长取得各保长保结后向县长具结。连保事项为:不当"匪",不窝"匪",不通"匪",不济"匪",知"匪"即报,知"匪"即捕。有一户违犯连保事项,余四户不举发,皆当连坐;一甲之内有一户以上发现违犯情事,而甲长事先未能查明具报者,甲长连坐;一保之内一个月中有两甲以上之户受连坐处分而保长未能于事先查明具报者,保长连坐;一乡(镇)之内一个月中有四保以上的保长受连坐处分而乡(镇)长未能事先查明具报的,乡(镇)长连坐。国民党山东省政府还要求定期召集治安汇报,保办公处每旬集合所辖甲长开一次保甲治安会议。

与此同时,山东国民党占领区实行了"四证"制度。一是通行证,本地人出门一律须向保长领取通行证,入境者无通行证及证明文件得扣留报请政府核办;二是迁移证,本地人无此证不准收容,外地人无此证不准入境;三是乞丐证,乞丐仅限于本区坊内乞讨,每月一换,不领证者不准乞讨;四是小贩营业证,本区小贩无证不准营业,外区小贩无证不准入境。

1947年1月,济南市在区公所设立民政、警保、经济、文化四股。将原有的624保并为174保,原有的7 860甲并为4 399甲,保级扩大,直隶于区。其编制标准,甲以20户为原则,不得少于10户多于30户;保以20甲为原则,不得少于10甲多于30甲;区以20保为原则,不得少于10保多于30保。

1948年济南解放前,济南市又制定《济南市非常时期户口管理制度及惩罚暂行办法》,规定:凡旅居济南市的居民,均应向该管区保甲长转行警察机关申请登记呈报户口;凡来历身份不明者,各商号、住户不得留宿,否则以窝"匪"论,其五家连保亦视情节予以连坐处分。1948年9月济南解放,各区公所解体。

南京国民政府于1929年4月15日接管青岛,开始设青岛接收专员公署,直隶行政院,负责接收青岛的一切行政事务。因接收专员公署系一过渡性的机关,故其行政组织机构的设置,仍沿袭旧制。同年4月20日,南京国民政府确定青岛为特别市,与省平行。7月2日,青岛特别市政府正式宣告成立,直隶行政院管辖,青岛接收专员公署随之撤销。按照《特别市组织法》之规定,青岛特别市的行政机构设置为:秘书处、财政局、土地局、社会局、工务局、公安局、卫生局、教育局、港务局、公用局及观象台。1930年3月,裁撤土地、公用、卫生三局。

1930年9月15日,南京国民政府颁令废止《特别市组织法》,青岛特别市政府改称为青岛市政府,仍直隶于行政院。改制后的青岛市政府的行政机构有:秘书处、社会局、公安局、财政局、工务局、教育局、港务局、观象台、农林事务所。

1931年2月,青岛市政府机构增设购办委员会、地方自治筹办委员会,并相继组建市区和乡区各建设办事处。1932年6月,成立青岛保安团总团部。1936年6月将公安局改称警察局;8月,增设保安处,负责联络军、地武装事宜。1937年抗日战争爆发后,市长沈鸿烈于12月27日率市政府机构和军政官员撤离青岛。1938年1月,沈鸿烈任山东省政府主席并兼任青岛市市长。青岛市的政务,改由山东省政府兼理。

1941年1月,南京国民政府在海阳县朱吴镇成立青岛市政府办事处。办事处设置秘书室和一、二、三、四科,分掌总务、民政、财政、教育、军事等事务。市政府办事处后又辗转青岛、即墨交界一带。1943年3月1日,青岛市政府奉令在崂山华严寺恢复,原市政府办事处即行撤销。

1945年8月日本宣布投降后,青岛市政府在崂山成立"青岛市接收委员会",并于9月13日率保安总队进入青岛市区,17日正式接收青岛行政及日伪各机关。

至1947年5月24日,经南京国民政府核准,青岛市政府所属机构设置为:秘书处、会计处、统计处、人事处、新闻处、民政局、财政局、教育局、社会局、地政局、卫生局、工务局、港务局、警察局及观象台、自来水厂、农林事务所。

1948年8月,青岛市政府奉命简化机构,裁撤新闻处及民政、卫生、地政三局。此后青岛的行政机构,再无大的变动,直至1949年6月2日青岛解放。

抗日战争前青岛市区的基层组织实行区坊间邻制。1929年4月,南京国民政府接管青岛,确定青岛为特别市,市划为区坊间邻。一般五户为邻,五邻为间,20间为坊,十坊为区。1932年1月23日,青岛市地方自治筹办委员会正式成立。委员会专职执掌自治事务之推行、区域之划分及区坊间邻之编配等事项。至1933年3月,青岛市建立12个自治区,区置区公所筹备处。自治区以所辖户数多少分为甲乙丙三等,设有甲等区五个、乙等区三个、丙等区四个。是年6月,将全市划为220坊,计市区52坊、乡区168坊。7月,各区成立区公所。1934年9月,取消区的编制,裁撤区公所,将原有编制人员合并为各乡区建设办事处及市区联合办事处。1936年年初,青岛市区开始筹办编制间邻,按居住区实行编组。以户为单位,设户长;五户编为一邻,设邻长;十邻编为一间,设间长。是年,间邻编组结束后,调整坊的范围,市区划为54坊。

抗日战争胜利后,南京国民政府再次接管青岛。为加强对城市下层社会的社会调控,1945年12月至1946年3月19日,青岛市当局对保甲制度进行了整顿,全市122 908户,编为327保、6 873甲,保成立保办公处。1947年5月15—23日,重新整编保甲,除将各区按户查编外,将台西区300余棚户编为一个临时保,四沧区中纺各厂宿舍编为9个特别保,崂东区原 30 保缩编为 11 保,全市共编 319 保、6 574 甲。保甲整编后,将各保以所辖户数多寡划为甲、乙、丙三个等级,500 户以上者为甲等保,500 户以下 200 户以上者为乙等保,200 户以下者为丙等保。同时实施连保切结,其主要内容为:五户连保出具切结,甲长取得各户保结后向保长具结,保长取得各甲保结后向乡(镇)长具结,乡(镇)长取得各保长保结后向县(区)长具结。有一户违犯连保事项,余四户不举发,皆当连坐;一甲之内有一户以上发现违犯事项,而甲长事先未查明举报者,甲长连坐;一保之内一个月中有两甲以上之户受连坐处分,而保长未能事先查明举报者,保长连坐。

1948 年,山东省大部分地区被中国人民解放军解放,各县市逃到青岛的"难民"骤然增加,仅 8 月份就有 67 922 人。其中,市区 42 411 人,主要聚集在台西区四川路、滋阳路、巨野路、西藏路一带。市政当局为严密查编"难民"户口,将各收容所编为临时保,共编临时保 25 个、甲 552 个,另编组台东区天门路"难民"临时甲 41 个。临时保编组规定不少于 10 甲,不多于 30 甲。青岛解放前夕,全市共编组 340 保、7 380 甲。

南京国民政府时期的烟台行政管理机构,最初为 1934 年 1 月韩复榘督鲁时设置的鲁东区行政督察专员公署和烟台特别行政督察专员公署。当时鲁东区行政督察专员公署未有工作机构,系虚设的一级政府机构,实际各县仍直属省政府。1947 年 10 月,国民党军队占领烟台,成立烟台市政府,内设第一、二、三、四、五、六科和秘书室、合作指导室、人事室、税捐稽征处、码头管理处和自卫队,直辖警察局,下辖六个区公所。1948 年 10 月均解体。

南京国民政府统治时期,山东省的统治者继续完善和加强行政管理体系,进一步强化了对城市下层社会的社会调控。如,南京国民政府接收青岛后,青岛当局先后制定和颁布文告、规定,维持其在城市中的统治秩序。1929 年 6 月 29 日,青岛特别市宪兵司令吴思豫发布文告:"在鲁省时局未定以前,开会游行一律禁止。至于组织工会,应候特别市党部计划整理。自示之后,倘仍执迷不悟,则本司令当行使职权,依法纠办,决不宽待。"1929年12月,青岛特别市市长马福祥威胁工人"安心工作,不得越轨",杀气腾腾地强调,"鄙人为维持地方安宁,决不稍存姑息,定依法惩办捣乱分子,务必驱除净尽"。1930年3月11日,市长葛敬恩宣布:"工人不得怠工,务须努力工作,不良工人,决按法律惩办。"1931年12月26日,市长沈鸿烈按照蒋介石"转饬学生救国团,各尽其责,勿越法规"的电令,派军警阻挠学生在工人中宣传"抗日救国"。沈鸿烈迫使学校推行"学分淘汰制",限制和约束学生,并开除进步学生。

1929年7月,青岛日商大康、内外棉、隆兴、钟渊、富士、宝来六大纱厂,以及铃木丝厂和华祥、山东两个火柴厂的工人举行反日大罢工。日商青岛火柴厂、和田和滨恒木厂、英商大英烟厂、祥泰木厂、峰村油坊的工人也进行了罢工和斗争。参加罢工的总人数达2.4万人,时间长达四个月之久。8月7日,日本驻青总领事藤田荣介向市长吴思豫提出抗议,并以"工潮若不息,将派海军上陆"相威胁。吴思豫当即急电南京政府,并于当晚邀请党政军警首脑商定出镇压工潮的五项办法。随后吴思豫实施全市户口大检查,进行搜捕,被捕者近百人。8月19日,宪兵队又以共产党嫌疑为名,捕去大康纱厂工人代表。至9月,青岛市政府将失业工人驱赶回原籍。11月下旬,大康、钟渊纱厂罢工工人同日商厂主展开反强行复工的斗争。11月23日,市长马祥福勾结日本领事签署了《日商九厂复工之办法》,开除工人250名。11月27日,马祥福带领一个混成团的兵力,并派出大批警察、保安队和海军陆战队500人到日商各工厂强迫工人复工。

1936年11月19日,日商大康、内外棉、瑞丰染厂等工厂约3万工人举行反日大罢工。11月21日,市长沈鸿烈布置公安局采取镇压措施,并下令中国海军陆战队登陆,担任日商工厂所在地的警戒任务。12月1日,沈鸿烈还贴出布告宣布解决工潮的四条办法,告诫工人"务必恪守秩序,安心工作,不得有罢工、怠工事情,尤不得有秘密集会、结社及一切越轨行为,倘敢故违,决不宽待"。沈鸿烈亲自出马到四方、沧口督饬工人复工;公安局局长、社会局局长在大批军警护卫下,奔走往返各日商工厂连晓谕带威胁,逮捕工人150多名。12月3日,日本海军联合陆战队755人在青岛登陆,并从中国军队手中接管了日商工厂的警戒。8日,日商各厂宣布开除工人531名。10日,日本人向沈鸿烈提出开业的七项条件,沈鸿烈根据日本人的要求,做出了六项复工决定。沈鸿烈还把保安队和中国海军陆战队,以及从威海调来的海军教导队部署在四方、沧口日商工厂区域监督、监视工人,各厂工人被迫复工。

南京国民政府时期,随着社会风俗改革运动的开展,政府废娼力度加大,对妓院、妓女加重征税以限制其发展。1931年,山东省政府秘书处赵子贞、宋匪卿二人将《救济妓女意见书》呈送省政府主席批准。该报告得到山东省政府主席韩复榘批准后,以济南为试点,在全省范围内开始了一场废娼和救济妓女的运动。济南市政府为加强对妓女的管理,采取了一定的措施。为分良莠起见,济南市政府要求"凡妓女出外,必悬市政府制定的铜徽以资标识。并设有检验所,每月举行检验一次,病者迫其休养,须照章勒令停止营业,饬赴医院治疗,以免传染病菌而防流毒社会"。"未经领照纳捐之乐户与妓女一概不准营业。妓女不满十六岁者,不准登记。怀孕者不准留髡。妓女每月检验亦按等级收费,丁等免收费用"。① 青岛市政府也相应地制定了管理娼妓规则:"娼妓(一)不准诳骗客人出不当花费。(二)不准接待身着制服之学生及未成年之幼童。(三)不准容留客人聚赌吸烟及其他违法事项。(四)怀孕已足三个月者,不准留客。(五)身染传染病及花柳病者,不准留客。凡违上列各条之一者,比照轻重,分别处罚。娼妓因下列各事,得报告警所办理。(一)不愿为娼,或自愿从良。(二)娼妓自置或客人赠与之物,为鸨母占取。(三)搭住之娼妓,自愿另换乐户,而为原班乐户所阻止。(四)受乐

---

① 罗腾霄编:《济南大观》,济南大观社1934年版,第389页。

户虐待压迫,不堪忍受。"①从这一规则看,当时的政府对娼妓业仍持允许存在的态度,但对妓女自身的权益也采取了一定的保护措施,在一定程度上又限制了娼妓业的发展。

第二节 社会调控机构——军队、警察与特务

一、军队

国民党的最高军事统率机关是南京国民政府军事委员会,1925年成立于广州,后随国民政府迁至南京。1928年11月至1932年年初,军事委员会一度被裁撤,"一·二八"事变后重新成立,并改主席制为委员长制,蒋介石任委员长。"七七事变"后,蒋介石将军事委员会与军政部、海军部及直隶于国民政府的军令部、训练总监部等合并组成大本营,以统率全国军队。不久又将大本营改称军事委员会,蒋仍以委员长名义行使统率权。1946年3月,国民政府撤销军事委员会,成立国防部,以负责军事政策及行政责任。各省的军事组织为保安处(后称保安司令部),统辖保安团队,维持地方治安。

南京国民政府的军队编制和数量,在不同时期也颇不相同。1932年6月国民政府军事委员会颁发陆军师暂行编制表,统一编制。全国陆军编为48个军,每军两个师,共96师。各军长直隶军政部,各师长对军长负责,军长不得兼任师长。师下为旅、团、营、连、排、班。抗日战争爆发后,国民政府在军事委员会下设立战区,以指挥一个战略方向和有关省区的作战。战区下依次为集团军,第一线军、师,在各大中城市则设有警备(或卫戍)司令部、防空司令部等。抗战胜利后,国民政府调整了以前设置的战区指挥机构,先后设立了东北、北平、武汉、广州行营,重庆行辕

---

① 魏镜编:《青岛指南》,平原书局1933年版,第389页。

和徐州、郑州、衢州绥靖公署以及第二战区长官司令部。全面内战开始后，国民政府军事统帅部依据战局的变化，不断调整各大战区的组织指挥机构。国民政府军队陆、海、空三军军衔制度，沿袭北洋军阀时期的三等九级制，另增加准尉一级，介于军士与军官之间。1935年增加特级上将，以突出蒋介石。

在山东，孙良诚主鲁期间驻军复杂且调动频繁，有孙良诚的第一方面军、有接受改编的张宗昌的直鲁联军残部、有蒋介石的嫡系刘峙和方振武等部、有唐生智的第五路军的大部，还有驻扎济南及胶济沿线的日军。

孙良诚的第一方面军主要驻扎在德州至兖州段津浦路沿线及其以西地区。张宗昌退出山东后，其留在山东的残部大都退往胶东，各军公推刘志陆为胶东防守司令，分驻坊子、潍县、烟台等地。不久，刘志陆、顾震部先后投归蒋介石。1928年9月1日，胶东方永昌部旅长刘珍年突然倒戈投蒋，率部进抵烟台。刘珍年部归顺后，该部被编为暂编第一军，驻掖县、平度、黄县、蓬莱、烟台等地。

1929年2月，张宗昌将其在天津、大连的旧部会拢胶东，并联络原在胶东的旧部及土匪杂牌军组成联合军，号称十万，张宗昌任统帅，向驻在烟台的刘珍年部发动进攻，刘珍年部3月26日被迫退守牟平。4月，刘珍年在杨虎城、任应岐以及倒戈投向国民革命军的孙殿英等部的策应下，大败围攻牟平的褚玉璞部，张宗昌军分崩离析。胶东遂为刘珍年部所独占。不久该部被改编为第二十一师。

孙良诚辞职后，陈调元被任命为接受胶济路特派员，不久便被任命为山东省主席。1929年5月，陈调元率第二十六军开赴山东，所辖第四十七师范熙绩部接收济南。同时开赴山东的还有吴思豫率领的两团宪兵，负责接收胶济路并担任济南、青岛的治安。杨虎城部则接收淄博。

1930年5月中原大战爆发，山东是双方作战的主要战场。晋军主要是第四路军和第二路军及投靠阎方的石友三部。韩复榘任蒋介石方面的第一军团总指挥。9月，中原大战结束，韩复榘被任命为山东省政府主席。从此,山东进入韩复榘主政时期。

韩复榘的第三路军初到山东时,只有三个师和一个手枪旅。经过中原大战,兵力消耗很大,战后全军兵力不足2万。① 1931年1月13日,中共山东省临委组织部长汪秋实给中央的工作报告大纲中,描述了当时山东军队驻扎情形:韩复榘军队在津浦线泰安、德州一带,德州北为东北入关二军,鲁西为孙连仲、石友三部,鲁南为王均、马鸿奎部,烟台为刘珍年部,潍县一带为展书堂部。在这种混乱局面下,军队经常直接被用来对城市下层社会的镇压管理,在济南、青岛执行严重的白色恐怖。青岛工人区的检查增驻军队,一月要查四五次户口,禁止工人集会罢工,大批拘捕工人(钟渊、银月等厂均捕有百余人),厂内禁止工人谈话,设置密探,收买自首分子,抓C.P.(最近又抓了一次,但名单是伪造的)。在济南,派军队驻扎鲁丰纱厂,压迫失业与在业工人斗争,利用生产合理化开除大批革命工人(约八百余人)。② 1931年12月,津浦铁路工人大罢工。次年1月中旬,为了声援被路局扣押的请愿代表,津浦铁路济南机厂工人夺车南下,但在途中遭韩复榘派出的军队拦截,被强行押回济南。③

中原大战结束后,南京国民政府对各军进行整编,到1931年2月,韩复榘所部基本缩编完成。缩编后,韩复榘第三路军计有两个甲种师、一个乙种师、一个丙种师、一个手枪旅和三个炮兵团,全军4万余人。④ 1931年9月,石友三反蒋倒张兵败后,其残部被韩复榘收编为一旅。这时蒋介石又允许韩复榘恢复第七十三师,不久该师改称第二十一师。这样韩军成为五师另一个旅的编制,见下表(表4-3)。从这时起一直到抗战爆发,这个编制基本上没有变化。

---

① 纪慧亭:《韩复榘主鲁政闻》,《文史资料选辑》第十四辑,山东人民出版社1983年版,第162页。
② 常连霆主编,中共山东省委党史研究室编,《山东党的革命历史文献选编》(第二卷),山东人民出版社2015版,第201—202页。
③ 张登德:《山东交通史》,山东人民出版社2018版,第441页。
④ 吕伟俊:《韩复榘》,山东人民出版社1997年版,第133页。

表 4-3　国民革命军第三路军建制序列

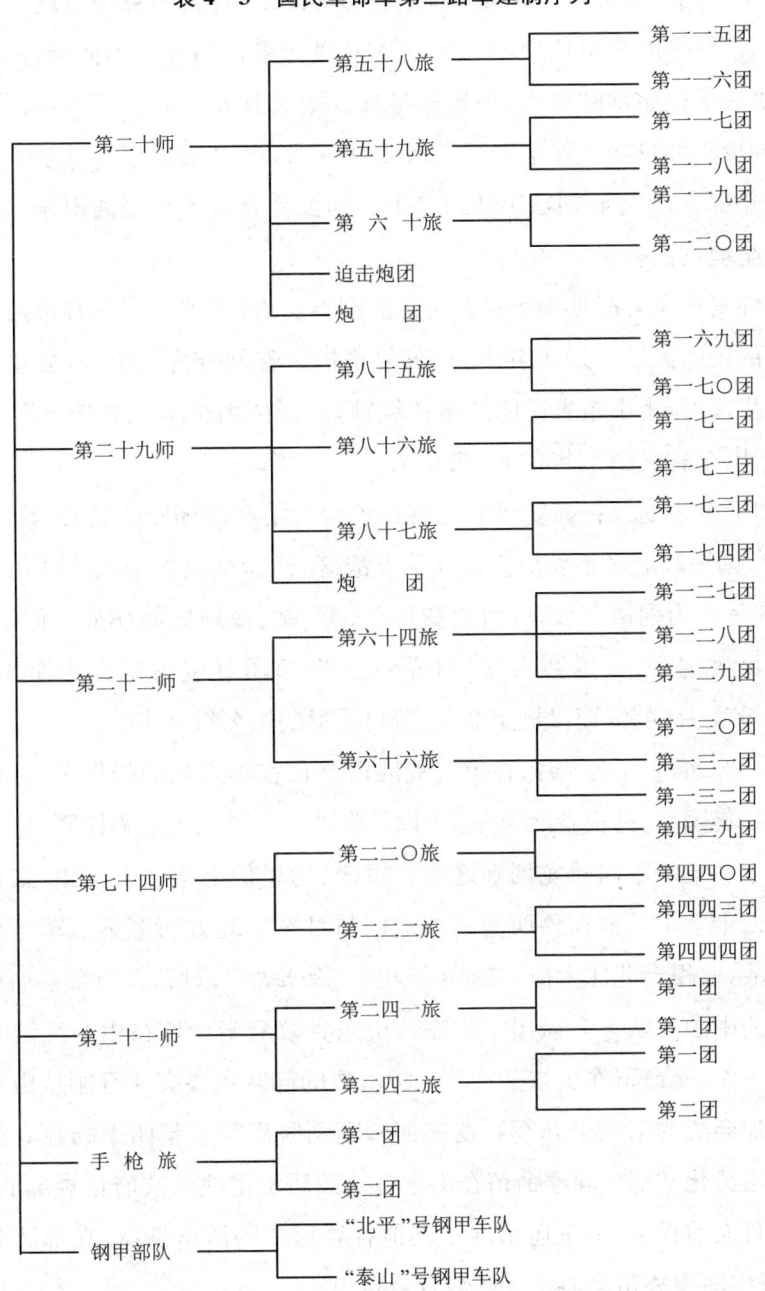

资料来源:济南市史志编纂委员会编:《济南市志》第五册,中华书局 1997 年版,第 562 页。

第三路军各部分驻山东各地,主要是在津浦路、胶济路沿线的重要城镇,部队平时战事较少,主要任务是剿匪。各部防地并不固定,经常调换,唯有手枪旅常驻济南,手枪旅是韩复榘及其省政府的警卫部队。另有,刘珍年部盘踞在胶东地区。1932年9月,韩复榘调集5万余人进攻刘珍年部。11月底刘珍年部第二十一师被蒋介石下令调离山东,至此,山东全境均由韩复榘管辖。

韩复榘主鲁时期为了扩充自己的军事实力,还编练了具有很强作战实力的民团武装。1930年9月,韩复榘把全省划分为五个区,成立五个民团指挥部,由山东省民团总指挥统辖,总指挥由他本人兼任。据1935年统计,全省民团军共有1.2万余人。

"七七事变"后,韩复榘第三路军扩编为第三集团军。1937年10月16日,国民政府军事委员会设立第五战区,任命李宗仁为该战区司令长官,韩复榘为副司令长官,负责指挥鲁、苏、皖、豫地区的作战。但是,韩复榘畏敌抗令,一退数百里,日军一个半师团就侵占了大半个山东。1938年1月,韩复榘以抗拒命令、擅自撤退的黑名被处决。

1938年1月至5月,在第五战区司令长官李宗仁的指挥下,孙连仲之第二集团军、孙桐萱之第三集团军、邓锡侯之第二十二集团军、廖磊之第二十一集团军以及龙炳勋之第三军团、汤恩伯之第二十军团、张自忠之第二十七军等部在鲁西南广大地区与日军华北方面军第二军等部展开激战,取得台儿庄大捷。1938年5月,徐州失守以后,在山东参加徐州会战的中国军队大多撤出了山东。山东省政府奉命留在山东继续开展抗日工作,奉命留在山东坚持敌后游击战的部队主要有4月刚从山西赶来参加会战的第六十九军石友三部和刚刚脱离第三集团军的独立第二十八旅吴化文部。除奉命留在山东坚持敌后游击战的政府正规部队外,在抗日大前提下,山东还出现了其他各种形式的游击部队,在部队名义上,首以军事委员会游击纵队最具号召力。

1938年12月,国民政府军事委员会决定成立鲁苏战区,任命转战于豫、皖、苏北等地的于学忠为鲁苏战区总司令,山东省政府主席、山东省保安司令沈鸿烈为副总司令。鲁苏战区成立后,于学忠和沈鸿烈商定对山东全境的游击队实行点验整编。1942年5月,在山东受国民党政府指挥的国民党军正规部队有:鲁苏战区总司令部直属第五十一军、新编第四师吴化文部、暂编第三十六师刘桂堂部和暂编第十二师赵保原部。1940年4月,属鲁苏战区指挥的山东游击部队有:第一纵队张里元部、第二纵队厉文礼部、第三纵队秦启荣部、第四纵队王尚志部。属山东省政府主席兼山东保安总司令牟中珩(1942年1月担任)统辖的保安部队到1942年年底计有:保安第一师,师长张里元(兼),驻防于省政府驻地周围;保安第二师,师长张步云,驻诸城、高密一带;保安第三师,师长张景月,驻寿光一带;保安第四师,师长刘景良。此外省府所属16个专区还有各自改编的保安旅、保安团或特务旅、特务团,总计四个保安师、35个保安旅、21个保安团。

1942年11月,南京国民政府军事委员会命令在安徽阜阳一带集结的第二十八集团军李仙洲部进入山东接替于学忠的防务,同时命令于学忠率第五十一军退出山东休整。李仙洲部遭到日伪军的猛烈阻击,损失惨重,由初期的2万多人减少到不足8 000人。1943年8月,李部不得不退出山东。

由于李仙洲部第二十八集团军入鲁的失败和于学忠所部第五十一军的撤出,鲁苏战区名存实亡。随鲁苏战区司令部一起撤到安徽阜阳的山东省政府对山东各地保安部队亦无法有效控制,许多保安部队相继投敌充当伪军,国民党控制的山东的军事实力遭到严重削弱。

1944年春,山东省政府主席兼山东保安司令牟中珩在阜阳组成山东挺进军总指挥部,牟中珩兼任总指挥,将山东的保安部队及游击部队改编为山东挺进军。但改编后不久,又有许多保安旅、团投敌,到抗战胜利前夕,六大军区约有3万余人公开投敌充当伪军。1944年夏,挺进军总指挥由第十战区副司令长官李延年继任。同年12月,何思源继任山东省政府主席。直至抗战胜利,南京国民政府在山东所辖的部队未发生很大的变化。

抗战胜利后,第十一战区副司令长官兼山东挺进军司令李延年于1945年10月率部进驻济南接受日军投降。在国民党军接收山东的过程中,原山东伪军约12万人大部被国民党军收编或改编为保安部队,担负各自驻地的治安与守备。①从日本投降至1946年春,山东地方保安部队计有:山东警备旅,驻济南;山东保安第一师,驻昌乐;山东保安第二师,驻禹城、高唐;山东保安第三师,驻济南、寿光。另外每个专区有一个保安团,每县有一个保安大队。1946年6月,蒋介石电令山东省准予保留16个保安团。8月,又指令保安团队拨归各行营及绥区。至12月时,调整确定为16个保安团,及烟威、特务、通讯三个大队和一个省警卫营。

1946年1月,第十一战区副司令长官部撤销,所属部队改归第二绥靖区管辖。第二绥靖区于1945年10月在武汉成立,司令王耀武。1946年1月从武汉移驻济南,隶属于徐州绥靖公署,辖区东至青岛,西至东平,南至大汶口,北至德州。1947年7月,改为东至潍河。抗战胜利后,国民党军队在山东境内除设有第二绥靖区外,还在韩庄设有第三绥靖区,隶属于徐州绥靖公署。在菏泽设有隶属于郑州绥靖公署的第四绥靖区。

1946年6月,国共内战再次爆发,山东成为交战的主要战场。国民党军队投入大量兵力先后发动鲁南战役、莱芜战役、孟良崮战役、胶东战役、济南战役等,均被人民解放军挫败。1948年9月24日,济南失守,第二绥靖区济南守军全军覆没。临沂的第九绥靖区以及驻菏泽、烟台等地的国民党军队也相继撤退,山东境内只剩下青岛及南部边沿少数据点为国民党军队控制。1949年6月,青岛及其附近的国民党军队第三十二军、第五十军以及第二〇四师等部,在第十一绥靖区司令官刘安祺的率

---

① 刘措宜:《抗战胜利后蒋介石收编伪军经过》,《文史资料选辑》第三十六辑,中国文史出版社1986年版,第156页。

领下撤出青岛。8月11日至20日,长山列岛也相继失守。至此,山东全境均为人民解放军所掌握。①

二、警察

南京国民政府的最高警察中枢机关是内政部警政司。它设科分职,主管警察制度的厘定,警察机关的设置区划,警察官吏的任免、晋升、教育训练、考核奖惩,以及违禁处罚、危险物取缔和非常警察事项等,拥有管理各种特种警察、外事警察、检查电影和出版物、新闻杂志登记以及编练保卫团、社会团体立案和"剿匪清乡"等职权。因此,其职责权限较之晚清民政部警政司和北洋军阀政府内务部警政司,都有明显的扩大。

南京国民政府的警察系统,也分首都警察和地方警察两种。首都警察厅系由原江苏省会警察厅改组而来,直隶内政部警政司,秉承内政部的指挥监督,处理首都警察事务,并在不抵触法令范围内,呈准内政部核准后,有权发布单行警察章程。抗日战争时期,国民政府迁都重庆,重庆警察局因此改为陪都警察厅。

南京国民政府地方上的最高警察机关为省警务处和省民政厅。省会警察局是省会警察事务的专管机关,它直隶于省警务处或民政厅,由局长综理局务,并指挥监督所属机关和职员。局内设总务、行政、司法等科和督察处。局下就所辖区域划分若干区,设置警察分局,分局下设警察分驻所和派出所。局下还编有保安队、侦缉队,以及消防、交通、水警等警察队和为训练警察用的警察训练所。市警察机关分别为行政院直辖市警察局和省政府直辖市警察局。它们分隶各该市政府,二者的组织机构略似省会警察局,内部设科分事,外部划区设立分局,同时也设有保安、侦缉、消防、交通、水上等警察队。各省在省会和市县以外的商埠或

---

① 参见《民国山东通志》编辑委员会编《民国山东通志》第一册《军警志》,[台湾]山东文献出版社2002年版。

其他工商业繁盛地区设立特种公安局。这些特种公安局直隶省警务处或民政厅,负责该管地区的治安、消防、卫生等事宜。①

山东省政府在泰安成立后,设有民政厅掌理全省警察与保安事项。1929年5月,日军撤离济南,不久,省政府由泰安迁回济南,全省警务仍属民政厅掌理,各级警察机构开始建立,在省会济南市设市公安局,在龙口、烟台设立特种公安局,在周村设公安分局,各县亦纷纷改设公安局,计各种警察机构7种103处。各级公安局受民政厅厅长统辖指挥,同时受各该地方最高行政长官指挥监督。局设局长、科长、科员和一、二、三等巡官、雇员等职。烟台特种公安局内部设有总务、行政、司法、卫生四科以及督察处,外部划全埠为5区,设5个分局,并设有保安队、侦察队、消防队及警士教练所。龙口特种公安局,局内设2科,局外设有2个分局。1933年,周村因商业繁盛,增设公安局。

韩复榘主鲁时期,各县警察机关日益紧缩而以民团代之,但与之相反,省会公安局无论是人员编制还是武装实力都较前有了很大扩充。山东省会公安局,其前身为1929年的济南市公安局,1931年1月改组为省会公安局,局内分设秘书处、督察处及总务、行政、司法、卫生四科,外部就管辖区域划分警区。1931年山东省会公安局机构设置情况见下表(表4-4)。

1932年,济南城内设三分局,城外设三分局,东北乡区、西南乡区及小清河各设一分局,计九个分局。到1936年时又增设商埠四分局,计13个分局。各分局之下酌设分驻所,各分局长警人数不一,一般150余人。此外设有保安队、特务队、消防队、侦缉队、清道队、乐队、教练所、查验所、拘留所、医务所、种痘所等直属机构。到1936年统计全局有官佐长警勤夫4 093人。省会公安局经费亦较充足,1936年全年经常费895 000余元,临时费56 600余元。

---

① 参见龚书铎总主编、朱汉国本卷主编《中国社会通史·民国卷》,山西教育出版社1996年版,第400—402页。

第四章　南京国民政府时期中央和地方政府对山东城市下层社会的社会调控

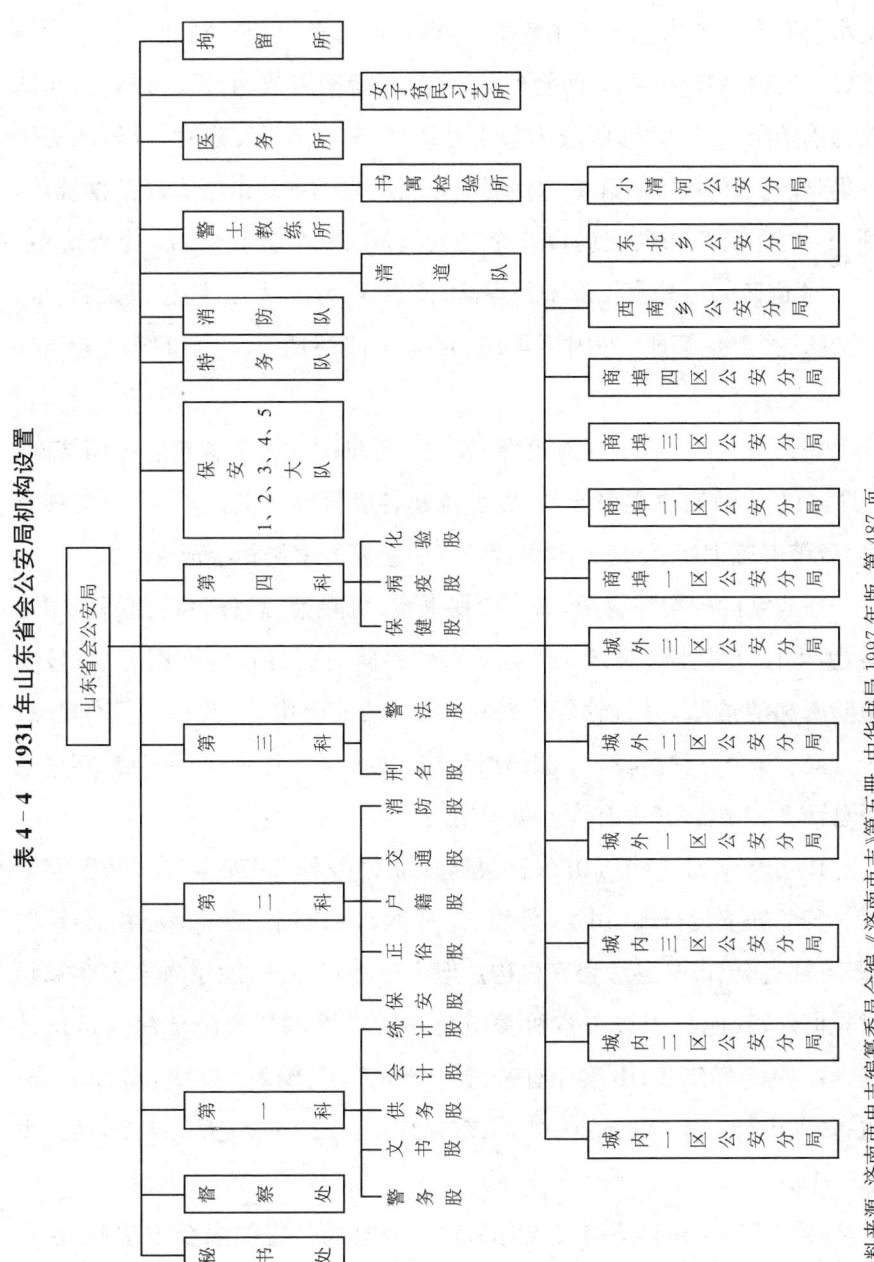

表 4-4　1931 年山东省会公安局机构设置

资料来源:济南市史志编纂委员会编:《济南市志》第五册,中华书局 1997 年版,第 487 页。

1929年4月15日,南京国民政府将胶澳商埠警察厅改组为青岛特别市公安局。局内组织亦稍有变更,即将原总务、行政、司法三科改为第一、二、三科及特务、勤务两警察处,原有各警察署改为公安分局,消防队改为消防组,巡警教练所改为警士教练所,原有侦察、差遣、音乐队等则一仍其旧。1930年5月青岛特别市公安局改称青岛市公安局。据统计,到1934年,青岛市公安局设6个公安分局、29个分驻所、75个派出所、12个巡逻区。另外直辖保安警察队、侦察队、特务队、讯鸽总所、消防组、清洁队、警士教练所、外国语学组、定澳靖澳巡船等。全市警察员额共2 246人。

　　1945年8月,日本战败投降,流亡安徽阜阳的山东省政府迁回济南。9月,山东省政府成立警务科,着手筹建各级警察机关。不久,省会警察局、省警察练训所、渤海水上警察及张店直属警察局相继成立。

　　新成立的省会警察局,其下设秘书室、督察处、总务科、行政科、司法科、卫生科、消防队(辖有3个分队)、侦察队、拘留所、警察医务所、妓女检验所和清道队,另直辖保安警察大队(辖9个中队)及城内城外等11个分局、39个分驻所、91个派出所。据1946年4月统计,省会警察局人数总计2 945名,其中有许多是留用的伪警。

　　1946年8月13日,山东省政府成立警务处,掌理全省水陆警察事务。警务处下设行政、司法、外事、总务四科和秘书、视察、人事、会计四室,下辖省会、市县各级警察机构。但由于经费短缺,除了省会警察局粗具规模外,其他县市级警察机关组建则较缓慢,据"全国警察人员统计表"载,1946年年底,山东计有警官1 256人,长警8 497人,总计9 753人;青岛市计有4 111人;另外,山东省有保安团16个,大队4个,通讯中队1个。[①]

　　1946年夏秋间,济南市政府和省会警察局公告加强全市防务,在市

————————
① 唐纵:《中国警政概况》,内政部警政总署1947年版,第54页。

区举办壮丁训练,凡年满 18—45 岁的男女市民一律受训,每期训练 1 个月,训练地点散布在各个公共场所及商埠各大马路两侧。初期教授军事基本动作,1 星期后隔天进行 1 小时的政治训练。从 1946 年秋到 1947 年秋,共训练男性市民 15 万余人,女性市民 5 万余人。同时,国民党山东军政当局还在济南等城市举办商团,编组义务警察,将传统的冬防加进了"防奸防谍"的内容,强迫市民拥蒋反共。这几千名"义务警士",在特务人员的胁迫下,协助警察局担任街道治安,不分昼夜轮流巡逻值班,监视市民的一举一动。

据 1947 年 12 月份统计,全省警察机构有:省警务处 1 个,省辖市警察局 2 个,省会警察局 1 个,水上警察局 1 个,县警察局 107 个,警察分局 11 个,警察所 98 个,分驻所 99 个,派出所 91 个。此外全省设有省保安警察大队 2 个、中队 8 个,县警察中队 131 个、分队 393 个,消防警察队 6 个,刑事警察队 17 个,特种警察队 13 个。① 另外,青岛市警察局设有分局 7 个,分驻所 36 个,水上警察局 1 个,派出所 70 个,警察大队 2 个,特务队 1 个,刑事警察队 1 个。② 1947 年 12 月山东省会警察局机构设置情况见下表(表 4-5)。

1948 年 5 月 1 日,山东省政府警务处与保安处合并成立警保处,掌理全省警察与保安事宜,按甲种编制,有职员 50 人,隶属于省保安司令部,处内设秘书、人事主任、会计主任、统计主任,处下辖六科,分办各项警政,以及省会警察局和烟台、威海卫两市警察局及各县警察局。由于此后山东大部分地区逐渐为人民解放军攻占或处于被围困状态,全省警政统计除省会警察局和青岛市警察局还有零星统计外,其他各地警政几乎陷入停顿状态。

1948 年 9 月,济南解放,国民党山东省政府瘫痪。1949 年 8 月,国

---

① 《中华年鉴》,中华年鉴社 1948 年版,第 595 页。
② "各省市警察机构概况表",中国第二历史档案馆档案,全宗号十二(2),卷号 638。

表 4-5 山东省会警察局机构设置（1947 年 12 月）

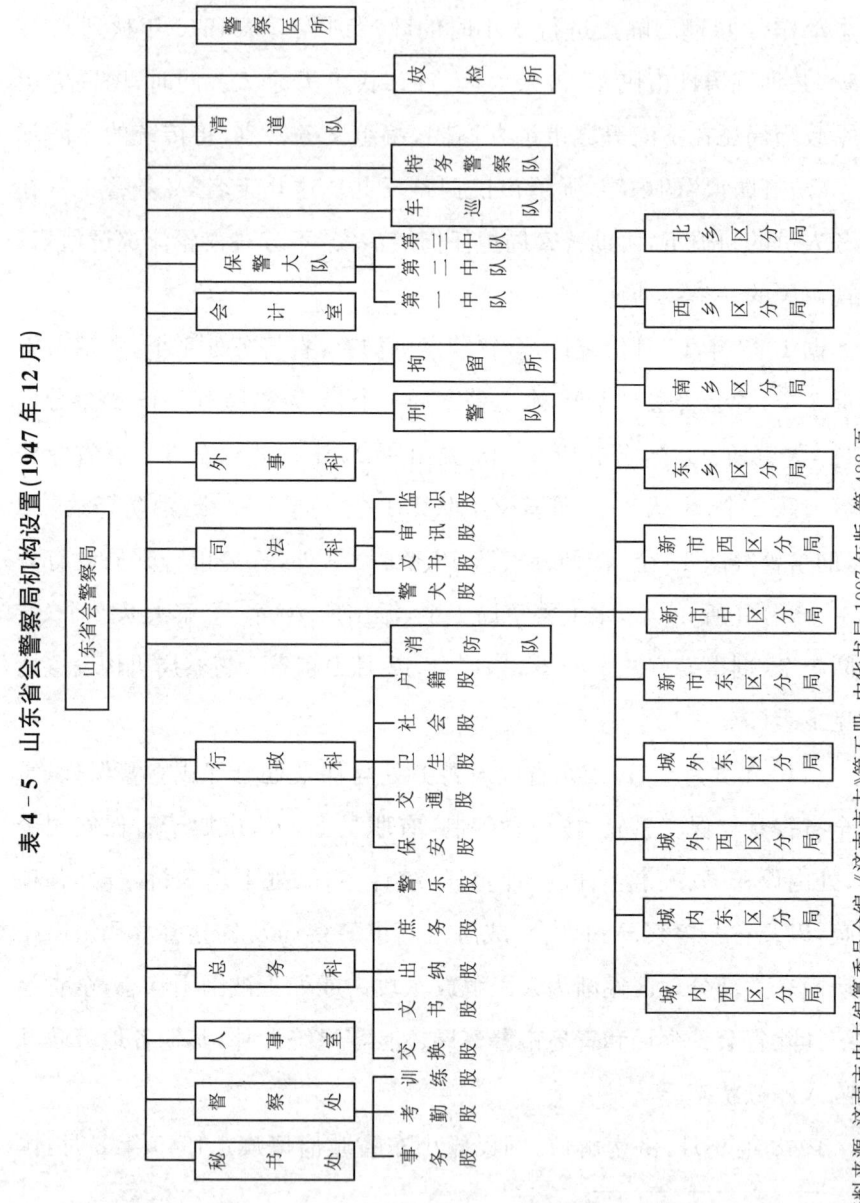

资料来源：济南市史志编纂委员会编：《济南市志》第五册，中华书局 1997 年版，第 488 页。

民党军队全部退出山东,全省各级警察机关为中共各级公安局所取代。①

综观南京国民政府时期,特别是抗日战争爆发前,国民党建立了庞大的警察机器,进一步加强了对山东城市下层社会的控制。

1928年4月,青岛东镇大英烟公司因工人要求加工资,随便停工。工人提出复工条件:(1)每日加工资二角;(2)以前开除工友复工;(3)不准随便开除工人;(4)不准随便停工。工人刚提出要求,厂方即通电市府来保护,市政府即派社会局、公安局去调和。结果工资加五分,其余条件不答应,工人坚决罢工,公安局镇压罢工。工厂鸣笛,工人不去,公安局就说反动分子捣乱,捕去40多人,布满暗探警察,见工人三个在一起,马上抓去,压迫工人复工。工人说放出我们工人来就复工,不放,工人联合起来去要。保安队在马路上阻止不让走,工人跑过去,武装警巡就用枪把、刺刀把很多工人打断臂腿,被刺伤也很多,工人无法只好散了。更加紧了查户口,查出大英烟厂工人就捕去。工人许多跳楼的,跌死跌伤的很多,都不敢在家住,在青岛已成了重大的问题。② 1930年,该公司3 000工人要求增加工资,与厂方自发斗争,国民党便派了许多公安局便衣队包围、打伤了许多工人,捕去了40多个工友。工厂附近的便衣侦探,见是大英厂的工人就逮捕,疯狂镇压工人的正义斗争。③

1929年,烟台全市马路修好,公安局要求禁止铁轮车行驶。因烟台没有自来水,住户用水由工人车送,公安局要水车工人改用橡皮轮车,但是每个人要交26元,工人出不起而罢工,公安局在街上打人抓人。后来公安局允许车轮费由用户承担6/10,工人承担4/10。但是工人仍不允,

---

① 参见《民国山东通志》编辑委员会编《民国山东通志》第一册《军警志》,[台湾]山东文献出版社2002年版。
② 山东省档案馆、山东社会科学院历史研究所合编:《山东革命历史档案资料选编》(第一辑),山东人民出版社1981年版,第276—277页。
③ 山东省档案馆、山东社会科学院历史研究所合编:《山东革命历史档案资料选编》(第二辑),山东人民出版社1981年版,第176页。

又第二次罢工。最后公安局无奈允许全部由用户担负。①

1930年,因青岛人力车行主人企图加租,车业公会向公安局呈文,要求车租由3角到4角提高到5角至5角5分。后公安局批准,车租按3—4角收取。各家车行遂按4角收租,酿成了人力车夫的罢工斗争。7月21日,全市5 000多人力车夫全体罢工,集合了1 000多人向市政府、国民党市党部请愿。公安局派保安队巡警到处拘捕工人,强迫出车,不准三四车夫集会和谈话,借口维护后方治安强迫复工,车租照3角8分缴纳。此时被捕工人已有100多人。至25日,有100多名车夫向市党部请愿,全体到市党部礼堂集会。此时市党部四周皆有便衣队暗查,保安队警察满布,凡有工人从市党部走出,即行拷打捆绑,送往公安局。等到下午3时,保安队及巡警等直往市党部内捕车夫,结果捕去100多人。26日以后,市政府接受了车业公会2万多元贿赂,更加强迫人力车夫复工,派保安队带公共汽车沿街巡查,凡不出车的人力车夫,稍有不愿,立即捆绑,装上汽车送到公安局去。凡有车夫住的地方,派警察便衣监视暗查,并由社会局派人到处欺骗。到31日,因迫于统治者的野蛮镇压和生活无法维持,人力车夫陆续复工。②

三、特务

国民党政权的特务组织非常多,主要的有两个,即军统和中统。

中统来源于陈立夫、陈果夫为首的CC系集团,全称为"国民党中央执行委员会调查统计局"。中统以党政机关、文化团体和大中学校为活动重点。它自成体系,在国民党各省市党部普遍设立统计调查室,并在学校、工厂、社团组织中广泛建立党员调查网。抗战胜利后,中统进一步

---

① 山东省档案馆、山东社会科学院历史研究所合编:《山东革命历史档案资料选编》(第二辑),山东人民出版社1981年版,第119页。
② 同上书,第225—227页。

扩大组织，残酷镇压广大人民群众的爱国民主运动。1947年中统曾改名"党员通讯局"，1949年3月又改名"内政部调查局"，名称虽然屡变，但性质并未改变。

军统的全称为"国民政府军事委员会调查统计局"，其实际主持人是戴笠，内部设有十几个处、室，外部设区、站。抗战时期，军统内外勤特务不包括部队即达四五万人。它到处开办特务训练班，大量培植特务分子，仅在"中美特种技术合作所"开办的特务训练班，六年中就培养出5万多名特务分子。1946年，蒋介石对军统进行改组，将其秘密核心部分组成国防部保密局，而军统的公开特务武装部分则与军令部第二厅合组为国防部第二厅，专门对解放区进行军事谍报和武装破坏活动。[①]

与此相应，山东省政府特务机构名目繁多、错综复杂，有的直隶于南京国民政府特务组织，有的隶属于省政府、国民党省党部，有的隶属于山东驻军机关等等，不一而足。全省上下，尤其是在主要城市，形成了严密的特务谍报网络，对山东人民尤其是城市下层社会民众进行了残酷的控制，对共产党组织进行破坏和镇压。

1. 捕共队。1928年5月3日，济南"五三惨案"后，日军控制济南，国民党仍密居济南，设立济南市党务指导委员会，殷君采为主任委员。1929年2月，殷君采遵国民党山东省党部旨意，成立"省党部清共委员会"，殷君采为主席，王景羊、黄喜堂、王天生、方子英为委员。下设总务组、行动组、审讯组、管押组。同时设"捕共队"，王景羊为名誉队长，正副队长由王天生、王复元分兼。捕共队队员21人，分为两组，二王分任组长。捕共队骨干多系中共叛徒，专门从事镇压共产党人和进步人士的活动，对中共山东党组织的危害极大。

2. 特别侦谍队。1930年8月，韩复榘入鲁执政，除沿用捕共队，还于

---

① 参见常兆儒《国民党统治时期的警察》，《中国警察制度简论》，群众出版社1985年版，第337—357页。

1932年1月在济南成立国民革命军第三路军总指挥部特别侦谍队,下设文书股、研究股、编辑股、邮检股和侦察股,队员20余人。侦谍队派遣特务,以学生、教师等身份为掩护,侦探共产党和进步群众的革命活动,同时对邮电、信件进行严密检查,以搜集发现共产党和"嫌疑分子",进行镇压。其特务活动甚得韩复榘支持,遂将其组织扩大到60多人,并在潍县、青州、泰安、东昌(聊城)等地设立基层组织。侦谍队猖獗一时,引起国民党山东省党部肃反专员张苇村等的嫉妒,伪造了一份青年党反对韩复榘打刘珍年(驻胶东一带的军阀)的宣言,韩复榘见此怒而解散侦谍队。

3. 高级侦探队。1933年年初,韩复榘授意其亲信孙敬庭在山东省政府内成立高级侦探队,又称高级侦探练习队。队下不设组织,而是把训练的特工人员派到各地进行特务活动。高级侦探队以第三路军总指挥部军用电务训练班之名,自1933年年初至1936年春,分七期,每期半年,计训练特务170余名,以省政府名义派往各县、市行政机关和警察、司法、税务、经济、文化以及国民党驻鲁下属单位任职,在韩复榘直接控制下进行特务活动。主要任务是镇压共产党和学生、民众运动,还负有侦察韩系下属人员是否忠于韩复榘,以及侦察国民党驻鲁复兴社特务组织活动之责。

4. 军法处特务队。1935年12月,韩复榘批款3 000元,在第三路军总指挥部军法处设立特务队。下设总务、侦缉、审理三股,计有一、二、三等调查员28人,主要任务是刺探中共情报,破坏中共地下组织,打击城市下层社会群体中的进步团体,破坏下层民众进步活动。

5. 省党部调查统计室。1938年,国民党冀鲁边区游击司令阴耀武的秘书周先龙,奉命在曹县(后迁沂水)组建山东省党部调查统计室(简称中统鲁室),各级机构不断扩大。1947年4月,中统局改称国民党党员通讯局(简称党通局),鲁室改称山东区室。1948年3月,活动于察绥地区的董叔明调任鲁室主任。董来鲁履职后,调整组织,建立武装工作突击团。1948年8月,济南解放后,董叔明和部分特务被俘,残部相继逃往青岛,组成鲁东区室。1949年6月青岛解放,中统在山东的残余遂告覆灭。中统鲁室自成立至1948年9月,下设五个督导团,一个经济调查站,10个区室,200个站、据点,特务6 000余名。鲁室内设组训、情报、总务、行动四科,电台一部。下属组织有:第一督导团,驻青岛,活动于胶东地区;第二督导团,驻历城,活动于津浦铁路以东,昌潍以西,淄博以北地区;第三督导团,驻齐河,活动于鲁西北地区;第四督导团,活动于黄河以南,济宁以北鲁西地区;随军督导团,无固定地址。1948年在济南设经济调查站。鲁东区室,先后驻烟台、青岛;另有益潍区室、鲁北区室、淄博区室、兖州区室、菏泽区室、临清区室、济南区室。同时设有国民党青岛市党部调查统计室,下设八个据点,其主要职能和罪行:一是包庇重用汉奸、日特,残害人民,破坏革命。人称"济南之虎"的日特机构"泺源公馆"头子武山英一在1945年日本投降后被鲁室委任为"特别组"组长。日本特务张宗援,经中统局批准被鲁东区室留用。日伪山东省新民会调查室主任王铁民及其全部属员,亦被鲁室接收,继续充任中统爪牙。二是混进"军调小组",监视中共代表。三是采取伪装、渗透、跟踪、偷袭等手段,破坏中共地下组织和城市下层社会群体中的进步团体,捕杀共产党人和进步人士。

6. 军统局济南、青岛站。"九一八事变"后,蒋介石采取"攘外必先安内"的反动政策,对日本侵略者持不抵抗主义,对内镇压共产党人和爱国人士,激起了全国人民反对,抗日爱国运动风起云涌。国民党为镇压革命,巩固其统治,1932年1月成立以军人为主体的力行社,下设特务处,由戴笠主持特务活动。

"力行社"建立的当年,派李兰亭、郑兴周来济南筹建特务组织,后转赴青岛建立"胶济通讯站"。1934年1月,撤销该站,改建"济南站"和"青岛站"。1935年,青岛站改为"国际情报组",直属力行社特务处,济南站改为山东站。1938年,国民党成立军统局,戴笠为局长。山东遂分别设立"青岛站""济南站"。1939年11月,青岛站被日军破坏,又建立青岛组,隶属济南站。1942年济南站亦被日军摧毁,1943年在安徽阜阳相继建立"山东联络站"、山东省政府调查室。1945年站、室合并,改建为山东站。1946年,中统局改为国防部保密局,山东站遂改为济南站,重建青岛站。1949年华北地区相继解放,保密局在青岛复设华北办事处,统辖华北地区潜伏特务活动。是年6月2日,青岛解放,军统在山东的特务组织宣告覆灭。

军统局自1932年至1949年6月,先后在山东设立六个情报站、一个潜伏台、55个情报组,计有特务1100余名,其组织机构有:济南站,先后驻济南、阜阳①,活动于张店以西地区。青岛站,驻青岛,活动于潍县以东地区。保密局电讯总台,下设十三、十四支台,分设在济南、青岛,有16个分台。山东省政府调查室,系公开特务组织,下设三个情报组、一个青训组。保密局在济南设津浦铁路管理局警务处,下设总务、督导两课。军统局直属和外省在山东设立的组织共有五个情报站、36个情报组、14个潜伏组。

7. 山东情报站。抗日战争时期,国民党国防部二厅在山东设有"72谍报组",日本投降后发展到七个组。1947年成立"济南情报站",不久撤销该站,成立华东办事处,辖山东及毗邻苏、豫、皖边区特务组织。1948年秋改为督导组。此时,山东大部地区相继解放,办事处副处长王绳武窜到青岛收络残特,重建"山东情报站",并任站长。南京解放后,王绳武逃往上海,不久青岛解放,该站即垮散。山东情报站先后在山东设12个谍报组,400余人。主要任务是对中共进行军事谍报等破坏活动,同时,对苏联等国家进行情报活动。

8. 绥靖总队武装特务组织。国民党国防部二厅还在山东建立绥靖总队第三大队、第五大队,戡建第五大队,人民服务总队第二大队、第八

---

① 在安徽省,国民党军统局济南站于1939—1940年随国民党山东省政府流亡至阜阳县。

第四章　南京国民政府时期中央和地方政府对山东城市下层社会的社会调控

中队等武装特务组织。绥靖总队第三大队成立于1947年，对城市下层人民群众危害最大。大队部设在济南，代号"6585"，下辖四个指挥室、53个组，活动在山东境内及皖北，专事谍报、突击、暗杀、绥靖破坏活动。1948年9月因济南解放而解体。

9. 第二绥靖区司令部之特务组织。国民党第二绥靖区司令部设有调查室检护组、外事处、第二处等特务组织。其中活动猖獗、危害较大的是第二处，它在济南、青岛、泰安、潍县、淄博、齐河和黄河、小清河两岸等地组成谍报网。

抗战末期，山东人民武装日益发展壮大，各地地主富农分子多逃到各大城市。日军投降后，这些地主富农逃亡分子纷纷要求国民党军队护送其还乡，企图反攻倒算。1946年，徐州剿匪总司令部根据苏北、鲁南的情况，规定凡流亡在城市的地主、富农，由各该管机关加以组织训练，随时送到边沿地区，相机打进解放区，进行倒算，并将这种办法通知山东省绥靖区统一总指挥部推广施行。同年冬，山东省绥靖区统一总指挥部命令济南市政府号召各县、市流亡在济南的县、市长发动组织各县、市同乡会，从中选拔一些中、少年人组成"难民还乡团"，并将各军政机关积存的破旧武器廉价配给他们。与此同时，鲁北、鲁东等较远地区的"同乡会"则组织了突击小组，随时准备跟随国民党部队袭击解放区。

同乡会、还乡团纷纷组织起来后，一时混乱不堪，山东省绥靖区统一总指挥部便命令中统（省党部调查统计室）、军统（省政府调查统计室）和省会警察局清查各团体中的武装，将其中的青壮年组织起来，移驻与解放区相连接的边沿地区，准备随国民党军队相机进入解放区。

国民党还乡团和突击小组，多数是本地的恶霸地富分子及其子弟，对共产党和解放区人民怀有刻骨仇恨，反攻倒算的心理非常强烈。他们以武装军事占领为先导，配合政治、经济的全面进攻，建立其统治，肆意烧杀抢掠，给解放区民众带来了严重灾难。

第三节　法律与规章

　　南京国民政府的法律一方面极力维护蒋介石的个人独裁统治和以"四大家族"为首的地主官僚买办资产阶级的利益，另一方面强化法西斯专政，严厉镇压人民群众的革命活动，对城市下层社会群体更是进行了严密的控制，根本没有自由可言。南京国民政府标榜三民主义，宣称中华民国是"民有、民治、民享"的人民主权国家，实际上却实行国民党一党专政和蒋介石个人独裁，这在南京国民政府颁布的一系列根本法中表现得最突出。如《中华民国宪法》虽然规定"中华民国是民有、民治、民享的民主共和国，主权属于国民全体"，标榜所谓国会制和责任内阁制，但同时又赋予总统总揽一切国家权力和发布紧急命令、财政紧急处分的特权。对总统的特权，宪法虽然曾经规定：总统"须于发布命令后一个月内提交立法院追认，如立法院不同意时，该紧急命令立即失效"，但稍后由国民大会通过的《动员戡乱时期临时条款》却取消了这种形式上的限制，总统得以命令、手谕的形式"便宜行事"。《宪法》还极力缩小国民大会的职权，加强总统对五院院长的控制。总之，训政也好，宪政也好，维护国民党一党专制和蒋介石的个人独裁，是南京国民政府法律特别是根本法的主要内容和特点。

　　在南京国民政府的律法中，最为繁复的是刑法。而在刑法中最为繁复的则是对反对国民党统治的革命活动的严厉镇压，特别是对城市下层社会民众革命活动的严厉镇压。在《刑法》中有所谓的"内乱罪""妨害秩序罪"等罪名，主要就是针对反对国民党统治的革命活动而制定的。如"内乱罪"规定：意图破坏国体、窃据国土，或以非法方法变更国宪、颠覆政府，而着手实行者，处七年以上有期徒刑；首谋者处无期徒刑。预备或阴谋犯前项之罪者，处六个月以上五年以下有期徒刑。以暴动犯前条第一项之罪者，处无期徒刑或七年以上有期徒刑；首谋者处死刑或无期徒刑。在"妨害秩序罪"中规定：对公然聚众意图或实施"强暴或胁迫"者，以文字、图说、演说或他法公然"煽惑"他人犯罪或者违背法令或抗拒"合法"命令者，参与以"犯罪"为宗旨的结社者，意图侮辱中华民国而公然损坏、除去或污辱中华民国之国旗、国章者，分别处以六个月以上五年以下有期徒刑、拘役或1 000元以下罚金。

南京国民政府公布了一系列法令和条例来限制城市下层工人的自由。1938年10月，国民政府公布的《非常时期农矿工商管理条例》规定，"各企业职员工不得罢市罢工或怠工"，违者"处七年以下有期徒刑得并科1 000元以下之罚金"。1943年公布的《工会法》，更是蛮横地宣布："非常时期不得以任何理由宣言罢工。"为防范镇压工人运动，国民政府在一些较大的厂矿都派驻了武装警察队。工人稍有不满，即被加罪而挨打，有的被开除或判刑。在军工厂做工的工人，更是动不动就要受"军法"处置。

南京国民政府法律中最为残酷的是所谓的特别法规，这些法规无视刑法的规定，广泛适用死刑和无期徒刑。如1928年3月公布的《暂行反革命治罪法》把"意图颠覆中国国民党及国民政府或破坏三民主义而起暴动者"，"以炸药烧毁或其他方法损坏铁路或其他交通事业及关于交通各种建筑物，或设法使不堪用者"，"盗窃、刺探或收集政治军事上重要秘密、消息、文书、图画而交付敌人者"，"宣传与三民主义不相容之主义及不利于之主张者"，"以反革命为目的组织团体或集会者"，均加以"反革命"的罪名，分别判处死刑、无期徒刑或有期徒刑。1931年1月国民政府又公布《危害民国紧急治罪法》，以代替《暂行反革命治罪法》，它规定：凡以"危害民国为目的"的"扰乱治安者"，"勾结叛徒图谋扰乱治安者"，"煽惑军人、不守纪律、放弃职务或与叛徒勾结者"，一概处以死刑。对"以危害民国为目的"的"煽惑他人扰乱治安或叛徒勾结者"，"以文字、图画或演说为叛国之宣传者"，处以死刑或无期徒刑。甚至对"组织团体或集会或宣传与三民主义不相容之主义者"，也要处以五年以上15年以下有期徒刑。1937年国民政府公布的《修正危害民国紧急治罪办法》进一步加重了处刑,扩大了死刑范围。以后又先后颁布《妨害国家总动员惩罚暂行条例》(1942年6月)、《惩治盗匪条例》(1944年4月)、《戡乱时期危害国家紧急治罪条例》(1947年12月)等单行法规,来镇压人民群众特别是共产党领导的革命活动。

在社会"越轨"行为(实即反抗国民党政权统治的活动)防止方面,蒋介石政府从德国法西斯那里学来了"社会防卫主义"的"保安处分",先于1929年颁布了《反省院条例》(以后几经修改),后在1935年的《刑法》中专门增加了"保安处分"一章。其中《反省院条例》规定:对犯《危害民国紧急治罪法》和《暂行反革命治罪法》之罪而已执行完毕者,如认为"仍有再犯之虞",即可投入反省院监禁。《刑法》中的"保安处分"也规定:"有犯罪之习惯或以犯罪为常业或因游荡或懒惰成习而犯罪者,得于刑之执行完毕或赦免后,令入劳动场所,强制工作。"

山东省为了加强统治,在城市基层政权以下遍设保甲。1933年,制定了《山东省实施编查保甲户口暂行办法》,规定保甲的编组,以户为单位,户设户长,十户为甲,设甲长,十甲为保,设保长。保甲长负责按月清查户口并造报户口变动统计表,办理连坐切结并监视已具结各户的行动,稽查奸究及出入境人员,监督保内居民遵守公约,协助军警搜捕匪犯,执行违反保甲规约的处罚,等等。保甲职员均为无给职。保甲制度加强了对广大城市下层社会民众的控制,它把保甲内所有的人民,不分职业、性别和年龄,完全禁锢起来。尤其是其规定的"连坐法",一人犯"法",要多人"连坐",更使人人都处于恐怖之中。

省政府颁布的《重要都市新闻检查法》规定:各报社须到省府登记领证备案方可创刊;编印周刊、旬刊、月刊及其他关于政治专刊等刊物,应将原稿先行呈送省府秘书处审定始可发行。同时还组织"反动刊物审查委员会",随时检查各书店及印刷所,凡"破坏政体、紊乱国法及一切危害地方、淆乱听闻之著作均予查禁";对各类报纸,凡未经许可领有登记证者,概不准出版;未经省府允可,不得随意集会、结社、游行和讲演。

山东省政府在改良社会风俗方面做了一些规定。如进一步加强对"下九流"之一的娼妓的稽查和违犯风化案件的审查管理,依管理对象的不同,分为对乐户(妓院)的管理、对乐女(公娼)的管理及对私娼的查禁三项内容。

乐户是指在政府部门登记注册的妓院。各地警察机构在乐户管理中贯彻了"不提倡"的政策,突出了对善良风俗的维护、对妓女权益的保护及对乐户监督的强化。此种"不提倡"的政策集中体现于乐户所应遵守的消极和积极义务的之中。警察局规定的乐户的消极义务一般包括如下内容:(1)改造房屋,除呈报工务局外,须遵照下列限制,将屋宇形成绘图,呈请警局核准;不准于道侧设玻璃窗;不准于临街一面作廊。(2)不得知情容留匪犯。(3)不得诱迫或典卖妇女为娼。(4)收留妓女,须来历分明,并持有执据。(5)不准虐待妓女。(6)不准拦阻妓女迁移或停业。(7)不准索取妓女所有物品或游客赠与妓女之金钱物品。(8)不准讹诈游客出不正当之花费。(9)不准寄宿妓女、雇人以外之妇女及游娼。乐户的积极义务突出了对治安秩序、社会风化及公共卫生的维护,也在制度上强化了对乐户的监督。其通常包括如下内容:(1)每晚12时后,一律掩门止唱。(2)于开门营业时间内,有欲面会游客者,不得托故阻止藏匿。(3)乐户门旁当挂钉置牌,夜间门首当悬挂玻璃灯,并写明班名及等别。(4)妓女患传染病或花柳病时,应速送医院诊治,并报明本管区署。(5)男女厕所应分别设置,并随时扫除洁净。(6)伙计人等,须有妥实铺保。(7)如遇迁移、更名及倒闭顶开时,应先取具同业三家保结,并将原领执照缴销,呈请核发新执照。歇业时,须先期报告本管区署。(8)应于营业期间内,将取缔娼妓规则悬示于各妓女房内易见之处。(9)应将掌班、雇人等一一开列清册,报告本管区署,其有增减更换时,须随时补报。(10)遇有下列事项之一时,应立即报告本管区署:游客或乐户内其他人等死亡者;游客形迹可疑或审知其为在逃罪犯者;游客酒醉妨害公安者；游客携带军械或凶器者；游客以物品抵还游资或妓女欲以游客物品抵还游资者；游客相互争殴者；妓女移往别家乐户或欲回籍及他方者；妓女违背有关规则，不服劝阻者。[①]

乐女是指在政府部门登记注册的公娼。警察局一方面强化对乐女的监控，另一方面也采取适当措施，避免娼妓人数增加，并对娼妓的切身权益进行必要保护。就营业程序及资格而言，山东各地城市一般做如下规定：(1) 凡欲为乐女者，须向警察局领得乐女许可执照，方准营业。(2) 年未满 16 岁，或已满 16 岁而身体未发育健全者，不得为乐女。(3) 自愿为乐女者，须填具含下列事实的请愿书，并取具保结及两寸半身相片两张，粘于执照上，由乐女自行收执：姓名、籍贯、居所及出生之年月日；有无本夫及亲族；家中历年作何生计，或依他人作何生计，因不得已而自愿为乐女缘由；来自何处；确系自愿，并无强迫及典卖情事；现为何等乐女及所住班名。(4) 乐女执照，每年更换一次。每年于一月，将旧照连同本人最近相片两张，呈送本地警署更换。(5) 各乐女调换乐户，无论同等与不同等，均须将原领执照亲自呈请更换。(6) 各乐女如将执照遗失，须另补照片，申请补领。如有损坏或字迹模糊时，将原照呈警局补办。为维护社会风化、公共卫生等起见，各警察局规定了乐女的一些限制事项：(1) 不准倚立门前为惹人举动。(2) 不准设计引诱行人。(3) 不准奇装异服举动妖冶，有伤风化。(4) 不准接待身着制服及未成年之客。(5) 不准设局诳骗客人出不正当之花费。(6) 怀孕已至三个月者，不准留客住宿。(7) 身有花柳病及其他传染病者，不准接客。(8) 于固定乐户地点外，不得赁屋，招引游客。(9) 乐女须受身体之检验，不经检验，不准接客。

在旧中国，娼妓一直被视为"下九流"行当，而为世人所不齿，即使是在警局登记的公娼，其人身权利仍会不时受到侵害。除了接受嫖客的任

[①] 孟庆超：《论民国时期的娼妓管理》，《吉林公安高等专科学校学报》2005 年第 6 期，第 62 页。

意摧残外,她们更经常地受到乐户业主和鸨母的层层盘剥和限制。为保护乐女权益,更为维护治安秩序,各地警察局一般规定对如下事项进行干预:(1)不愿为乐女,或自愿从良及愿入济良所而为鸨母、乐户所阻。(2)乐女自置物件或客人赠与之银钱物件为鸨母、乐户逼索或强行拿取。(3)受乐户人等种种胁迫凌虐。(4)乐女自愿调换乐户或出班,而为乐户强留阻迫。(5)乐女患病或怀孕已三个月,被乐户或鸨母强迫接客。出现上述情况时,乐女可以口头或书面通信方式,直接请求本管警署保护。①

如果说南京国民政府时期警政机关对公娼管理的基本原则是"严加控制",那么对私娼则是"严格取缔,绝对禁止",因为与公娼相比,私娼更是妨害公序良俗,传播恶性疾病,诱发刑事犯罪之渊薮。私娼又称暗娼,指为营利而满足男性情欲,任意供给其身体的女性。关于如何查禁私娼,各城市警政机关在操作上有一定差异,但基本原则和基本做法大致相同,主要包括如下内容:(1)查禁私娼,以违警罚法之规定为范围,但以不罚金为原则。(2)各局户籍员警调查户口时,应随时注意有无私娼卖淫及容留止宿等情事,一经察觉,即时报告长官或就近警察机关饬派长警拘案法办。(3)各警察局所稽查旅馆及宿舍,应于夜间12时以前进行,但有"负责报告,指定房号处所,长官特别命令"情形者,不在此限。(4)警察在旅馆及宿舍稽查私娼时,应慎重从事,不得无故侵入其他旅客房间,"尤不得有横暴之言语及举动"。(5)警察稽查旅馆及宿舍时,遇有男女同宿,除明知其为私娼,应予法办外,"即非正式夫妻,亦须有法定告诉权者告诉,乃得干涉"。(6)凡查获私娼,经讯明确实者,初犯时,除处以15日以下之拘留外,并传其父母或亲戚,出具切结领回,另谋生活,其有鸨母者,应将其一并拘案法办;再犯时,除处以15日以下之拘留外,将

---

① 孟庆超:《论民国时期的娼妓管理》,《吉林公安高等专科学校学报》2005年第6期,第62—63页。

其发送救济或济良所。(7)凡旅馆或宿舍主人,须随时告诫旅馆宿舍之侍役,不得招私娼止宿,一经察觉,应即报告附近警察机关查禁,"具有共同隐匿者,应依法罚办之"。①

可见,南京国民政府时期政府对被查禁的私娼,其初衷是教育挽救,而非一罚了之。单纯处罚,只能使娼妓生计更加困难,反而促使其重操皮肉生活。如果让娼妓基本生活有所保障,掌握一种正常的谋生技能,再加上文化知识的熏陶,则绝大多数娼妓不会重操旧业。另外,教育挽救并非仅针对私娼,公娼亦面临同样问题。入公娼门者,绝大多数因生计困难,走投无路所致。一旦有机会,她们还是愿意逃离娼门,何况乐户业主、鸨母及嫖客的任意欺凌迟早会让她们厌倦这种非人的皮肉生活。各城市警察局在有关规定中确认了娼妓的这种自由,并设法加以保护。但其中大部分人须接受一定的技能培训,才能重新找到生活出路。为帮助娼妓重新谋生,政府继续举办救济所、济良所、习艺所等收容教育机构。

公娼的登记管理伴随着对私娼的严格取缔,登记管理、严格取缔又与教育挽救紧密相连,使得南京国民政府时期对城市下层社会娼妓的调控在制度上近乎完善。但实际情形却是:这一时期"寓禁于征"的娼妓管理政策失败了。其主要原因,除了经济凋敝、社会衰败和"笑贫不笑娼"的传统观念的推波助澜作用外,从警政当局执行力度分析,南京国民政府统治山东时期,政府一直忙于战争(韩复榘主政时期曾有短暂的平和,但也有经常性的小规模战争和剿匪活动),警政机关的工作重点在于防范政治反对力量,对社会丑恶现象尚无暇顾及;此期间,政府财政一直紧张,警政机关经费严重缺乏,政府不得不将"花捐"作为一项重要的收入来源,因而使"禁娼"陷于尴尬境地,而警员因个人素养、经济收入的原因亦会

---

① 孟庆超:《论民国时期的娼妓管理》,《吉林公安高等专科学校学报》2005年第6期,第63页。

包庇各类娼妓。这些因素严重影响了政府的"禁娼"决心和查禁力度。

韩复榘主政时期,政府在文化方面积极提倡"中国固有文化精神",这同他在思想上提倡尊孔读经如出一辙。对于戏剧、电影等文化娱乐活动控制极严。1931年8月和1932年6月,省政府分别制定《审查剧曲影片规则》和《管理戏园影院规则》,规定各戏园、影院在开演前三日,须将剧目、影片及其详细说明书,送至各该管公安分局或济南市教育局或戏曲审查委员会审查,核准后方能演映;凡教育部明令禁演、违反三民主义、主管机关认为不宜上演者等,一律停止演映。

在社会教育方面,1930年,省教育厅拟定《机关附设民众学校暂行规程》,呈准省政府公布施行,通令各县市分别拟定具体计划,积极推广。嗣经兵变,未能如期实施。次年,另行制定《山东省各机关附设民众学校办法(草案)》,呈教育部备案,后积极实施,成效颇丰。1938年10月,教育部通令推行战时民众补习教育,着各省市限期完成16—35岁失学民众的补习教育。1941年,南京国民政府复颁布《各省市国民教育实施纲要》,确定民众教育属于国民教育的一部分,由中心学校和国民学校办理。山东省参酌本省实际,先后拟定《二十九年度下半年实施失学民众补习教育计划》和《山东省发动全省知识分子办理民众补习教育实施办法》,对推动社会教育产生了一定的积极作用。

相较于北洋军阀政府时期,南京国民政府颁布的慈善救济法规则更多。救灾备荒类的主要有:《勘报灾歉条例》(1928年10月)、《各地仓储管理规则》(1930年1月)、《修正勘报灾歉条例》(1934年2月)、《勘报灾歉规程》(1936年)。慈善救济类的主要有:《各地方救济院规则》(1928年5月)、《监督慈善团体法》(1929年6月)、《监督慈善团体法实行规则》(1929年7月)、《各地慈善团体立案办法》(1932年9月)、《修正各地方救济院规则》(1933年4月)、《中华民国红十字会管理条例》(1932年12月)、《中华民国红十字会管理条例施行细则》(1933年6月)、《修正中华民国红十字会管理条例》(1935年7月)等。①南京国民政府颁布慈善法规的目的是为了强化国家对慈善事业的管理和监督,因此,法规对私立慈善团体既有规范也有限制,且以后者为主。

除遵照执行国民政府颁布的慈善救济法规,山东省及济南市、青岛市还制定了若干慈善救济规则。如《山东省勘报灾歉单行办法》规定:被灾分数以十分计算,蠲免分数即以被灾分数为标准,即被灾一分者蠲一征九,被灾二分者蠲二争八,以此类推,被灾九分者蠲九征一,被灾十分者全数蠲免。②《济南市社会局公益慈善团体注册暂行规则》规定:市内公益慈善团体及其附属机关注册时应由各该团体发起人或主持人填具申请书、职员履历表各四份,呈请本局核办。注册申请书应载明以下各款:第一,名称;第二,地址;第三,宗旨及沿革;第四,支持人姓名、年龄、性别、籍贯及略历;第五,工作;第六,经费来源及收支状况;第七,内部组织;第八,职员人数及其姓名、性别;第九,会员人数及其职业、性别之百分比。本局收到此项注册申请书时,需派员考核其组织及工作实况,认为组织合法、确著成绩者即准予注册。③青岛先后制定了《青岛市公益慈善教育团体募款限制规则》(1929年12月)、《青岛市私立公益慈善机关注册暂行规则》(1930年7月)、《青岛市监督私立公益慈善机关暂行规则》(1930年7月)等。《青岛市公益慈善教育团体募款限制规则》规定:"各慈善团体无论临时或固定者,于募集款项时,应先呈请社会局核准。"④其《监督私立公益慈善机关暂行规则》主要规定:"第二条,凡本市区内私立慈善机关及其附属机关不论新设旧有,均应呈经社会局核准注册给照,并依照本规则受社会局之监督及指导,如未经核准注册者,一经查出,得令停办。第三条,各慈善机关得设委员会,其主任办事人员由委

---

① 王林:《山东慈善史》,山东人民出版社2018年版,第277页。
② 《山东省勘报灾歉单行办法》,《山东民政公报》1935年第226期(1935年5月10日)。
③ 《济南市市政府市政月刊》1929年第1卷第2期。
④ 《青岛市市政法规汇编》,《民国史料丛刊续编》第133册,大象出版社2012年版,第153页。

员会公举呈请社会局核委,其他各职员由主任选用,惟须呈报社会局备案。第四条,主任及其他职员有不称职或营私舞弊,经社会局调查属实,得令其改选或辞退,其情节较重者,另予分别处分。第六条,各私立慈善机关每届月终应将一月内收支账目、办事实况呈报社会局核查,年终汇编报告,昭示大众。第十条,私立慈善机关所办事业如有未能完善之处,经社会局指导监督,延不遵循,得饬令停办,如系局部事业则令其将一部事业停办,以免糜费。第十一条,私立慈善机关有假借名义招摇敛财等情,经社会局查实,除将主动人及关系人依法惩办外,并得吊销执照。"[1]

第四节　思想文化与社会规范控制

南京国民政府时期对城市下层社会的思想文化与社会规范控制带有明显的特点,主要表现在以下几个方面:

实行党化宣传、党化教育。1930年国民党中央修正、公布的《指导党报条例》除规定了严格的审批手续外,还特别要求:各级党部宣传部对所属党报除将所定宣传纲要及方略尽先发给外,并应随时指示宣传要旨,以为立论取材标准;各党报应根据中央宣传部所颁宣传要点及时事问题每周著刊社论;各党报除记载真实新闻外,须尽量宣传本党及政府所有政治设施、法律制度、建设计划等;各党报须尽量阐扬本党主义及政策,并辟除或纠正一切反动谬误的主义或政论;而有关科学、文艺、社会、教育、经济、建设各种宣传文字则只能刊登在各党报的副刊上。此外,该条例还制定了严格的党报纪律:(1)以本党主义、政纲、政策为最高原则;(2)绝对服从上级党部之命令,并不得为私人所利用;(3)对各党部及政府送往发表之主要文件,须尽先发表,不得迟延或拒绝;(4)对本党及政府应守秘密之事项,不得随意发表。凡违反上述纪律者,各级宣传部得

---

[1]《青岛市市政法规汇编》,《民国史料丛刊续编》第133册,大象出版社2012年版,第155页。

按其情节轻重分别给予警告、撤换负责人或改组、停刊、惩办负责人等处分。①

1929年1月10日,国民党第二届中央执行委员会第190次常务会议审议通过的《宣传品审查条例》,对宣传品的审查范围、征集手续、审查标准、处理办法做了详细规定:范围上,包括各级党部之宣传品;各级宣传机关关于党政之宣传品;党外之报纸及通讯稿;有关党政宣传之定期刊物;有关党政之书籍;有关党政宣传之各种戏剧电影;其他有关党政之一切传单、标语、公文、函件、通电等宣传品。手续上,各级党部及党员印行的宣传品及与宣传有关的刊物一律呈送中央宣传部,凡不属国民党而与党政有关的各种宣传品除由中央宣传部调查征集外,其关系重大者由各级党部随时征集呈送中央宣传部审查。审查的标准为:总理遗教;本党主义;本党政纲政策;本党决议案;本党现行法令;其他一切经中央认可的党务政治记载。《条例》规定,凡"宣传共产主义及阶级斗争","宣传国家主义与无政府主义及其他主义而攻击国民党主义、政纲、政策及决议"者,均属"反动宣传品",处以查禁查封或究办;凡"曲解或误解国民党主义、政纲、政策"等,均为"谬误宣传品",处以纠正或训斥。② 1932年5月30日国民党第四届中央执行委员会第22次常务会议通过了《宣传品检查标准》,《标准》将宣传活动分为"适当的宣传""谬误的宣传""反动的宣传"三大类。"适当的宣传"包括:阐扬总理遗教、本党主义、政纲政策、决议案、现行法令和一切经中央决定之党务政治策略者。"谬误的宣传"包括:曲解、误解本党主义、政纲、政策及决议案者;思想怪僻或提倡迷信足以影响社会者;记载失实足以淆惑观听者;对法律认可之宗教,非从事学理探讨徒事诋毁者。"反动的宣传"则包括:为其他国家宣传危害中华民国者;宣传共产主义鼓动阶级斗争者;宣传无政府主义、国家主义及其

---

① 徐百齐编:《中华民国法规大全》第十册,商务印书馆1937年版,第889页。
② 徐百齐编:《中华民国法规大全》第九册,商务印书馆1937年版,第754页。

他主义而有危害党国之言论者；对本党主义、政纲、政策及决议案与本党及政府设施恶意诋毁者；挑拨离间及分化本党危害统一者；诬蔑中央妄造谣言淆乱人心者；挑拨离间及分化国族间各部分者。①

1927年蒋介石叛变革命后，实行所谓的"党化教育"，借以实行一党专政。1928年5月国民政府大学院在南京举行第一次全国教育会议，会议决议废止党化教育名称，改称三民主义教育。1929年3月国民党第三次全国代表大会上，由国民党宣传部提出"教育方针及其实施原则案"，正式通过了《中华民国教育宗旨及其实施方针》，并于同年4月由国民政府正式公布。《方针》将"教育宗旨"规定为："中华民国之教育，根据三民主义充实人民生活，扶植社会的生存，发展国民生计，延续民族生命为目的，务期民族独立，民权普遍，民生发展，以促进世界大同。"同时公布的还有这一宗旨的实施方针八条。1931年9月国民党中央执行委员会第157次会议又通过了《三民主义教育实施原则》。

为了贯彻"三民主义"的教育方针，实现党化教育目标，国民政府制定了一系列配套的教育法规，对各种课程的设置、教材的编写、教员的资格确认、学术团体的管理和归国留学生的审查做了严格的规定。除了学校教育外，国民党还注重社会教育的"党化"。《民众学校党义课程大纲》要求有关社会教育各机关如戏院、游艺场、民教馆、公共体育场、公园等，都要合乎党化教育的精神，施行公民训练，对国民党效忠，奉行国民政府的法令。

大力提倡封建主义。南京国民政府成立不久，蒋介石便亲自跑到山东曲阜祭祀孔子，加封孔子为"千秋仁义之师""万世人伦之表"。1928年蒋介石又发布保护孔庙令。国民党宣传封建主义，提倡"固有道德"，目的在于从根本上禁锢人民群众思想，维护法西斯统治。1932年2月，国

---

① 徐百齐编：《中华民国法规大全》第十册，商务印书馆1937年版，第889页。

民党中央命令各级党部及人民团体要制作书写"忠孝信义仁爱和平"八字的横匾,悬挂礼堂中央,以资启迪。国民党中宣部部长陈立夫提出"八德"说。他说:提倡"忠"来劝勉大家负责任,爱国家;提倡"孝"来严密家庭组织;用"仁爱"来对付残暴;用"信义"来对欺骗;"和"就是不斗争;"平"就是无阶级。后来国民党又强调恢复"八德"必须从"四维"做起,要求人人衣食住行都要合乎"礼义廉耻"。1934年1月,国民党山东省主席韩复榘提议修复曲阜孔庙,国民党中政会补助修理费10万元。新生活运动开始后,国民党更是大肆宣扬孔子之道,提倡封建道德。7月,国民政府根据蒋介石的建议,规定每年8月27日孔子生日为"国定纪念日",颁布了《先师孔子诞辰纪念办法》和《先师孔子纪念歌谱》,通令全国各机关、学校遵照规定举行纪念活动。8月27日,南京、上海、山东等地都举行大规模的"孔圣纪念会"。据当天的《大公报》载,当时"洙水桥前,大成殿上,名士济济,肃穆趋跄"①,真可谓丑态百出。11月,国民党中央常会又通过"尊孔祀圣"的决定。

南京国民政府在山东统治初期,省主席身兼军职,主要精力用于战争。在文化教育方面,因连年征战,山东"以一文化最古之区竟至变成文化落后之地"。孙良诚上任后,把整顿教育列为施政目标之一,认为教育为国家命脉,教育经费应当独立,应推广平民教育,并令直辖部队不准占住校舍。孙良诚整顿教育的措施主要有两点:一是强调实施党义教育,主张以党建国、以党治国;二是整顿山东社会教育机关,使社会教育与学校教育同步发展。1928年,省教育厅新设社会教育科,专司社会教育事宜,以补助民众知识,指导民众生计,强大民众体魄,培养民众优美的德行与感情。

陈调元主鲁后,将教育经费由原来的100余万元增加到200余万元。1930年度,将省府及各机关经费核减一成,其中一半作为扩充义务

---

① 胡适:《写在孔子诞辰纪念之后》,《胡适选集》,天津人民出版社1991年版,第351页。

教育费用。省政府还通令各县积极办理义务教育,并在济南试办,作为各县示范。各地虽然建立了不少新学校,但许多形同虚设,广大人民群众仍无受教育的权利。

韩复榘统治山东后,在思想、文化、教育等方面采取了一系列措施,目的在于禁锢人们的思想,加强其统治地位。

尊孔读经,提倡旧道德。1931 年,韩复榘首倡修复孔庙,南京国民政府及各省要人致电响应,并主张将孟、颜等庙同时修复。1934 年 10 月,南京国民政府正式成立修复孔庙委员会。在韩复榘大力倡导下,尊孔读经逐步成为复古教育的中心思想。1934 年 11 月 10 日,韩复榘在私立建国中学成立两周年纪念会上发表"训词",将"四维""八德"作为办教育的指导思想,以旧道德训教学生,也训教全民。1934 年成立山东孔教会,1937 年 2 月改为山东孔学会。

控制新闻,压制舆论。各报社须到省府登记领证备案方可创刊;编印周刊、旬刊、月刊及其他关于政治专刊等刊物,应将原稿先行呈送省府秘书处审定始可发行。同时还组织"反动刊物审查委员会",随时检查各书店及印刷所。未经省府允可,不得随意集会、结社、游行和讲演。当时济南经政府批准依法成立的有佛教会、正宗救济会、回教分会等共计 114 个团体,即使是这些被批准成立的团体,也并无活动自由,平时有军警监视,开会时更有军警"维护秩序"。

实行文化专制。1931 年 8 月和 1932 年 6 月,省政府分别制定《审查剧曲影片规则》和《管理戏园影院规则》,规定各戏园、影院在开演前三日,须将剧目、影片及其详细说明书,送至各该管公安分局或济南市教育局或戏曲审查委员会审查,核准后方能演映;凡教育部明令禁演、违反三民主义、主管机关认为不宜上演者等,一律停止演映。

普及教育。韩复榘在城市主要开展了学校教育和社会教育。社会教育即民众教育,抗日战争前山东的社教机构主要有:教育馆、图书馆、博物馆、美术馆、民众教育实验区、古物保存所、公共体育场、通俗讲演所、民众阅报处、民众问字及代笔处、民众茶园、公园、音乐会、体育会、剧场、民众学校、注音符号传习所、体育传习所、戏剧学校、戏词鼓书训练所、民众识字处、农工商补习学校、妇女职业补习学校、盲哑学校等。另外，还发起大规模识字运动。在城市，民众学校主要招收12—50岁之失学男女，设识字、三民主义、珠算及笔算、地理、历史、自然、卫生、农业或工商等课，修业3—6个月，不收学费，教师以兼任为主，教室多为公共场所，如庙祠、学校等。除了政府设置的民众学校外，济南市还设立了部分私立民众教育学校，见下表（表4-6），对城市下层社会群体开展识字和基本知识教育。尽管招收学员有多有少，有的办学时断时续，但是也在社会教育方面发挥了一些作用。由于韩复榘在山东主政时间较长，政局相对其他时期稳定，而且韩复榘为了给人以"求治""爱民"的好形象，同时在时任山东省教育厅厅长何思源的竭力督促和建议、支持下，韩也注重教育事业的发展，把普及教育列为其重要行政计划之一。从1931年至1934年的济南市接受社会教育人数的变化情况可见一斑。这一时期，济南市接受社会教育的民众人数和与本市人口比较，比例呈现出逐年上升的趋势，人数由1931年的193 224人增加到1934年的373 379人，占本市人口的比例由1931年的47.85%到1934年的85.81%（见表4-7），增长变化还是比较明显的。青岛市自1929年年底开始设民众学校，这类学校大多附设于小学内，教师多由小学职员兼任。是年，有公私民众学校66所，教员104人，在校生2 770人，多为贫苦下层市民。

表4-6 1933年济南市私立民众教育学校一览表

学校名称	学员数（人）
英文俗称补习学校	30
健康试验学社	23
四育补习学校	95
增进英算补习学校	565

续 表

学校名称	学员数(人)
安徽旅东同乡会附设体育社	6
尚宝英文学社	166
志坚英文夜校	17
四育民众学校	144
广智院私立民众学校	277
振鲁英文学社	87
至刚补习学校	24
有为英文夜社	6
实是英文夜社	15
实用德文夜社	18
东纲公所附设东远民众学校	83
自强数学英文学社	17

资料来源:《市政月刊》第7卷第2期,1933年8月。

表4-7　1931—1934年济南市接受社会教育人数与本市人口比较表

	1931年		1932年		1933年		1934年	
	人数	占全市人口的比例(%)	人数	占全市人口的比例(%)	人数	占全市人口的比例(%)	人数	占全市人口的比例(%)
总计	193 224	47.85	247 553	57.87	282 563	65.18	373 379	85.81
读书	3 710	0.91	3 800	0.89	4 292	0.99	4 476	1
阅报	75 785	18.77	85 295	19.94	104 402	24.08	119 714	26.13
阅书	33 456	8.28	54 108	12.63	78 888	18.2	85 815	19.72
运动	62 228	15.41	66 297	15.5	93 785	21.63	169 048	38.85
问字	3 241	0.8	2 067	0.48	1 196	0.28	326	0.07
游览	14 804	3.67	35 986	8.41	未详	未详	未详	未详

本表说明:①1931年的济南市人口总数是403 816人,1932年427 772人,1933年433 504人,1934年435 136人。②本表未计入各种民众学校的学员人数。

资料来源:《市政月刊》第10卷第7、8期合刊,第9卷第8期。

山东省民众教育馆系 1929 年 8 月由公立通俗图书馆、社会教育经理处和通俗讲演所合并而成,馆址分布在济南贡院墙根北头、贡院墙根中间、鹊华桥西路南、趵突泉、府东大街北、历城县祝甸乡六处,下设研究实验、辅导、讲演、推广、康乐五部。馆内有陈列馆,如革命纪念馆、国耻馆、博物馆、国货厅样品陈列馆、卫生馆、中国经济地位统计馆、艺术馆,阅览所,如图书馆、民众刊物阅览所、阅报所等,以及娱乐场所、讲演所、体育场、民众医院等设施,主要从事教学、讲演、出版、辅导、调查、展览、比赛等活动,并附设有诗词研究会、国语研究会、民众刊社、音乐研究会等团体。青岛市自 1929 年度开始也先后设民众教育馆四处。山东省每年社会教育经费 10 万—20 万元,占省教育经费的 5%—9%。[①]

　　有的行业也开展了系统内的社会教育活动。比如,1930 年 4 月,胶济铁路局组织教育委员会在沿路青岛、高密、坊子、张店、济南、四方六处设立胶济铁路工会工人补习学校。凡本路工人年龄未满 40 岁者须一律入学至高级毕业为止,未满 45 岁者须一律入学至初级毕业为止,45 岁以上者可自由入学。学员入学一律免收学费。1931 年 9 月,胶济铁路依照铁道部颁发的国营各路筹设职工训练所办法,颁行《胶济铁路职工训练所简章》,规定凡在 16 岁以上 25 岁以下,体格健壮并曾在完全小学毕业或有相当学历资格者得以入训练所肄业。1933 年 2 月,铁道部颁布铁路职工识字教育强迫施行办法,不满四十且不识字的职工应于识字教育开办时强迫入学。1936 年 3 月,铁道部核准实施《修正胶济铁路职工识字教育实施办法》:"凡本路不识字、略识字,及私塾一二年之职工年龄未满四十者,统限于第一年内完成识字教育。自二十五年六月起至二十六年五月底止,其请假或散在各小站于第一年内不及入学者,统限于第二年内完成,应由各校校长会同各主管,强迫入学,但以不妨碍职务为限。"为

[①]《民国山东通志》编辑委员会编:《民国山东通志》第四册《救济志》,[台湾]山东文献出版社 2002 年版,第 2622—2624 页。

了便利职工识字并避免与工作冲突,各校识字班均定为间日班,并在未设学校的地方视察人员数量,各站设分班,采用流动教学方法,派专任教员轮流教授。至1937年抗日战争全面爆发前,胶济、津浦铁路相机开办职工识字补习学校8所,先后培训职工3 000多人。①

抗日战争期间,国民党山东省政府针对日伪实行的奴化教育和抗日根据地实行的新民主主义的文化教育政策,极力推行主权教育,其基本内容是向沦陷区和抗日根据地派遣特教人员,开展特殊教育。1939年省教育厅拟订《山东省特殊教育实施方案》,1940年正式成立了山东省战教委员会,并在省教育厅内设立专门机构,具体负责主持全省的特教事宜。这个时期,山东境内的社会教育事业遭到重大破坏,山东省政府力谋恢复,但因经费匮乏,环境恶劣,多未达预期目的。

抗日战争胜利后,国民党山东省政府在消除沦陷区民众奴化思想的名义下,积极推行党化教育政策,"以纠正偏激思想而遏乱源"。如,在各城市市区定期举办三民主义演说和论文比赛等。文化上,强化对新闻出版的监控。1946年6月初,国民党秘密通令有关部门设立书店检查机构,检查书商销售之书报,"以遏乱萌"。不久,制定了《济南市书业指导实施办法》,规定由国民党城防司令部、绥靖公署政治部、市党部、三青团区团部、市政府警察局等单位联合派员组成济南市书业指导委员会,以"培养市民纯正思想并肃清敌伪时期一切奴化教育、宣传刊物及其他反动刊物"为宗旨,以秘密调查和各书店自行申报的方式,检查各书店在1937年"七七事变"后的所有出版物,以审查是否合法。② 1947年2月,国民党济南市党部又严令各报社、通讯社要肃清一切足以妨碍社会秩序的言论,严禁登载足以动摇民心、军心的有关经济、战事的消息,各种通讯用语务须谨慎,"切忌刺激语气,致使读者相警",并据此查禁"违法"报

---

① 张登德:《山东交通史》,山东人民出版社2018年版,第437页。
② 《济南市书业指导实施办法》,未刊原件,山东省档案馆,J001-02-116。

刊。同年10月11日,《平民日报》发表了题为《忧时慨言》的社论,因有国民党"军事不乐观""征兵弊端丛生,壮丁或系抓来,或备受虐待""共匪主力迄未就歼""国民党改造亦可想而知"等话语,被认为是"措施失当,刺激人心""影戡战乱前途及本党声誉至深且巨",予以取缔。为实施文化控制,国民党还向各地派出名为"文化通讯员"的文化特务,指令其秘密检查各地文化事业、文化机关工作者及其活动情况,秘密调查各阶层政治活动情况及生活情形。

抗战胜利后,山东省社会教育也有短暂恢复。省立民众教育馆、各县市民众教育馆重新开放;教育厅成立了社会教育工作队,在各地督导巡视;图书馆、演讲所、体育场、剧场等也逐步重建。尤其是附设及专设民众学校恢复最快,1946年度有503所,在校生20 839人,毕业生13 516人,全年各项社教经费682 723 185元。① 1947年,省教育厅配合教育部计划,在山东发起第一届识字运动,举行了大规模宣传活动,制定《济南市失学民众强迫入学办法》等措施,山东省主席王耀武等人也亲自做动员工作,使识字运动取得了一些成绩,至年底各公共团体、学校等开办识字班1 317个、学生57 290人。但因国共战局急转直下,1948年就仅剩下65班、学生2 600人。青岛市社教机构在经过接收、改组、恢复、增设等后,至1946年年底已颇有规模,主要有市立图书馆、市立博物馆山东产业部、市立大港民众教育馆、市立沧口民众教育馆、市立体育场等,另有教育局、基督教会、青岛市难胞管理委员会等公私团体设立的各类补习学校26处,教职员106人、学生2 313人,三青团、保国民学校、民众教育馆、万国道德会等单位附设民众学校及识字班10处,学生1 076人,市立盲童公共学校及私立英华聋哑学校各1处,教职员15人、学生102人。

---

① 教育部教育年鉴编辑委员会编:《第二次中国教育年鉴》第一编第一章,商务印书馆1948年版,第1479页。

第五节 社会救济与慈善活动

南京国民政府成立后,随着国内政局的相对稳定,开始注重内政建设,对于社会救济和慈善事业给予了较多的关注。1937年以前,由行政院下设的内务部民政司第四科专管救济及慈善事项。1929年2月,为统一全国赈灾事务,南京国民政府将赈济事务从内政部划出,成立了赈灾委员会。1930年1月,将赈灾委员会改组为赈务委员会,作为常设的救灾机构。赈务委员会隶属于行政院,主要负责因自然灾害、国内战争所造成的灾民、难民的救济。若遇特大灾荒,还专设临时性的救灾机构,如1931年江淮大水灾后设立的国民政府救济水灾委员会,1933年黄河水灾后设立的黄河水灾救济委员会等。1937—1940年,由中央执行委员会下设的社会部管理;1940年社会部改隶行政院之后,由社会福利司职掌劳动者生活之改良、庇护老弱残废等。遗憾的是,这些只是徒具其表。在实践中,政府只是敷衍了事,措施不力。尤其是救济机构在相当长的时间内只是沿袭封建时代的旧制和作派,难有作为。

南京国民政府时期,山东省主管慈善救济事业的机构主要是山东省民政厅和山东省赈务会。济南市和青岛市各设有社会局,管理本市的慈善救济业务。1929年制定的《山东省社会局组织细则》规定,本局掌理全市社会及教育事业,分设第一、第二、第三科及教育科,其第三科掌理的事务包括:第一,关于市内公益慈善事业,以及其他团体之调查统计、注册、监督、改良事业;第二,关于民食之监察,失业之统计及补救,灾害之预防、救济,并其他一切有关生计事项;第三,关于社会一切制度、风俗,以及公共娱乐场所之设施、改良、监管、取缔事项。1934年10月31日核准的《修正青岛市社会局办事细则》规定,社会局第三科设卫生、公益两股,公益股之职掌如下:第一,关于公益慈善事业之筹设督饬事项;第二,关于市民生计之筹划改善事项;第三,关于民食调剂物价平准事项;第四,关于天灾人祸之预防补救事项;第五,关于妇孺残老游民乞丐之救济取缔事项;第六,关于礼俗、风化之改进取缔事项;第七,关于社会病态之调查统计事项。

对于城市下层社会民众的社会救济与慈善活动,国民党山东省政府在继承传统救济机构的基础上,也新设立了一些救济机构,同时一些私人团体、国际组织和外国教会机构也广泛参与社会救济和慈善事业。1928—1949年山东省主要城市新设救济慈善机构团体的具体情况见下表(表4-8)。

表4-8 1928—1949年山东省主要城市新设救济慈善机构团体情况表

名称	设立时间	驻地	职员人数	收容人数	业务概况	备注
山东省立救济院	1928	济南铜元局前街	30	600	收养老弱、妇孺、残废人员	
世界红卍字会全鲁各分会联合办事处	1928	济南魏家庄民康里7号	23	250	施药、施棺、施衣、施粮	
世界红十字会济南办事处附设医院	1928.11	济南魏家庄民康里4号	5		对赤贫民众免费施诊、药	
济南市立救济院	1929	济南东圩门外黄台车站	17	207	收容老弱病残无依儿童及流亡难民习艺教养	
世界红卍字会因利局	1929.1	济南府东大街116号				
济南正宗救济会	1929.11	济南西关东燕窝街10号			施医药	
世界红十字会施诊所	1929.12	济南府东大街116号			施诊	

续　表

名称	设立时间	驻地	职员人数	收容人数	业务概况	备注
全省红十字会联施诊第一分所	1929.8	济南西公界慈村院				
世界红卍字会烟台分会恤养院	1930	烟台	12	620	恤养孤儿残老	
世界红十字会山东分会	1931.7	济南魏家庄民康里	23	250		
济南市红卍字会第一施诊所	1931.7	济南林祥南街				
世界红卍字会山东省妇女分会	1932.7	济南魏家庄路北63号	12		普救灾民施医药	
世界红卍字会历城妇女分会	1934.10	济南魏家庄23号			办理慈善事业	
万国道德会驻济办事处	1934.7	济南馆驿街玄帝府				
益都麻风院	1936	益都	9	47	收治麻风病人	房27间,地7.2亩,接受外国津贴
广裕堂针灸施诊所	1936.7	济南宽厚所街46号	10		义务施诊	
崇实佛学会	1937	济南县学街13号	10		施茶粥救济贫苦难民	
济南诚善堂附设治疗所	1937.7	济南冉家巷12号			施舍茶水及药品	
山东基督教灵修院	1938.3	济南东关外贤文庄	6	113	收容孤贫残老	
济南国医慈善医院	1938.7	济南舜井街2号			办理慈善事业	

续 表

名称	设立时间	驻地	职员人数	收容人数	业务概况	备注
世界红卍字会济南办事处附设恤养院	1940.12	济南官扎营中街265号	14	108	收容教养老弱孤儿	
烟台市恤养院	1943	烟台南山路		400	收容残老、孤儿、孀妇	
徐州私立若瑟育幼院	1944.8	徐州	6	109	收容无依儿童	房78间,地30亩,接受外国津贴
泰山教养院济南分院	1945.1	济南	3	23	收容无依儿童	房32间,地基1.8亩,织布,接受美国津贴
私立山东省抗战烈士遗族学校	1946	济南经五路小纬六路	30	750	收容教养烈士遗族学生	系指对日作战
社会部山东育幼院	1946	济南官扎营西街	45	650	收养儿童	
青岛私立英华聋哑学校	1946		15	50	木工、文具	接受美国津贴
济南市私立恩源幼稚园	1946.1	济南商埠经六路小纬六路	4	82	收容军人遗族子弟,施以育幼课程	
山东省立第一育幼院	1947	济南官扎营西街	21	345	收养儿童	
烟台基督教瞽目孤女学道院	1947		10	21	种地、草编	接受美国津贴
济南市立佐民托儿所	1947.3	济南商埠经六路小纬六路	6	94	收容军人婴儿及无依婴儿	

续　表

名称	设立时间	驻地	职员人数	收容人数	业务概况	备注
青岛玛丽亚方济各女修会孤儿院	1948.6	青岛	7	27	收容孤儿	房59间,土地15.1亩,地基1.7亩,耕园,卖牛奶,缝纫,接受美国津贴
青岛玛丽亚方济各女修会圣神女修院孤儿院	1949.5	青岛	3	6	收容无依儿童	接受美国津贴
中华礼教总会山东分会		济南经七路聚善街5号			办理慈悲事宜	
济南施棺贫民救济院		济南经二路193号			施舍棺木,掩埋尸体	
济宁市基督教浸信会信徒麻纺厂		济宁市	5	200(工人)	纺麻绳	房78间,地30亩,接受外国津贴
潍县孤儿院		潍县城内	5	50	收养孤儿,教养习艺	
潍县天主堂济贫孤儿院		潍县坊子二马路	15	78	收容老弱、残废、孤儿、妇孺	
天主教广仁会						接受外国津贴

资料来源:山东省地方史志编纂委员会编:《山东省志·民政志》,山东人民出版社1992年版,第193—200页。

南京国民政府初期,在济南主要由社会局负责城市下层民众的社会救济。如,据1929年11月10日《山东民国日报》刊登的《乞丐的福音:贫民收容所正在组织中》报道:"本市(济南市)社会局鉴于市内乞丐充饬,殊碍观瞻。特组织贫民收容所一处。闻其办法,先从调查入手。将乞丐分为四类,一为老病无依者,一为残废不能自立谋生者,一为失业者,一为自甘下流,懒惰性成者。对于一二两类,将尽量收容;对于第三类将施以救济,对于第四类将加以训练。该所内部,分总务、训练、卫生、工厂四科。其经费由各慈善机关,即特税项下,月拨数千元之谱。并分头函知工商厅、市党部两方,请物色技师,即深明党义之专门人才,加以彻底之训练云。"1937年,南京国民政府成立赈济委员会,山东省和各县相继成立赈济委员会,其经费由省、县自筹。1946年10月,成立山东省善后救济协会。1947年4月,山东省政府成立社会处,主管社会救济等工作。8月,成立国民党山东省临时救济委员会。11月,成立国民党山东省冬令救济委员会。①

1928年5月,南京国民政府内政部颁发《各地方救济院规则》。饬令"各省、区、各特别市、各县市政府,为教养无自救力之老幼残废人,并保护贫民康健,救济贫民生计,于各该省、区、省会、特别市政府及县市政府所在地,应依本规则规定设立救济院。"救济院内以收容对象和职能不同,分为养老所、孤儿所、残疾所、育婴所、施医所、贷款所六所,第一次将长期以来纷乱繁杂的救济设施名称做了统一规范。1929年6月,又颁定《监督慈善团体法》,督饬各省将旧有私立慈善机关重行核定,并由内政部通行各省,限于1930年年底将各县市救济院一律成立。于1931年,分择经费较裕之县市,成立各区乡镇之救济院。此后,山东各地救济院次第开办。

1931年,国民党山东省政府在铜元前街建成山东省立救济院。7月29日,山东省政府政务会议通过《山东省赈务会附设省立救济院章程》。第一条,本院定名为山东省赈务会附设省立救济院,遵照内政部公布救济院规则,教养无力自给之老幼残废人并保护贫民健康,救济贫民生计。

---

① 山东省地方史志编纂委员会编:《山东省志·民政志》,山东人民出版社1992年版,第190—191页。

第二条,本会设于山东省会。第三条,本院经费暂定为 24 324 元,由山东省赈务会核给之。第四条,本会先设养老所、孤儿所,其残废所、育婴所、施医所、贷款所,俟上两所成立后次第筹设。第五条,本院养老所名额暂定为 150 人,孤儿所名额暂定为 250 人。① 建院初期,收容人数甚少。后来相继建立安老所、育幼所、习艺所,收容人员常年在院 400 人左右,从事织布、织袜、木工、缝纫等生产,产品自销。时任山东省主席韩复榘,经常前往山东省立救济院和济南市办的其他社会救济机构进行"视察"。《山东民国日报》曾多次做过报道,如 1932 年 6 月 28 日刊载消息:"省府主席韩复榘素对慈善事业极为热心,常往残废院及各工厂等亲行视察办理情形,以资督饬,设法改革。韩主席特于昨日携济南市长闻承烈同乘汽车赴东门外桑园视察贫民救济院内部设置、办理状况,约一小时视察完毕后,始返省府休息。"

1930 年 10 月,经山东省政府第 98 次委员常会议决,济南市贫民教养院改称济南市救济院。济南市救济院的经费列入省行政费支出。1931 年度(本年 7 月 1 日至次年 6 月 30 日止)概算数为 48 648 元,1932 年度(本年 7 月 1 日至次年 6 月 30 日止)概算数为 49 458 元,增加 810 元(冬季炉炭费)。1933 年度省政府将历城县孤贫口粮 1 651 元划拨给济南市救济院,故 1933 年度(本年 7 月 1 日至次年 6 月 30 日止)济南市救济院的预算经费为 51 109 元,比 1932 年增加 1 651 元。经过几年发展,到 1933 年济南市救济院已略具规模。院内设四所:养老所额定为 150 人,现有男贫民 70 余人、女贫民 40 余人。残废所额定 150 人,现有男贫民一百一二十人,女贫民有 20 余人。孤儿所额定 200 人,现有男孤儿二百一二十人,女孤儿 20 余人。育婴所额定 20 名,现有男女婴儿 5 名,经市民领去男女婴儿各 1 名,尚有女婴 3 名。院内贫民住室皆系新做木板通炕,离地颇高,不染潮湿。炕上垫草帘,草帘上铺芦苇,席上铺

---

① 《山东省现行法规类编》,《民国史料丛刊》第 47 册,大象出版社 2009 年版,第 73 页。

装麦秸布褥。每人棉被一条、枕头一个,炕沿用蓝布围,后窗用雨搭,冬用煤炉白铁烟筒,夏用竹帘。贫民饮食,每日两餐,白面馒头佐以小米稀饭,每日吃菜一次,即白菜菠菜之类。贫民衣帽按冬夏两季发放,棉衣帽一套,单衣帽两套。手巾、胰子均随时分发,每人一份。院内设有普通病室、特别病室、传染病室,有中医一人,内外各科皆由其诊治。西医一人,助医一人,除治内外各科外,还教授孤儿数人学习看护。孤儿上课分甲乙丙丁戊五班及幼稚班,以学问程度定班次,不按年龄。每日课程有国文、算学、党义、常识、武术、国语、体育、唱歌、习字等科目。设有制鞋、音乐、织席、织布各组,使男女孤儿半工半读,以期学成致用。① 1933 年 2 月 8 日,山东省民政厅厅长李树春、济南市市长闻承烈亲自前往济南救济院详细视察,新闻报道中评价说:"本市救济院成立以来,颇著成绩,内容设备亦均适宜,收容贫民为数既多。"②

　　济南市救济院内还附设有贫民工厂,于 1932 年 11 月 1 日正式成立。当时济南庇寒所及栖留所行将结束,贫民虽分别遣散,尚有一部分无家可归者亦应设法安置。为适应需要及遵照中央通令各省市筹设贫民工厂方案,筹设贫民工厂,既可救济贫民,又可以提倡小手工业。创办伊始,需费较多,经呈请省赈务会将本市水灾急赈分会所募捐款留拨 3 500元,并由各县募存赈款积余项下再拨 1 万元,又呈请省政府将罚没款 2 000 元全部拨给,作为工厂基金。此后省政府又拨 5 万元作为扩充工厂经费,市政府又将购买汽车费 6 200 元拨归该厂。济南贫民工厂在市救济院内建筑厂房,购置机器,先设染织两科,聘请技师,招收贫民学徒,救济院贫民亦得入厂学习。工厂原为厂长制,后改为董事制,使本地绅商得以参加管理。工厂制造之布匹,其质优于舶来品,价格则较舶来品低廉,市民俱乐用之。③

---

① 王林:《山东慈善史》,山东人民出版社 2018 年版,第 337—339 页。
② 《山东民国日报》1933 年 2 月 9 日。
③ 闻承烈:《本市救济事业实况》,《山东民国日报》1934 年 5 月 5 日。

1935年7月,黄河在山东鄄城董庄至临濮集决口6处。据山东省政府统计,这次黄河决口,山东被灾面积东西长近300里,南北宽约70里,包含鄄城、郓城等10余县,灾民达500万,损失在1.5亿元以上。① 灾情发生后,济南市政府在车站招待过境灾民,如9月2日支在车站招待灾民馍水洋7 058.64元,9月23日支洋3 133.86元,10月14日支洋2 009.55元。② 济宁火车站是灾民外出的中转站,由于大批灾民聚集,一时难以运出,再加上天气炎热,卫生条件差,导致大量生病和死亡。据当时在车站主持灾民登记工作的郝子善回忆:由于当时的交通条件所限,不能及时运出,所以先一批输送不完,后一批接踵而到,源源不断,绵延数十日。尽管在车站下搭棚四五座,占地数十亩,而不得进住之灾民还是成千累万。他们只好流落在附近的村头巷尾……灾民中的老弱病残已多有不支。来济后,虽然得到救委会每顿两个馍馍的赈济,红十字会等组成的救护股发放些许药品,但犹如杯水车薪,对数百万灾民何能拯救万一。并且时值溽暑炎夏,霪雨连绵,幸入席棚者尚可暂避一时,露宿郊野者只得任其周身淋漓,因而灾民中疫疠流行,染患疾病者不计其数……所以车站下的坑洼沟壑中由疾病夺命者常常数以百计,竟在数天之内陈尸遍野,烈日曝晒,不及掩埋,以致腐臭熏天。后经红十字会出动掩尸队,一次就集中尸体128具,葬于车站以南"万人坑"中。③

为收容管理灾民,山东省政府要求沿津浦、胶济线各县及未受灾各县以及交通较便各县设立救济委员会管理处,并将灾民分别运赴各该县安置,筹给衣食。④《灾民收容管理处规则》规定,管理处承山东黄河水灾救济委员会命令管理收容灾民事宜。收容难民人数,济南市约以万人为

---

① 《山东省政府第三届第六周年工作报告》(1936年),《民国史料丛刊续编》第283册,大象出版社2009年版,第20页。
② 《山东省政府公报》第356、360、363期。
③ 郝子善:《1935年黄河决口济宁灾情的回顾》,文芳主编:《天祸》,中国文史出版社2004年版,第37—38页。
④ 《山东省政府第三届第五周年工作报告》(1935年9月),第7页。

限，各县收容所以千人以下三百人以上酌量收容之。自 1935 年 7 月 24 日起至 10 月 16 日止，济南共收容难民 17 070 人。在管理方面，济南市各所灾民向分男女两组，每组设正副组长各一人，由各所职员兼任之，每组之下分设若干班，每班设班长一人，由灾民中挑选精明强干者任之，专司灾民指导管理各项事宜。在卫生方面，济南市各所关于灾民疾病卫生等事项，有华洋义赈会及上海水灾义赈会在本市设立灾民医院四处，专司治疗灾民疾病，其具体医疗卫生防疫事务主要由齐鲁大学医学院及医院来承担，各医药公会亦均施衣施药。在衣食方面，济南市灾民食粮系用四等面与小米面掺半食用，先由管理处与面粉同业公会及小米面商议定价格，订立合同，各收容所需用食料时，可随时向面粉厂及小米面商购用，其价款由各所自行支付。衣被鞋袜均系各界自由捐送，计有被子 516 条、鞋 3 329 双、袜子 2 105 双，至于灾民棉衣 16 300 套系各界捐款购制。在教育方面，济南市各所分设成年班及短期小学班，以教育灾民。成年班教育自 18 岁至 50 岁之男子，共 30 班，2 531 人，授以山东农民读本、常识、算术等课程。短期小学班教育自 7 岁至 17 岁之男女灾童，共 61 班，4 445 人，授以短期小学课本、常识、算术等课程，学龄儿童悉数令其就学，成年妇女教以识字。在工作方面，济南市各所选择灾民壮丁修道路、开河渠、疏浚水道，已完成者有拆除旧东门等工程。①

1931 年春，威海开始筹备救济院，延请地方绅董 8 人，由威海卫管理公署派职员 2 人，遵照内政部章程筹设，以城区育秀女校为院址。1932 年 1 月 1 日正式成立，举地方绅董谷铭川为院长，李翼之为副院长，凡属养老、育婴、施医、济良应办事宜一体由该院统筹办理。② 救济院经费除由威海卫管理公署拨给开办费近千元外，其余经费由绅董设法筹集。成立之初分养老、育婴两组，后又添设乞丐收容所、济良所。1932 年收留乞

---

① 王林：《山东慈善史》，山东人民出版社 2018 年版，第 267—271 页。
② 《威海卫收回第二周年报告书》（1932 年），第 24 页。

丐89人,次年自行请求资遣回籍。1934年有附近极贫年老之人,按月由院拨给养赡。① 威海救济院还主办一些临时性救济业务,如1931年在救济院施放玉米面一次,用款2 300余元。1932年又在救济院借设防疫临时医院,用费700余元。②

1931年5月,青岛市按照南京国民政府的规定,将胶澳商埠局时期的贫民习艺所、济良所、教养局、育婴堂等机构正式合并,成立"青岛市立救济院",隶属于市社会局。内计划分为七部,分别为残老所、育婴所、济良所、习艺所、借贷所、孤儿所、施医所。除孤儿所因已有育婴所、习艺所可资救济,施医所因有市立医院足资诊疗外,其余五项,次第成立。于1932年间,开设贷款所。青岛市救济院设院长一人,综理院务,副院长一人,襄理院务,由市政府就地方公正人士热心公益者选任之。本院各所各设主任一人,由院长、副院长遴选,呈社会局委任之,秉承正、副院长管理各所事务。青岛市救济院及各所经费主要由市政府拨款及商会补助。1931年度全年经费数为5 280元,1932年度全年经费预算数仍为5 280元,其中由政府补助2 640元,其余系由商会补助。1933年至1934年救济院经费为2 640元,市政府补助,另有捐款补充。③

1. 育婴所。设在上海路3号。《育婴所组织细则》规定:本所隶属于救济院,办理收育本市区域内贫苦及遗弃之男女婴孩事务,婴孩年龄须在五岁以下。所内设有育婴室,分别按号编排,每室各设有婴孩床一架、乳媪床一架。所有婴孩被褥鞋袜,均由所中置备,分给各室使用。该所备有木牌广告,上面写明"如见遗弃婴孩,送往上海路育婴所者,奖洋二元"等字样。④ 育婴所设置有接婴箱,其简则规定:本箱为接收无主男女婴孩而设。本所派有专员守候本箱,无论何人拾得婴孩均可随时送置箱

---

① 《威海卫管理公署年报》(1934年),第70页。
② 同上书,第71页。
③ 王林:《山东慈善史》,山东人民出版社2018年版,第341—342页。
④ 魏镜:《青岛指南》,平原书局1933年版,第64页。

内,以便接入饲乳。有人送婴之时,不准他人互相探视。凡非送婴之人不准妄动本箱,违者扭送公安局罚办。育婴所制定了详细的《育婴章程》,分七章49条,涉及收养婴孩、待遇婴孩、选择乳媪、管理乳媪、领养婴孩等事项。规定:本所每一婴孩应由一乳媪哺乳,其有可以兼食代乳品者,得以一乳媪哺乳二人,但以二人为限,不得再加。凡雇佣乳媪须年在20岁以上30岁以下者为合格,并应询明该乳媪本生婴孩已逾岁月,尤须检验体格确无疾病,乳汁实系丰富,方得由介绍人担保留用之。凡乳媪留用后,须注意其性情是否平和,待遇婴孩能否尽心,倘有不合格之处,应随时辞退之。凡领养婴孩者须身家清白,衣食充足,年逾四旬确无子女者,方为合格。凡领养之婴孩,本所得随时派员前往视察,倘有虐待或转卖及一切违法情事,除将该婴孩收回外,得呈救济院将领主保人一并移送法院依法讯办。① 1933年12月底,育婴所留存婴儿24名,1934年12月底留存婴儿33名。育婴所附设孤儿组,1933年收容男孤儿1名、女孤儿17名,共18名。1934年收容男孤儿1名、女孤儿24名,共25名。

2. 习艺所。《习艺所组织细则》规定:本所隶属于救济院,办理收容本市区域内无业贫民习艺事务。该所专门收容13岁以上、20岁以下,孤苦无依的男女成童,授以各种技艺,如织袜、织巾、木器、绳索等。并聘有教师,于习艺之暇,授以各科常识。所有衣食住宿、被褥鞋袜、书籍笔墨、医药等费,概由救济院支给。以两年为毕业期限,毕业后,试留一年,给予薪金,以觇其能否自立,如其能力足自谋生计,再令出所。1931年,将习艺所归于青岛市感化所,扩大收容法院、警察局移送的偷窃、诈骗、贩毒及少年犯罪分子,感化所进行劳工习艺,设立毛巾、线球、鞋工、木工、铁工、印刷、绳索、缝纫、扫帚等科,分科授艺。游民中的残老、妇女则分

---

① 《青岛市市政法规汇编》,载《民国史料丛刊续编》第136册,大象出版社2012年版,第278—285页。

配轻微劳动。1933年7月,感化所设立"悔过室",惩戒品性恶劣的游民。感化所对收容人员,根据不同情况分配到各科劳动,并根据其表现情况,随时遣发出所或遣回原籍。1932年年底,所内共有收容人员534人,1933年至1938年共收容44 442人,出所4 480人。① 1933年,习艺所各科收容人数为:木器科12人,机袜科17人,毛巾科15人,绳索科8人,织布科13人,共计65人。1934年份各科收容人数为:木器科15人,机袜科14人,毛巾科21人,绳索科13人,织布科18人,共计81人。

3. 济良所。《济良所组织细则》规定:本所隶属于救济院,办理收容本市区域内无告妇女救济事务。凡在青岛市境内,不论娼妓、姬妾、婢女、养媳或流落无依,或被人诱拐,以及其他一切身受压迫、无事告诉之妇女,该所一概收容,教养期为三个月。收容期间,除授以常识学科外,实习缝纫、织袜、烹调等工作。教养期满,愿意出嫁者,允许由本国人具有正当职业、向未娶妻者,择为配偶。不愿嫁人,或有特别情节,或未成年者,均仍留所教养。其教养期满之后的安排如下:(1)本所所女,一经教养期满,立即呈请救济院,准许其由本国人择为配偶,呈准之后,本所即将该女照片悬于门首,以示征配之意,但未成年及具有特殊之情节者不在此列。凡欲应征本所所女为配者,当具下列各条件:一、应征人须与择配所女年龄相当,并须有正当职业者;二、应征人须备申请书申明下列各点:甲、姓名,乙、家庭状况,丙、经济能力,丁、指明承领某所女,戊、黏附最近四寸半身照片三张。三、应征人填具领结,申明配婚后不得有作婢妾虐待及转卖情事。四、应征人取具本市殷实铺保两家加盖图记之保结,并注明保人姓名详细地址。五、应征人已具各项应办手续,经本所派员查实并得到该所女同意后,呈报救济院核准,方得给领完娶。(2)凡已逾教养期,及悬挂照片无人应征之所女,本所当察其所长与平日成绩,请

---

① 《民国山东通志》编辑委员会编:《民国山东通志》第四册《救济志》,[台湾]山东文献出版社2002年版,第2472页。

救济院转请社会局,准予介绍相当职业,俾得自立。若成绩较低,尚可造就者,本所当酌量情形,延期教养。(3)未成年之所女,逾教养期,经本所呈报救济院核准后,得由永住本市境内年逾五十之本国人觅保领为养女,但不得为姬妾、娼、婢、养媳。(4)凡所女无论系得配或认领或自立之出所者,均须缴纳在所期内之衣食等费,作为慈善捐,依该所女在所日期之久暂,以最低限度计算之。① 济良所收容人数始终处于流动之中。1933年统计:去年底在所留存所女42名,本年收存49名,出所及死亡33名,尚留存58名。1934年统计:去年本所留存所女58名,本年收入34名,出所34名,尚留存58名。

4. 贷款所。《贷款所组织细则》规定:本所隶属于救济院,办理本市区域内贫民却无资力经营小本生意之贷款事务。凡借款人,必须是在青岛市区域内,"年在十五岁以上,六十岁以下,确系贫苦,身体健全,并无不良嗜好,志愿作小本营业而缺乏资本者"。借款之前,"必须觅俱本市殷实铺保,或相当保证人",然后,去贷款所挂号,领取请求书及保证书,依式在保证书上注明保证人姓名、职业、住址,并加盖图章,经调查确实后,方能准予借款。每人借款,以1元至10元为限,"倘系前已营业,一时因资本不继,须借款补充者,每人以5元为限",概不取息。借款以3个月为限,分9期还清(即每10天,还本1次),期满还清后,方得再借。② 据统计,贷款所1933年6月份至12月份贷款金额合计5 473元,还款金额合计3 640.80元,结欠金额1 832.20元。

5. 青岛市救济院所承办慈善事务,还有施材、施药、施衣、施茶等。(1)施材。由社会局主办,救济院管理。1933年春,社会局订定《施舍棺材章则》,呈请市政府核准,饬令青岛救济院附设施材所,负责施棺事宜,并由青岛市政府及市商会每年各拨500元,作为施舍经费。"凡贫苦市

---

① 魏镜:《青岛指南》,平原书局1933年版,第67—68页。
② 同上书,第69—70页。

民死后无力棺殓者,得开明死者姓名、年龄、籍贯、职业、性别、住址及何病致死、棺材长度、请领人姓名等项,请求公安局查明转向救济院请求施舍"。① (2) 施药。救济院虽因已有市立医院,故未设立施医所,但贫苦病人,又不能不设法临时救济,因此特备各种救急特效药品,以供贫民随时索取,并无时间限制。(3) 施衣。每年冬季,市内贫苦民家,衣不被体者,为数甚多。故该院每于年冬发放寒衣一次,多则五六千套,少则一二千套不等。均由公安局按户调查,呈请分发。(4) 施茶。每年夏季,救济院感于"一般行人及劳动者,奔走街衢,气喘汗流,特需饮料,故该院特于劳动民众往来最多之通衢,设立施茶处,以供需要"。其地点主要在大港码头、小港码头、青岛车站、天津路西段、辽宁路中段、热河路口、台东五路口、四方路口、云南路中段、大港车站十处。② 据统计,救济院 1933 年共施棺 389 具,1934 年度施棺 437 具。1933 年冬令施放棉衣合计 800 套,1934 年冬令施放棉衣合计 780 套。1933 年施药合计领用人数 2 519 人,1934 年施药合计领用人数 3 765 人。

1938 年 12 月 20 日,青岛市立救济院被改组为"青岛特别市救济院",由伪社会局监管。1946 年 6 月 1 日,青岛特别市救济院又改名青岛市立救济院。同年,青岛冬令救济委员会在城乡共设四处粥厂救济难民,其中市立救济院内搭棚设粥厂一处。是年 12 月开始发放馒头,凭票领取,日发千余人,发放 3 个月,第二年 3 月 10 日结束。至 1948 年 12 月,该救济院共助产 663 人,施诊 19 697 人,贷出小本贷款 8 398 万元,计 1 127 户,其余育婴等 6 所共收容 663 人,遣出 145 人。③

此外,青岛市是一个直辖市,经济较为富裕,成为山东难民最常涌入的所在,因此青岛一地的慈善机构相对较为完善。除了上述机构外,尚

---

① 魏镜:《青岛指南》,平原书局 1933 年版,第 84 页。
② 同上书,第 71 页。
③ 青岛市史志办公室编:《青岛市志·民政志》,中国大百科全书出版社 1996 年版,第 158—160 页。

有青岛市感化所、青岛市平民院、青岛市冬令救济委员会等。

1. 青岛市感化所,成立于1932年,由原乞丐收容所和游民收容所合并改组而成。1929年,青岛市社会局成立乞丐收容所,专以收容市区游民乞丐,授以相当技艺使其能自食其力为宗旨,收容名额以300名为最高限度。与其同时,青岛市公安局在团岛也设立游民收容所一处,以收容市内游民为专责。鉴于两所性质相同,青岛市政府于1932年冬命两所合并改组,统由社会局管理,定名为"青岛市立感化所"。感化所采用半工半读方式,一方面教授相当常识,一方面令习相当技艺。教授方面,除每日训话外,授以国语、笔算、珠算、公民课本、社会常识五科。工艺方面,分为毛巾、织袜、线球、鞋工、铁工、木工、刷帚、绳索、石印、苇席、织布匹、织花边12科。分别男女,各就其性之所近,责令学习。其老弱残废不能工作者,则移归救济院留养,不令工作。感化期限,以游民习惯改善为标准。大抵无业游民如乞丐等,以2个月至4个月为满期;初次窃犯,以4个月至8个月为满期;偷窃惯犯,以6个月至1年为满期。期满者经该所所务会详判,认为可以出所者,呈请社会局核准,准其具保出所,如认为应继续感化,则仍须留所教导,但以2年为最高感化期限。感化所自1932年奉令就所中收容游民内,挑选壮丁编为习勤组,拨赴工务局工作,截至该年底共计拨去250名。1933年共计拨去380名。1934年共计拨去290名。1933年11月间,因市内乞丐颇多,社会局命感化所与公安局会商肃清办法。经与公安局商妥,凡市内发现衣衫褴褛沿街乞讨之人,由公安局派警抓捕,并解送到感化所教养。1933年11月至12月底,共收容男女乞丐192名。感化所收容的贫民,凡体格健全者,除选充各科艺徒及拨送工务局工作外,其余皆练习土工,以免坐闲。感化所通台西镇道路从前崎岖不平,1933年秋经感化所派工平垫后,皆已平坦。1934年夏,感化所奉令挑拨清道、灭蝇、捡石三队,协助公安局办理市区卫生清洁工作,自7月28日起至9月30日止,共计2个月零4天。①

2. 青岛市平民院,见于记载者,仅青岛市设立。中原大战后,青岛西岭一带贫民逐渐集聚,到处可见板房、席棚,低矮污秽,素有贫民窟之称。1932年,青岛市政府为整顿市容,解决住宅问题,饬令社会局、公安局、财政局、公务局组成杂院整理委员会,办理整理杂院事宜。市政府并规定凡平民有能力自建者,是给官地,不收租金,免除地税,令其自建住所;无力自建者,由政府建筑住所,以最廉之租价租给住户,每间房年租金1元。从1932年至1934年,共建11处平民院,其建筑费及政府办理公共设备费合计为233 200元。同期,由政府建筑的第三平民住所(四川路)有200间,第八平民住所(贵州路)357间,共计557间。平民住所均系平房,每间12平方米,一间一窗,解决部分住房困难。②

3. 青岛市冬令救济委员会是临时性的救济机构,由市政府于1940年10月起每年冬季设立,次年春季末即行撤销。其剩余救济款、物,移交地方其他常设救济机构、团体,不留结余。冬令救济委员会的救济对象为:青岛市残疾、疾病、贫苦无靠者;流青难民未入难民收容所及未参加工赈队者;生有子女五人以上,家境赤贫者。救济办法是由流亡进入青岛市的各县流亡政府或同乡会,将难民名册送往该会或由难民代表直接到该会登记,经调查后发给登记证。一般贫民按保甲编制名单,交查后发给登记证;失业工人及其眷属,由各厂直接向该会报告登记,经查后发给登记证,凭登记证受赈。1945年至1947年,物价高涨,原料缺乏,工厂未能完全开工,商业萧条不振,以致原赖小本经营或出卖劳力为生的市民及劳动工人生活无法维持,嗷嗷待哺者以10万计。1945年,全市人口59.4万人,受救济人数148 900人,占总人口的1/4,市民平均所得2.049元。1947年,救济款总数超过78亿元,相较于1945年救济款总数

---

① 王林:《山东慈善史》,山东人民出版社2018年版,第348—350页。
② 同上书,第168—169页。

3亿多元,增加了25倍之多。1948年,冬令救济委员会预算经费有340多亿元,但实际上地方自筹100亿元,不敷经费240多亿元,救济功能已难维持。①

第二次世界大战,给人类带来空前的浩劫。在战争尚未结束时,世界反法西斯国家的一些政治家已经意识到:每一次大战以后,因为病疫、饥荒、颠沛流离、失业等等而牺牲的生命,常常不在疆场死亡人数之下,战败国家每每几十年不能恢复元气,就是战胜国家,纵使程度较轻,也不能避免相同的恶果。基于此种认识,1943年11月9日,联合国44国代表齐集于美国华盛顿,共同签订了《联合国救济善后公约》,据此联合国善后救济总署(简称"联总")成立。其基金来自"本土未经敌人入侵的联合国各份子,每一国家献捐其全国一年总收入的百分之一"。② 联总在华设有办事处,以监督并协助中国善后救济工作之进行,负责人为美国人凯石。为了统筹办理中国境内的善后救济事业,1945年1月1日,南京国民政府在行政院下设立善后救济总署,即行政院善后救济总署(简称"行总")。行总的任务,就是"接受联合国救济总署对华分配物资,在中国善后救济方面作合理的分配与有效的使用"。③ 其使命是"要使因此次战争破坏的城市和乡村的人民,在战争停止后,得到衣食住等最低生活必须条件,因战争而流离失所的难民,得以早日回乡,重理旧业,农工矿交通等生产事业,可以早日恢复旧观"。④ 行总遵照善后救济工作仅限于受战祸区域要求,对救济区域进行了规划。原则上依行政区域为基础,但同时兼顾沦陷情况的轻重和省域的广狭,以及人口的多寡,分设了15个分署。鲁青分署即是其中之一,辖区包括山东全省及直辖市青岛市,

---

① 青岛市史志办公室编:《青岛市志·民政志》,中国大百科全书出版社1996年版,第160—161页。
② 行政院新闻局编印:《两年来的善后救济》,行政院新闻局1947年版,第3—5页。
③ 《参政会书面报告》,《行总周报》第56、60合期。转引自张志永:《抗战后行总对解放区善后救济工作述评》,《四川三峡学院学报》2000年第2期。
④ 行政院新闻局编印:《两年来的善后救济》,行政院新闻局1947年版,第5页。

因此鲁青分署便成为战后山东救济工作的主要承担者。

1945年9月,行政院善后救济总署委任延国符为行总鲁青分署署长。10月底,率各组室主要人员到达青岛。"原拟依照规定前往济南,组织分署,惟当时津浦、胶济两路均告不通,且修复无期,总署物资无由运达",遂决定将署址暂设青岛,并于12月1日正式成立。后虽"屡拟将署址迁往济南",但"终以津浦胶济两路迄未修复","遂致终未实现"。鲁青分署遵照"分署组织条例"于分署本部分设赈务、储运、卫生、总务四组。"计赈务组有急赈、工赈、特赈三科。储运组有运输、仓储、机工三科。卫生组有保健、防疫、卫生材料三科。总务组有文书、事务、出纳三科"。此外有设计考核委员会、物质分配委员会、卫生器材分配委员会、工赈业务委员会、员工福利委员会等机构。并先后在济南和鲁南设立两个办事处:济南办事处下设赈务、贮运、卫生、总务四课;鲁南临时办事处成立之初,分设总务、接运两课,其后以业务开展,增设赈务、卫生两课。

在具体工作中,鲁青分署在各地采取重点分区办法,每区择定重点,派驻工作队。此外另设卫生工作队及临时救护队"加紧策进卫生工作之复员,抢救善后灾疫","视环境之需要,于必要时巡回医疗全区"。同时为配合业务迅速实施,在储运方面设有高密、胶县接运站两处,押运队一队,连云港转运站一处。赈恤方面设有营养品供应站共11处,计青岛三处、济南三处、潍县四处、即墨一处,难胞招待所(嗣改为遣送站)一处。难民收容所自办者共23处,计青岛四处、济南两处、潍县一处、鲁南16处,与青岛难胞管理委员会合办者84处,与鲁东难胞救济委员会合办者24处。① 其附属机构设置分为两个阶段:自1946年1月至7月间,兼办解放区善救工作时期为第一期;自1946年8月至1947年10月,鲁青分署撤出驻解放区工作人员,并扩展鲁南、鲁西南两地区时期为第二期。

鲁青分署对城市下层社会的救济业务主要包括急赈、特赈、医疗防

---

① 延国符:《善后救济总署鲁青分署业务总报告》,1947年,第一章,第1页。

疫、协助难民返籍等项。

1.急赈。急赈工作,即办理难民紧急救济。依照联合国善后救济总署的规定,急赈必须与特赈及工赈配合进行,并于相当时期逐渐结束。但由于抗日战争结束后的山东内战又起,难民有增无减,急赈业务遂不能遽行停止。急赈对象主要针对生活贫穷,不救济无以为生者。救济的方法一般是城市难民每次每人半袋面粉;农村地区因蔬菜、燃料易得,分配量略少,每次每人1/3袋;山区土地贫瘠,出产有限,救济比照城市难民;烈士遗族、外侨、船民、水灾受灾户等都比照一般城市难民。难民收容所难民每人每月分署发给面粉一袋;散居各地难民,依每户人口多寡,生活实况,分甲乙丙三等,分署发给小麦30、20、10市斤。然而这种急赈业务,主要局限于青岛周围地区,青岛以外的地区,因交通遭到破坏,运输不便,赈济工作难以进行。①

关于鲁青分署急赈的情况,参见下表(表4-9):

表4-9 鲁青分属办理急赈业务及其成效

救济对象	原因	受惠人数	备注
贫民、难民	生活困苦	70 849	难民收容所最高收容人数
流亡贫苦教员及学生	流亡各地贫苦学生及教员,经济来源断绝,衣食两缺	34 120	流亡地点:青岛、济南、昌乐、益都,依情况给予经常或临时性的救济
失业工人	各都市失业工人,援照难民例给予救济	21 548	
抗战遗族	生活多困苦,按难民例给予救济	3 370	省府亦拨专款救济,但每户所得不多

---

① 鲁青分署的救济物资发放时间间隔、数量并非一成不变。见卢秀华《行政院善后救济总署鲁青分署之组织与运作(一九四六——一九四七)》,[台湾]中央大学历史研究所硕士论文,1977年,第110—111页。转引自《民国山东通志》(第四册),第2473页。

续 表

救济对象	原因	受惠人数	备注
被围城镇居民及鲁籍流亡在西安、商丘、徐州者	遭共产党军队围困,居民乏食或运输不便地区发放赈款救济	72 279	地区:济南、泰安、潍县、兖州、历城、临沂、枣庄、章丘、齐河、聊城、博平、安丘、张店、昌乐、长清、德州、周村、大汶口、藤县等地
冬赈贫民难民	办理冬赈施粥	18 644	此数据是青岛、济南、即墨、高密、潍县等九处的施粥厂平均每日就食人数
地方机关贫苦员工及其眷属	低级员工待遇较低,生活困苦,形同难民,分署参酌实际情形给予救济	资料缺	最为贫困合于难民救济规定者,给予衣着、粮食救济,一般员工多发旧衣物给予救济

备注:上述不含鲁青分署救济韩侨、欧侨和流落西安、商丘和徐州三地的鲁籍难民。
资料来源:参考卢秀华《行政院善后救济总署鲁青分署之组织与运作》(一九四六——一九四七),第115页。转引自《民国山东通志》,第2474—2475页。

以上急赈受惠人数虽然累计达7 180 507人次(以每人领受一次救济品者即为一个受惠人),但流亡于国民党统治区的难民据估计就有150万人,平均每人领不到五次的救济品。以发放现金为例,受惠者72 279人,发出法币140 848 280元,平均每人领1 949元,约可购买三斤半面粉,以分署发给难民每日食用面粉标准,只够三天食用。至于九处施粥厂平均每日供应1.8万人,但并非持票者即可领到粥。随着内战扩大,难民数不断增加,这些救济物资更是杯水车薪。①

2. 特赈。主要是对城市中孤寡残老特殊群体的救济。特赈方式分分署自办、委办、合办、定期补助、临时补助五种形式。鲁青分署自办者包括盲侨收容所和营养站(即儿童供养站);委办者包括胜利托儿所、小本贷款(青岛方面,委托青岛市救济院代办。基金初为200万元,后增至500万元。期满后全部基金拨作该院小本贷款永久基金,继续贷放。济

---

① 卢秀华:《行政院善后救济总署鲁青分署之组织与运作(一九四六——一九四七)》,第116页。转引自《民国山东通志》(第四册)第2475页。

南方面,委托山东省立救济院代办,基金1 000万元,期满后亦全部拨作该院小本贷款永久基金)、儿童家庭助养和营养站(分设于济南、坊子、益都、昌乐);合办者包括青岛流亡女生辅导所(系与青岛市妇女救济会合办,计收容流亡女生150人,并教以家事、缝纫刺绣等,由分署供应物资12个月)和平价食堂(与济南市政府合办,由分署供给食粮罐头等物资。开办时,每日供食1 000人,至3月1日起增至1 500人。开办时间自1947年2月16日迄是年9月3日);定期和临时补助者,因为"行总组织是一个临时机构,各项业务均为暂时性质,而社会福利事业则必需有继续性,方可收效,故尽先利用各地原有之机构,行总给予补助,使其行充实或扩大之,全国各地有关是项业务机构,不拘其原为政府或其他慈善团体设立者,大都直接或间接曾接收行总物资或经费之补助"。① 鲁青分署在各地亦对一些慈善机构进行了定期或不定期的物资救助,如下表(表4-10)所示:

表4-10 鲁青分署救助慈善机构一览表

补助方式	补助机构
定期补助	青岛慈幼院、少怀托儿所、盲童工艺学校、英华聋哑学校、青岛救济院、天主堂孤儿院、博爱教养院、失业职工补习班、麻风病院、高级医事职业学校护士科、崂山天主堂疗养院、烟台流亡修女院、胶县天主堂孤儿残老院、济南天主堂孤儿残老院、社会部山东育幼院、山东省立儿童教养院等
临时补助	青岛残废教养院、感化所、戒烟医院、暑期儿童培训班、山东省立救济院、济南市立救济院、济南仁慈堂孤儿残老院、普济孤儿院、山东省会慈善公所、红卍字会恤养院、红卍字会第一残废院、红卍字会第一育婴堂、养济院、厚德贫民工厂、山东省抗战烈士遗族学院、济南东关基督教灵修院、泰山教养院济南分院、山东省荣誉军人教养院、坊子天主堂孤儿院、益都红卍字会附设救济院、益都慈幼孤儿院、益都仁慈堂孤儿残老院、潍县孤儿院、阳谷教区孤儿院、临城天主堂孤儿院、峄县孤儿院、藤县孤儿院、临沂天主堂、滋阳天主堂、徐州基督教服务社等

资料来源:《行政院善后救济总署鲁青分署业务总报告》,第四章,出版者、出版时间不详,第4页。

---

① 行政院新闻局编印:《两年来的善后救济》,行政院新闻局1947年版,第21页。

鲁青分署对于上列机构,审核实际需要,分别予以食物、衣着及营养品等一次或数次救济。

3. 医疗救助。"大战之后,必有疫疠"。据鲁青分署调查:"结核病、黑热病、脑膜炎、疟疾、伤寒、麻疹、回归热、猩红热、白喉、霍乱等病,通常皆十分严重"。而原有的医院设施在日军侵占时又遭到严重破坏,"各医院之损失,公立者约百分之六十,以教会医院损失约百分之九十为最酷",平均损失约为75%。因此,鲁青分署特向行总申请配拨医药器材,补助辖区内的公立医院、慈善性医院及非营业性医院。行总规定:接受行总医药器材的机关,"有门诊的至少应有三分之一免费义诊,有病床的应有五分之一免费,并优先供给灾区的贫病人"。[①] 据此,鲁青分署"分别委托设置免费病床,免费门诊。凡属贫苦难胞,均可依照规定,享受免费治疗疾病及防疫注射之优待"。

除了补充和改善原有的医院外,鲁青分署还自己开设医疗机构,从1946年5月至6月先后成立了六个卫生工作队。各卫生队"除应临时急要,抽调一部分人员合组救济队,任紧急救济工作外,均各在指定驻在地附近担任医防工作"。如:1946年11月,"济南市发生伤寒病,患者七十余人,死亡率及百分之四十",第八卫生工作队遂会同当地卫生机构急施医防,并向北平中央防疫处订购大量疫苗,由飞机航运至济南,分配给各医疗机构应用,至1947年2月完全扑灭。

4. 难民遣送。长期抗战给山东人民带来深重的灾难,加以战后兵燹又起,"以致人民不遑宁处,迁徙流离,啼饥号寒,惨不忍睹"。据鲁青分署调查,"在抗战期间,各地壮丁经敌伪胁诱,流落东北及日韩等地者为数甚多,其因敌伪搜刮,生活困难,逃亡苏豫各省者,亦复不少"。另外还有大量农村难民流落于省内,其大半麇集于城市。鲁青分署对此等难民除进行救济外,根据实际情形予以遣送,"俾流亡难民返回农村,重操旧

[①] 行政院新闻局编印:《两年来的善后救济》,行政院新闻局1947年版,第24页。

业"。鲁青分署于1946年1月于青岛设立"遣送侨胞难民招待所"(后改为"难民遣送站"),开始办理遣送侨胞难民工作。迄1947年4月奉令结束,其后由第一工作队继续负责办理。其余如济南、潍县、临城等地的遣送工作,均由驻地工作队兼办。遣送方式,按照行政院善后救济总署颁布的遣送难民回籍办法及实施细则办理。"对于被遣送之难民,除发给车船票外,并按途中所需日数,发给膳食费"。由鲁青分署遣送返籍之总人数,计为35 798人,共计发出遣资177 405.406元,发出物资计通粉450袋又294斤,联粉83袋半又85.5斤,各种罐头678听,赈衣11套。但是此种难民遣送,成效微乎其微。遣送业务之所以不能完成,最根本的原因在于国民党不断挑起的战争,恶化了社会环境,不断造成新的难民潮,使新老难民问题,因袭相沿。鲁青分署纵有普济民众之宏愿,亦只能回天乏力,望洋兴叹。①

1948年4月19日,鲁青分署最后的工作人员从青岛撤离,分署所有剩余物资和办公用品全部移交青岛市社会局。至此,鲁青分署所承担的善后救济业务全部结束。

抗战后至内战期间,国民党山东省政府除对日伪政府留下的慈善组织进行了改组重建,在城市下层社会救济和慈善事业方面也做了许多努力。

1. 山东省立救济院。日本投降后,于1945年9月25日由山东省政府接收。自1946年1月起,已先行改设安老所、育幼所、习艺所、施诊所、麻风病疗养所、平民学校六个附设机关。1946年,除将已有的附设机关充实增添设备外,共设为十个附设机关:安老所扩增收容人数为200人,育幼所扩增为200人,习艺所扩增为100人,施医所加添西医部,麻风病疗养所扩增为60人,平民学校增加班次,添收学生共为200人。另行添设残废教养所,收养肢体残废无力生活者200人,妇女教养所收养

---

① 参见孙勇《近代山东社会救济研究》,山东师范大学硕士学位论文2005年,未发表。

贫苦无依妇女100人,助产所免费为贫苦妇女接生并医疗妊娠妇女,育婴所哺养贫苦及无依之乳婴50名。①

2. 社会部山东育幼院。原名为山东省儿童教养院,于1946年5月成立。1945年秋,由于大量孤苦无依的烈士遗族流落济南街头,山东军政当局遂决定利用原来日伪政府的新华院旧址设立教养院以资收容,收容对象是抗战烈士遗族及荣誉军人之子女,必要时对贫苦无依之抗战军人子弟亦酌量收容。但开办不久,就因经费困难无法维持,几经周折,于1946年10月1日经呈报社会部改为部立,改名为社会部山东育幼院,一切开支由社会部支持。至1948年4月,该院收容儿童650名,分班上课,院内职教员共45人。②

3. 山东省临时救济委员会。1947年8月,奉行政院令成立山东省临时救济委员会,聘请委员21人,并推定省政府主席兼任主任委员。1948年该会改组,设总干事、秘书各一人。救济对象包括:因战事死亡失踪,其家属无人抚养者;因房屋财产全部烧毁,无处存身者;受战事及其他灾害,短期内非受赈不能生活者;因肢体伤残,或精神失常,丧失工作者;因战事失业,从无恒产可资维持者;其他经本会会议决议,必须予以救济者。对救济对象,采取属地原则(即不论原籍,在何地就由何地救济)。③

4. 山东省冬令救济委员会。冬令救济是抗战后期国民党社会部实施的一项重要的救济措施。1942年10月26日社会部颁布的《冬令救济实施办法》,成为抗战后期和内战期间国统区实施冬令救济的法规。1947年11月,山东省冬令救济委员会成立。为统一开展冬令救济工作,山东省政府制定了1947年度《举办冬令救济实施计划纲要》。济南作为省会,难民麇集,冬令救济设施和救济人数都较多。1947年冬令救济,济

---

① 《山东省立救济院概况及三十五年度业务发展计划》,稿本,1946年5月,无页码,山东省图书馆藏。
② 山东省政府社会处编:《山东社政一年》,1948年4月,第20页。
③ 同上书,第43页。

南设庇寒所两处,由省立各救济院代办;设粥厂六处,第一、二、三粥厂由济南市负责筹办,第四、五、六粥厂则委托基督教浸信会及中华基督教山东大会、回教协会山东分会等各慈善团体代办。① 济南市政府还与行总鲁青分署济南办事处在中山公园合办平价食堂一处,由办事处平价供给救济物资,于1947年开始营业。平价食堂以供应贫难民廉价膳食为宗旨,每份一菜一汤一饭(后因物资供应缺乏减去一汤),只收煤炭工役费1 000元,就食者为劳工、公务人员及一部分难民,至8月底物资用尽而结束。共计供应261 500份,所得价款1.4亿余元,由鲁青分署拨给省市救济院作为补助费。平价食堂结束后,为继续救助贫难民,供应廉价膳食,仍在中山公园原址开办社会食堂一处,由济南市政府与鲁青分署济南办事处各出资金1亿元,于11月1日正式开业。膳食分为普通餐、平民餐、节约餐三种,每日供应1 500份。按照市面物价成本收费,以维持开支不赚利润为原则。因物价腾贵,就食者颇为踊跃。截至1947年12月底,统计共售出普通餐13 521份、平民餐2 895份、节约餐2 793份。②

5.青岛市难胞管理委员会。1946年,胶东、鲁南战事爆发后,胶东各县及鲁南临沂、郯城、费县、莒县、诸城等县流亡至青难胞日渐增加,救济问题日趋繁剧。是年5月17日,成立了青岛区难胞管理委员会,下设总务组、救济组、卫生组、管理组及难胞收容所53处,工作人员258人。该会经费由山东省政府高密办事处每月拨款50万元,不足时再由其他各机关分别负担。截至7月15日,设收容所计76处,收容难胞20 699人,并且将难胞按年龄编组,18岁至45岁编为壮丁组,外出干活;6岁至18岁编为学童组,由难胞中曾充教员者担任教授责任。除此之外,将男女有工作能力者编为劳动、缝纫、杂役、炊事各组,分别担任各种工作。9月10日,青岛区难胞管理委员会改组为青岛市难胞管理委员会。1946年

---

① 山东省政府社会处编:《山东社政一年》,出版者不详,1948年4月,第41页。
② 济南市政府秘书处编:《济南市政之一年》,出版者不详,1948年1月,第32、34页。

至1947年4月,收容所增加到84处,共收容难胞42 900人,接受各界捐款83 365 900元,捐助粮食4 337 600斤。1947年5月,青岛市难胞管理委员会解体,其救济事项由青岛区临时赈济委员会接管。①

6.青岛市救济委员会。1946年3月22日,经青岛市各机关及地方团体代表大会决议,将冬令救济委员会与抚慰救济委员会合并改组为青岛市救济委员会,4月1日正式办公。该会日常工作由社会局主管,设难胞收容所两处,至同年11月底,共收容难胞479人。在赈济方面,至1946年10月底止,共发放赈款988 600元,地瓜干7 717 200斤,杂粮3 249 600斤,麸皮225 200斤,衣服10 700件,鞋袜26 700双,旧棉花、碎布2 048斤,土布4匹,饼干462箱,咸菜24 700斤。上述钱物共救济190 700人次。

7.青岛市社会救济事业协会。1947年1月30日,青岛市政府成立社会救济事业协会,协会负责促进各救济机构之业务联系,辅导推行救济法令,协助筹集经费基金,举办紧急救济事项,从事运用各方力量扩大救济,以及调查统计各经常救济机构的业务状况。参加该协会的会员有救济机构和慈善团体共26个,个人会员2人。内部组织设置理事、监事16人。同年9至12月,协会共筹拨旧皮鞋3 090双;办理小本贷款基金22 900万元,贷出22 000万元,共贷放750户;临时救济508人,发放赈款444万元。②

8.青岛区临时赈济委员会。1947年5月,青岛市难胞管理委员会解体后,于同年6月成立青岛区临时赈济委员会。青岛地区难民救济工作,由该会接办。1948年,青岛市各区难民约有26万人之多。自1947年6月至1948年3月,该会收到南京政府拨来赈款8亿元,山东省政府拨赈款4 200万元,自筹531 600万元,共615 800万元。此期间共放赈

---

① 青岛市史志办公室编:《青岛市志·民政志》,中国大百科全书出版社1996年版,第161页。
② 同上书,第163—164页。

款 592 800 万元,救济难民 19 万余人,救济流亡学生 4 万余人。[①]

在此期间,国民党山东省政府还根据战后实际状况,有针对性地新建了不少慈善组织,如山东省抚慰救济委员会、山东省抗战烈士遗族抚恤委员会、山东省抗战烈士遗族学校、山东省抚恤救济委员会等,在对城市下层社会的管理和救助方面,产生了一定的作用。因资料所限,在此不做详述。

---

① 青岛市史志办公室编:《青岛市志·民政志》,中国大百科全书出版社 1996 年版,第 164 页。

第五章 抗日战争时期日伪政权对山东城市下层社会的社会调控

第一节 行政管理体系

"九一八事变"后,由于蒋介石政府奉行不抵抗政策,日本很快侵占中国东北三省。"七七事变"后,国民党实行片面的抗战路线,北平、天津、上海、南京、太原、济南、徐州、广州、武汉等重要城市相继失陷,大片国土沦入敌手。为了进行殖民统治,日本在占领区采取了一系列措施,其中最为重要的是直接驻屯军队,进行武力镇压;向各占领区派出机构,极力搜罗汉奸,组织傀儡政权;联合伪军,进行所谓的"治安肃正";发动"治安强化运动"和"清乡运动";进行奴化教育宣传;等等。

在占领区,日本侵略者一般不设立直接的行政管理机构(个别地区除外),而主要通过其派出机构扶植汉奸傀儡政权来达到其"以华治华""分而治之"的罪恶目的。

早在1932年3月,日本就扶持清朝末代皇帝溥仪在长春成立伪满洲国。1935年11月,又策动国民党冀东行政督察专员殷汝耕在河北通县成立伪"冀东防共自治政府",蒙古族败类德王在察北成立伪"内蒙古自治军政府"。1937年9月,在河北张家口成立以于品卿为最高委员的伪"察南自治政府";10月,在大同成立了以夏恭为首的伪"晋北自治政府";10月底,在伪"内蒙古自治军政府"的基础上,在归绥成立伪"内蒙自治政府"。1937年11月,日本把以上三个傀儡政府联合起来,在张家口成立了伪"蒙疆联合自治委员会",1939年改为伪"蒙疆联合自治政府"。1937年12月,日本又把北平和华北各地的维持会统一起来,在北平组织了以王克敏为首的伪"中华民国临时政府"。1938年3月,在南京成立了以安福系余孽梁鸿志为首的伪"中华民国维新政府"。1938年汪精卫投敌叛变后,日本于1940年3月组织南北各地的傀儡政权,在南京成立了以汪精卫为首的汪记"国民政府",作为日本帝国主义在中国扶持的全国性傀儡政权。至此,日本在各占领区组织的大大小小伪政府合并为两个大的傀儡政权:伪满洲国和南京汪记"国民政府"。

山东在行政上隶属于伪华北政务委员会,其前身是1937年12月14日在北平由日本特务机关一手操办成立的"中华民国临时政府",管辖范围为平津地区和河北、山西、山东、河南及苏北地区。1940年3月汪伪"国民政府"成立,伪"中华民国临时政府"取消,但又以全班人马成立了伪华北政务委员会,名义上是汪伪政权的地方机构,实际上却立于"中央政府"之外,其管辖范围除河南省外,职责权限除外交外,均与"临时政府"时期无异,且有"处理地方对外交涉事项"之权,即有继续向日本出卖华北权益的处置权。委员会下设内务、财政、治安、实业、教育、建设各总署及政务、秘书二厅。地方上,委员会下设省及特别市,省与特别市下设道、市、县。

日军侵略山东期间扶持建立了汉奸傀儡政权,分为省、道、县三级,分别设有伪省公署、伪道公署、伪县公署。

1937年12月27日,日军在济南任用旧军阀马良出面组织伪"治安维持会"。1938年3月5日,成立伪山东省公署,马良任伪山东省省长。伪省公署下设总务、民政、财政、建设、教育五厅,民政厅内设置秘书室、视察室和一、二、三、四科,科(室)下设二至三股。民政厅主管道、市、县行政官吏的提请任免,道、市、县所属地方自治,赈灾及其他救济,礼俗宗教及土地行政事项。伪省公署受制于侵占山东日军特务机关长,并在行政上对北平伪"中华民国临时政府"负责。1937年5月1日,伪山东省公署撤销总务厅,改设秘书处,并增设警务厅、参事室。1939年1月13日,马良调北平伪临时政府内务总署任职,伪山东省省长由唐仰杜接任,伪省公署机构设置同前。1943年7月3日,增设宣传处,直属伪省公署。8月29日,依照伪《华北政务委员会组织条例》的规定,伪山东省公署改称伪山东省政府,机构设置未作变动。截至1945年2月,伪山东省政府共设参事室、秘书处、民政厅、财政厅、建设厅、教育厅、警务厅、宣传处八个直属机构。2月16日,杨毓珣接替唐仰杜任伪山东省省长,伪省政府机构设置同前。1945年8月15日,日本宣布无条件投降后,伪山东省政府解体。9月22日,国民党山东省政府接收了伪山东省政府各机关,结束了日伪政权在山东的统治。

需要指出的是,整个日军侵占时期,伪山东省政府纯系日本侵略军的傀儡,不但军事,而且一切政令和重要人事悉听命于驻在济南南关的山东省日本陆军特务机关。据当时曾先后在禹城县、平原县、沂州道、曹州道公署担任伪职的温大鹏回忆,"那时凡属伪县长以上的人员更调任免和省厅长的任免,均须征得该机关同意后方为有效。各县(伪军)团队作战武器配备以及子弹领发也由该机关决定"。该机关不但管"所有省署、道署、县署三级日本顾问的派遣与调动",而且也管"伪政权省长、道尹、县尹","在伪组织开会时,都是宣布特务机关长的训词"。"在表面上伪省公署归伪华北政务委员会领导,但仅限于书面空文,实际上特务机关是直接监督省政的上级衙门"。除了山东日本陆军机关的监督外,还有派到伪省公署(伪省政府)、伪民政厅、伪教育厅、伪建设厅、伪财政厅、伪警务厅的日本顾问进行直接具体的掌控。特别是对伪警务厅控制更紧,上有日本警务专员监督该厅厅长,下有日本宪兵队的少佐为顾问,还有日本特务机关警务科长作指导。省及各级伪行政组织不过是日本侵略军手中的工具而已。①

济南沦陷后,在日军的扶持下,伪济南治安维持会于1938年1月1日正式成立,3月5日,伪山东省公署组成后,伪济南治安维持会撤销,马良、朱桂山分别改任伪山东省省长和伪济南市市长。4月6日,伪济南市公署正式建立,初设秘书室和财政、教育、建设三局。1939年伪济南市公署行政管理体系情况见下表(表5-1)。

伪市公署直隶于伪省公署,同时接受济南日本特务机关的指挥。日本特务机关在市公署内置顾问室,派日人充当市公署"顾问"和各局处"指导专员""专员""嘱记""技术官""指导官"等,以"辅佐"市长、各局处长的名义,对伪官员实行直接监督、控制。1943年7月后,市公署"顾问"一职易名"连络专员""连络主任",继续对伪市长行使监督、指挥之权。1944年1月1日起,伪济南市公署改称"济南市政府"。1944年伪济南市政府行政管理体系情况见下表(表5-2)。

伪市公署、伪市政府设市政会议制度,秉承日特机关的旨意,对较重大事项进行商讨、决策。规定每周举行一次会议,出席会议人员为市长、顾问(连络专员、连络主任)、各局处室主官、各有关科科长及其他有关职员。

日伪为加强对城市下层民众的控制,成立了济南市自治区坊长联合会,办理所谓的"地方自治"。1940年5月,伪市公署秉承侵华日军旨意,推行保甲制。依照新划定的11个警区,将"自治区"区域划分为内城东、内城西、外城东、外城西、商埠东、商埠中、商埠西、东乡、南乡、西乡、北乡等11个区,"自治"区划与警政区划取得一致。除南乡区和西乡区各辖四坊、北乡区辖11坊外,其他各区均下辖十坊。每区置区长一人,由各坊长互选后报呈伪市长铨衡任用。同时,将自治区坊长联合会改组为自

---

① 山东省政协文史委员会编:《山东文史资料选辑》第二十辑,山东人民出版社1998年版,第195—204页。

表 5-1 伪济南市公署组织系统图(1939 年 12 月)

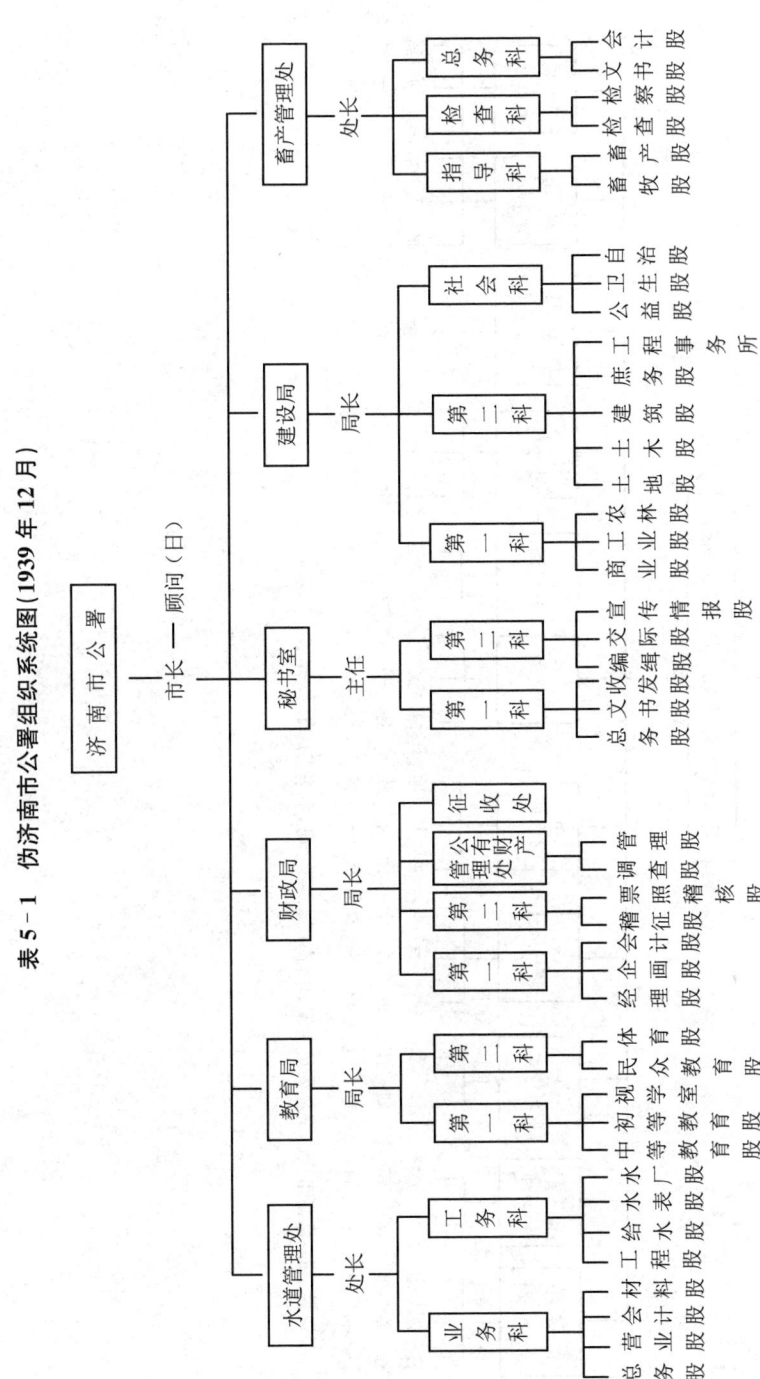

资料来源:济南市史志编纂委员会编:《济南市志》第五册,中华书局1997年版,第53页。

表 5-2　伪济南市政府组织系统图（1944 年 9 月）

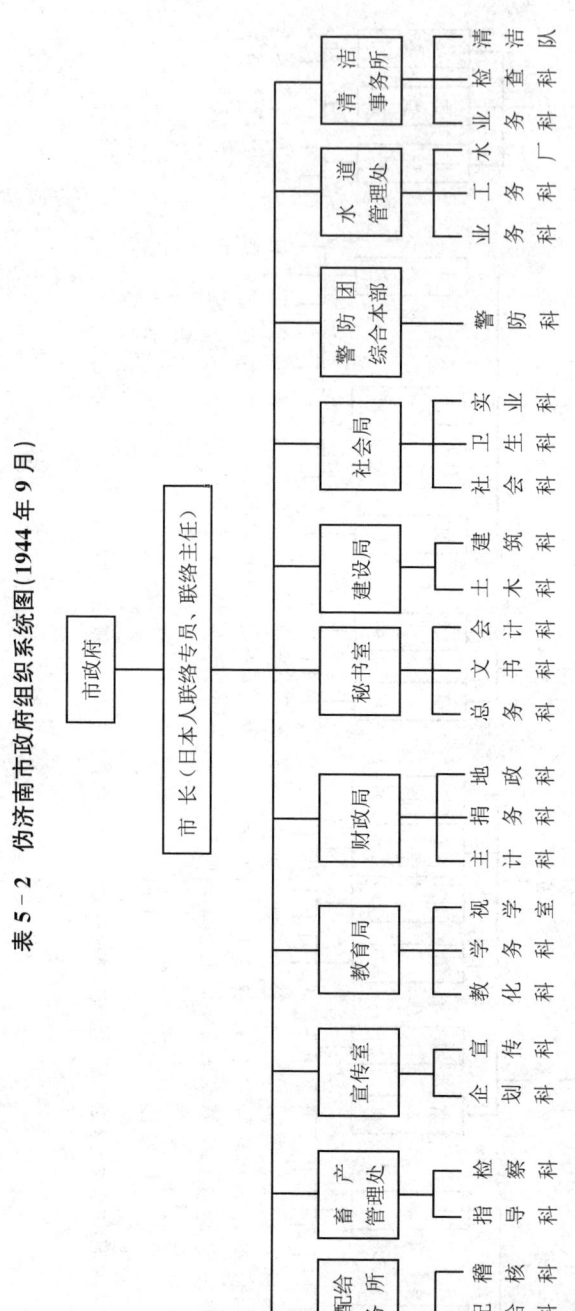

资料来源：济南市史志编纂委员会编：《济南市志》第五册，中华书局 1997 年版，第 54 页。

治区区长联合会(简称区联会),各区区长集中于区联会办公,不另设置区公所。区联会为行政机关实体,设会长一人,经由伪市长与伪省会警察署署长协商任命;会内设总务、财务、行政、户籍、保甲五股,各股有股长一人,股员、事务员若干人。区联会定期召开区长联席会议,出席人员为区联会会长、各区区长、区联会各股股长。届时,伪市长及伪警察署署长派遣人员到会"指导"。联席会议议决的重要议案,呈报伪市公署核准后方可执行。日本政府无条件投降后,伪济南市政府于1945年8月22日被国民党接收。

1938年1月10日,日本第二次侵占青岛,随即拼凑傀儡政权,于1月17日成立了伪青岛治安维持会,行使行政机关职能,机构设有:秘书处、总务部和警察部等。1939年1月4日,在日本侵占当局的操纵下,成立了伪青岛特别市公署准备委员会。1939年1月10日,伪青岛特别市公署成立,伪青岛治安维持会即行解散。伪青岛特别市公署直隶于"中华民国临时政府",设置特别市市长,综理全部市政;同时配备顾问、辅佐官,概由日本人充任。伪青岛特别市公署的行政机构设置为:总务、警察、社会、财政、教育、卫生、建设、海务八个局,并代管"中央"属之统税、盐务、商检三局及法院。1940年1月,"中华民国临时政府"改称"华北政务委员会",青岛市直隶于伪华北政务委员会。2月,伪青岛特别市公署成立伪青岛警备总队,由市长直接指挥。1943年11月13日,奉伪华北政务委员会指令,伪青岛特别市公署改称为伪青岛特别市政府,其所属行政机构不变。

为把青岛搞成"治安模范区",日伪当局于1939年3月公布《青岛附近模范区域暂行保甲法》,强制推行保甲组织——警察局——警察分局——警察分驻所——总连保——连保——保长——甲长——户长。规定:保甲组织以户为单位,设户长;十户为甲,设甲长;十甲为保,设保长;两保以上,组成连保;连保设保长联合办事处,置正副连保长。连保长由乡镇长兼任。1943年,《青岛特别市警察局保甲实施办法草案》限定,每一保或甲不得跨属两个派出所,保甲编组以各警察派出所管区内路(村)的顺序编组。户设户长;十户为牌,设牌长;十牌为甲,设正副甲长;十甲为保,设正副保长。编成三保以上的地区,设保长联合办事处,设连保主任负责各保联络。1945年1月26日,《青岛特别市警察局保甲实施办法》公布后,重新查编保甲。至4月,市南、市北、东镇、西镇、四方、沧口、海西分别设立总连保办事处,共编组连保办事处24个、保70个、甲7588个。各总连保办事处设总连保长一人,副总连保长二人,正副事务主任各一人,书记若干人。同时,于警察局警防科添设保甲股,专职负责保甲管理事宜。1945年8月,随着抗日战争的胜利,日本投降,其在青岛的伪政权组织也随之消亡。

1938年5月,伪山东省公署将全省划分为鲁东、鲁西、鲁南、鲁北四道和省辖济南、烟台两市。依照《烟台市公署组织暂行规定》,伪烟台市公署置市长一人,设秘书室和警务、财政、建设、教育四局。1940年6月11日,伪山东省省长唐仰杜将省辖烟台市改为道辖市,伪烟台市公署改隶于伪登州道公署。

日伪当局为加强对城市下层社会的社会调控,还从工人密集的城市区域开始,实施"旅行证"制度。进出城市,乘船上车,须先办"旅行证",后改行"良民证"制度。常住城市户口,并认定是"良"者,才发给"良民证",并附本人照片。亲人来往,必须报临时户口。

总的看来,山东伪政权行政管理体系产生于日军入侵的特殊条件下,由一群汉奸匆匆拼凑而成,政权的汉奸性质、奴性色彩是昭然若揭的。

首先,伪政权产生于日军的卵翼之下,日军对其有绝对的控制、指挥权。各级伪政权广泛聘用日本人,日本顾问安插于伪政权的各行政部门,操纵和监督伪政权的活动。顾问之外还有日军直接指挥下的特务机关进行幕后指导。1938年日军侵入山东后,就立即在济南和青岛建立了特务机关,负责组建和指挥山东伪政权,嗣后又在烟台、济宁、益都等地设立特务机关,以加强对道、县的控制。不仅如此,各级伪政权还任用大批日本职员。1940年伪省公署任用日籍职员161人,1941年增至226人。这些人安插在各具体部门,担任所谓"技术指导"之类的职务,更加强了对具体事务和工作人员的控制。

其次,从人员培训来看,伪政权驯化出来的行政人员均是日军侵略所需要之奴才。伪省公署成立后建立的山东省行政人员训练所及其他各种形式的训练机构,就是伪政权培养为日军效劳的各种奴才的基地。《山东省行政人员训练组织大纲》第一条即明确规定训练宗旨是:"据北京临时政府行政施政方针,培植山东各县行政人员,以建设明朗化之山东。"所谓"明朗化",亦即伪化、日伪"共存共荣"。通过训练,山东伪政权培养了大批为日本帝国主义统治中国服务的奴才。

第三,日伪满相互勾结和利用。日本帝国主义的侵略是伪政权存在的前提,而日本要扩大侵略和控制中国又要依托伪政权,这就决定了日伪间必然相互勾结。日伪勾结主要有两种形式:一是政治、经济和军事上的互相利用。日军给伪政权以政治、军事上的支持,伪政权对日军提供政治、军事、经济上的服务,特别是经济上的服务,以满足日军搜刮资源和供应军资的需要。二是交往中的相互利用。山东伪政权与日、伪满的交往频繁,多次派出各种名堂的视察团,赴日、伪满"观光",主子借以对奴才布施小恩小惠,进行笼络。曾两次去日本"观光"的苗兰亭(伪商会会长)这样写道:两次旅行从去到回,所有路费(包括游览宿娼的花销),统由日本国库开支,作为主子对奴才的犒劳。[①] 主子如此"优待",奴才们怎能不感恩戴德,怎能不心甘情愿地为主子效劳?他们回国后均在言行上有所表示,从而更加卖力地充当日本侵略中国、奴役中国人民的走卒和爪牙,大肆宣扬日本的"功德",美化日军的军事侵略。

---

① 苗兰亭:《抗战时期我在济南伪商会的经历与见闻》,《山东文史资料选辑》第四辑,1982年1月,第95页。

第二节　军队、宪兵、警察和特务

一、日伪军队

"七七事变"发生后,日本大举增兵中国,于当年先后编组了上海派遣军、华北方面军和驻蒙兵团。至1939年年底,日本中国派遣军下辖25个师团另20个独立混成旅、2个重炮兵旅、2个骑兵旅、1个飞行集团和1个独立飞行大队,共85万人。1941年10月下降为20个师团另20个独立混成旅,共62万人。1944年11月底又升至76.6万人。1945年8月抗日战争结束时,包括关东军、中国派遣军在内的侵华日军总兵力约180万人。①

沦陷区的伪军主要有伪满洲国的伪军和汪伪政府的伪军。这些伪军,在日军的控制下,担任警戒并协助日军作战,特别是在沦陷区的"治安肃正"作战中充当日军的帮凶。

1937年8月14日,日军第十师团沿津浦路向南进攻,10月3日占领德州。与此同时,日军的增援部队第一〇九师团之第一一八旅团亦加入山东方面作战,12月26日,第十师团攻占济南。1938年4月,日军独立第五混成旅团抵青岛。11月,第十四师团亦在青岛登陆。日军第一〇九师团之第一一八旅团在山东战争结束后,驻扎在济阳、周村。

1938年,日军在中国的战略进攻暂告一段落,其大本营为扩大华北占领区,于11月7日组建第十二军,军司令部驻济南。11月29日,第五师团亦从广州调驻青岛。

1938年2月,第二十二师团到达山东后接替了第一一四师团在津浦路两侧的防务,并采取高度分散配置,每大队分驻10—15个据点,有的

---

① 参见高锐主编《中国军事史略》(下册),军事科学出版社1992年版,第439—440页。

则更多。师团司令部驻兖州,其他分驻济南、临清、聊城、馆陶、高唐、临沂、费县、新泰、章丘、菏泽、肥城、成武、郓城、宁阳、曲阜、济宁、禹城等地。

1939年年初,日军大本营决定把新成立的11个警备师团和14个担任"治安肃正"任务的独立混成旅团调到中国战场。其中部署在山东的有:第三十二师团,驻兖州;独立混成第六旅团,驻莒县;独立混成第七旅团,驻惠民;独立混成第十旅团,驻济南。5月,除独立混成第七旅团外,其余各部均到达指定位置。

1939年9月22日,日军调整了在华日军的指挥系统,成立了在华陆军最高指挥机关:中国派遣军总司令部。驻山东的第十二军归属于中国派遣军华北方面军指挥,分驻济南、徐州、兖州、青岛、莒县、惠民等地。[①]此外,第三遣华舰队及其青岛方面特别根据地队驻青岛。

1941年,为了适应中国战场和太平洋战争的需要,日军大本营对侵华日军重新做了调整。经过调整后,在1942年4月底,日军第十二军编制情况如下:第十二军,驻济南。下辖:第三十二师团,驻兖州;第五十九师团,驻泰安;第三十五师团,驻开封;独立混成第五旅团,驻青岛;独立混成第六旅团,驻张店;独立混成第七旅团,驻惠民;骑兵第四旅团,驻商丘。[②]

1945年3月13日,根据日军大本营拟定的1945年上半年战争指导方针,侵华日军在山东组建第四十三军,使之成为山东半岛抗击美军登陆的指挥机关。所辖的部队计有:第五十九师团,驻济南,下辖第五十三旅团,驻张店;第五十四旅团,驻泰安。独立混成第五旅团,驻青岛;独立混成第九旅团,驻济南;独立步兵第一旅团,驻莒县。[③] 5月30日,第五

---

① 参见耿成宽、韦显文《抗日战争时期的侵华日军》,春秋出版社1987年版,第74—78页。
② 日本防卫厅防卫研究所战史研究室:《昭和十七、八年的中国派遣军》(上),中华书局1984年版,第33页。
③ 王辅:《日军侵华战争:1931—1945》(4),辽宁人民出版社1990年版,第2711页。

十九师团、独立混成第九旅团调离山东,其遗防由第四十七师团接替。6月27日,第四十七师团进驻济南。同时调入的部队还有5月刚刚编成的后备机动兵力独立第九、十一、十二警备队。独立第九警备队派驻济南;独立第十一警备队派驻兖州;独立第十二警备队派驻青岛。以上几个警备队各辖六个独立警备步兵大队。

1945年8月15日,日本宣布无条件投降。驻山东日军第四十三军司令官于10月25日在济南率70 500名日军,向中国第十一战区副司令长官李延年投降。① 在这之前,驻青岛的日军独立混成第五旅团以及驻青岛的日本海军被在青岛登陆的美国陆战第六师缴械。缴械投降的日军于1946年6月前全部遣返回国。②

日军侵入中国后就积极组建伪军,希望能用伪军逐渐替代日军的守备任务,而以日军应付作战与集中机动。抗战期间,在山东的伪军可分为三种类型:一是大股正规伪军。大股正规伪军多为叛变投敌的中国军队改编而成。另外则是伪华北政务委员会组建的华北治安军,1943年该军改称华北绥靖军。③ 二是伪省保安队与伪道、县(市)保安队。伪省保安队原为伪省警备队,1943年6月改编为伪省保安队。三是区、乡自卫团。区、乡自卫团战斗力弱,地方性较强,其主要任务是参加据点的守备。

1937年年底至1938年年初,追随日军入侵山东的伪军有赵保原、刘桂堂等部。进入山东后,赵保原部主要在胶东一带活动。1938年11月18日,赵保原在胶县率伪军卫队第三师第一旅3 000余人反正,被沈鸿

---

① 日本防卫厅防卫研究所战史研究室:《昭和二十年的中国派遣军》第二卷第二分册,中华书局1984年版,第86页。
② 参见《民国山东通志》编辑委员会编《民国山东通志》(第一册),[台湾]山东文献出版社2002年版,第522—526页。
③ 陶屡仁:《伪华北治安军概述》,《河北文史资料选辑》第十六辑,河北人民出版社1982年版,第111页。

烈编为山东第八区保安第三旅。① "七七事变"后，蛰居在天津的刘桂堂搜罗各地散匪投靠日军，以皇协军前进总司令名义率部随日军侵入山东，从鲁北辗转到胶东受张宗援指挥。1938年年底刘桂堂宣布反正，率部3 000余人从胶东进入鲁中山区，不久被于学忠编为鲁苏战区暂编第三十六师。②

随着日军占领区的扩大，不少地方自卫武装投降附敌，沦为伪军。到1939年年底山东伪军增加到10万余人。1939年10月，华北治安军第一期建军完毕，驻扎在山东济南的是独立第八团。1940年10月，该部调驻冀东，其遗防由新组建的第八集团军宋廷裕部所接替。

1941年11月，原国民党军队第三十九军军长文大可率部投敌，被改编为"中央军"第二十二师。同年投敌的还有山东保安第七旅齐子修部，被改编为"和平救国军第七师"。据统计，1941年津浦路东伪军计有101 460人。

1942年4月22日，国民党军第三十九集团军总司令孙良诚在鲁西定陶、曹县一带率部投敌，同年6月被汪伪政府改编为第二方面军，孙良诚任总司令。③ 1943年，该部调驻河南。1942年6月，伪山东省公署设立山东省保安司令部，唐仰杜兼任司令。至1942年年底，山东省保安司令部直辖10个支队，另有道、县(市)、特区保安部队10万余人。④ 1942年，华北治安军除原驻在山东的第八集团军外，还有独立旅牟金诚部三个团及独立第二十七团也驻扎在山东。

1943年，鲁苏战区新编第四师吴化文部、第五十七军一一一师三三四旅荣子恒部、第二纵队厉文礼部、山东保安第二师张步云部，相继投敌

---

① 《国民党暂编第十二师建军特刊》，山东省档案馆档案，"敌伪资料"目录号3，卷号14。
② 中国社科院近代史研究所中华民国史研究室：《中华民国史资料丛稿·人物传记》第九辑，中华书局1980年版，第51页。
③ 黄广源：《孙良诚投敌及其下场》，《文史资料选辑》第五十四辑，中国文史出版社1987年版，第37页。
④ 山东省地方史志编委会：《山东省志·军事志》上册，山东人民出版社1996年版，第406页。

充当伪军,其中张步云是第二次投敌。1943年1月18日投敌的吴化文部被汪伪政府改编为山东方面军,吴化文任司令,辖一个军四个旅。7月29日,该部改编为第三方面军。①3月投敌的厉文礼部被改编为鲁东剿共军,厉文礼任司令。6月6日投敌的荣子恒部被改编为和平建国军暂编第十军,下辖七个团、三个支队。②1943年夏投敌的张步云部被改编为皇协军暂编第一军,辖三个师。③1943年华北治安军改称华北绥靖军,该年华北绥靖军在山东的驻防情况如下:第四集团军全部由北平调到聊城一带,第八集团军仍驻济南,第十集团军全部由冀东调到高密一带,独立第二十七团调驻益都,独立第二十三团调驻掖县,不久,该部在掖县被全歼。④该年年底山东伪军总数达20余万人,是抗战期间山东伪军最多的一年。⑤

1944年,伪军各部此消彼长,人数变化很大。到1945年8月日本投降前,山东全省伪军总数为17.34万人,其中正规军4.93万人,保安队9.71万人,其他2.7万人。⑥

这些日伪军队成为侵占、镇压山东军民的重要力量,对城市下层社会群体也有很大的威慑作用,成为日伪在山东最有力的社会调控"武器"。

二、日本宪兵

抗日战争期间日本虽在中国个别地方设有警察,但当时承担警察任务的主要是日本各驻军司令部属下的宪兵。在华北,最初日本中国驻屯军仅配属20余名宪兵,1936年在天津设立驻中国宪兵队,在北平、天津设分队,在丰台、通州、山海关、秦皇岛、唐山、塘沽设分遣队。1938年8

---

① 郭卿友:《中华民国时期军政职官志》下卷,甘肃人民出版社1990年版,第1970页。
② 山东省地方史志编委会:《山东省志·军事志》上册,山东人民出版社1996年版,第406页。
③ 吕俊伟:《民国山东史》,山东人民出版社1995年版,第656页。
④⑤ 陶广仁:《伪华北治安军概述》,《河北文史资料选辑》第十六辑,第117页。
⑥ 山东省地方史志编委会:《山东省志·军事志》上册,山东人民出版社1996年版,第409页。

月,重新设置驻中国宪兵队司令部,下设10个宪兵队(38个分队)和1个宪兵教练所,兵力1 624人,各队分别设在北平、天津、济南、青岛、石家庄、太原、临汾、张家口、徐州、开封等地。1941年进一步扩大为2 595人,并改名为"华北派遣宪兵队"。日本宪兵队是日伪警宪镇压机关的首脑,日本侵华战争期间,日伪军警联合镇压中国人民的暴行,无不与日军宪兵有关。[①]

抗战爆发后,日本宪兵随日军入侵山东,在日军占领区亦行使警察职能。宪兵在作为保安警察时,主要是预防和弹压叛逆行为,并担任维持日军占领地域内一般秩序之警察任务;宪兵在作为军事警察时,担任军事机密之保护与防谍,并维持军纪风化,预防、镇压破坏军事利益及各种阴谋活动。宪兵在处理与治安有关之警务时,中国方面(指伪政权)的警察机关受其领导。

1937年年底,日军先后在德州、济南、青岛、烟台、潍县、张店、泰安、兖州等地设立宪兵机构。1938年5月,山东大部城镇沦陷,日军遂以章丘为界分东西部,分别设立济南、青岛宪兵本部。1942年,青岛宪兵本部缩编为分队,隶属于济南宪兵本部。

济南宪兵本部于1938年7月在济南宪兵队基础上成立,其任务是管理济南、章丘以西山东境内各地宪兵机构,控制伪省警务厅活动,负责对抗日军民的侦察、逮捕、审讯和向中共抗日根据地开展特务活动。宪兵本部设本队长和队副各一人,队副一般都兼任陆军特务机关警务班班长和伪警务厅指导官。本部下辖副官室、将校室、庶务室、警务室、特务班等机构。济南宪兵本部下辖:济南分队、德州分队、惠民分队、兖州分队和泰安分队。

青岛宪兵本部,系由"大日本宪兵队青岛队"扩建,其宪兵本部组织

[①] 参见龚书铎总主编,朱汉国本卷主编《中国社会通史·民国卷》,陕西教育出版社1996年版,第488—489页。

与济南宪兵本部相同。辖章丘以东地区,1942年冬缩编为"分队",隶属济南本部。其辖分队有:青岛分队、青岛水上分队、芝罘分队、潍县分队和张店分队。

伪政权的各级警察机构表面上看似乎是独立的,但实际上其实权多为日军宪兵机构所掌控,各级宪兵机关内部均设有相关机构与伪警察机关内的机构对应。如济南宪兵分队除主管济南道区所辖各县分遣队外,还直接控制伪省会警察署的活动,可直接调用其所属伪警特人员和武装。它所设置的警务班、外事班、经济班、特高班都与伪省会警察署内一些机构是对应的,如外事班可直接控制伪省会警察署的特务课,经济班则可直接控制伪警察署的经济课。①

三、伪警察

日军控制山东大部地区后,原山东各级警察机关纷纷改编为保安部队,日军占领区的警政事务转为伪山东省公署警务厅及日军宪兵队掌控。

抗战期间,国民党山东省政府虽大部时间留在山东(1943年转移到安徽省阜阳县),但其所控制区的警政几乎未能重建。1944年,山东省政府工作报告称:"关于推行警政工作,除警政组继续训练长警班,并代中央警官学校招十五期正科学生一百九十名,至筹备县各级警察机构一项因环境特殊,困难甚多,正积极设法进行之中。"②其实直到抗战结束亦未能建立,只有个别控制较好的县,如张景月控制的寿光县设有警察大队。

日军占领山东后,伪山东省公署于1938年4月设立警务厅,主管全省日占区警务。伪山东省公署警务厅设立初期,内设第一、二、三、四(总务、保安特务、司法、训练)科,以及秘书、督察两室和情报处。其直属机

---

① 济南市政协文史资料委员会编:《济南日特机关罪行录》,济南出版社1990年版,第9页。
② 《山东省政府工作报告》,1944年4—6月份第2期(油印本),南京图书馆藏。

关有省警察总队、山东省会警察局(1937年12月29日成立,1939年12月改为山东省会警察署)①、鲁东民团、鲁西民团、山东甲种警察教练所。另外,警务厅直辖烟台、龙口、威海卫三个专门警察局(1939年,警察局改为警察所)。1940年5月,山东省境内共有伪警察8 462人,其中青岛特别市1 473人,济南市2 516人;共有伪警备队16 288人,其中青岛特别市1 200人(济南市未统计)。② 到1940年12月,省公署辖有10个道区、2个普通市、2个特别区,全省警官警长总计12 151名。

伪山东省公署署长唐仰杜在1939年的工作报告中,对伪政权控制区的省会警政叙述如下:(1)省会警察署:设有秘书、督察两室,总务、行政、司法、卫生、特务五课,外部设城内、城外、商埠、乡区等13分局,及消防、清道二队,妓女检验所一所,共计官警3 008人。(2)省警察总队:设有一总队、三大队、六中队、十二分队,官警共584人。(3)警察教练所:省会设甲种所,第一期训练学员115人,第二期训练197人,均已先后分配各道县任用。③

1940年10月,伪省警察总队与道警备队合并,组成省警备队,下辖三个大队、九个支队,另有直辖警备支队。1941年4月,各支队布防所属各道,第一支队驻登州道,第二支队驻莱潍道,第三支队驻青州道,第四支队驻沂州道,第五支队驻兖州道,第六支队驻曹州道,第七支队驻泰安道,第八支队驻东临道,第九支队驻武定道。1941年12月,各支队扩编为大队,另辖有四个剿共警备队及102个县警备队。1943年伪山东省会警察署机构设置情况见下表(表5-3)。

---

① 《山东省会警察半年刊》创刊号,1939年,山东省档案馆档案,"敌伪资料",目录号4,卷号35。
② 中国第二历史档案馆编:《中华民国史档案资料汇编》第5辑第2编附录(上),《北支方面军军事顾问部编北支方面军占据地域内自卫力概见表》(1940年5月),江苏古籍出版社1997年版,第255页。
③ "唐仰杜一九三九年工作报告",山东省档案馆档案,卷宗号J164,目录号02,卷号5。

转型期城市社会治理研究——民国山东城市下层社会调控透视

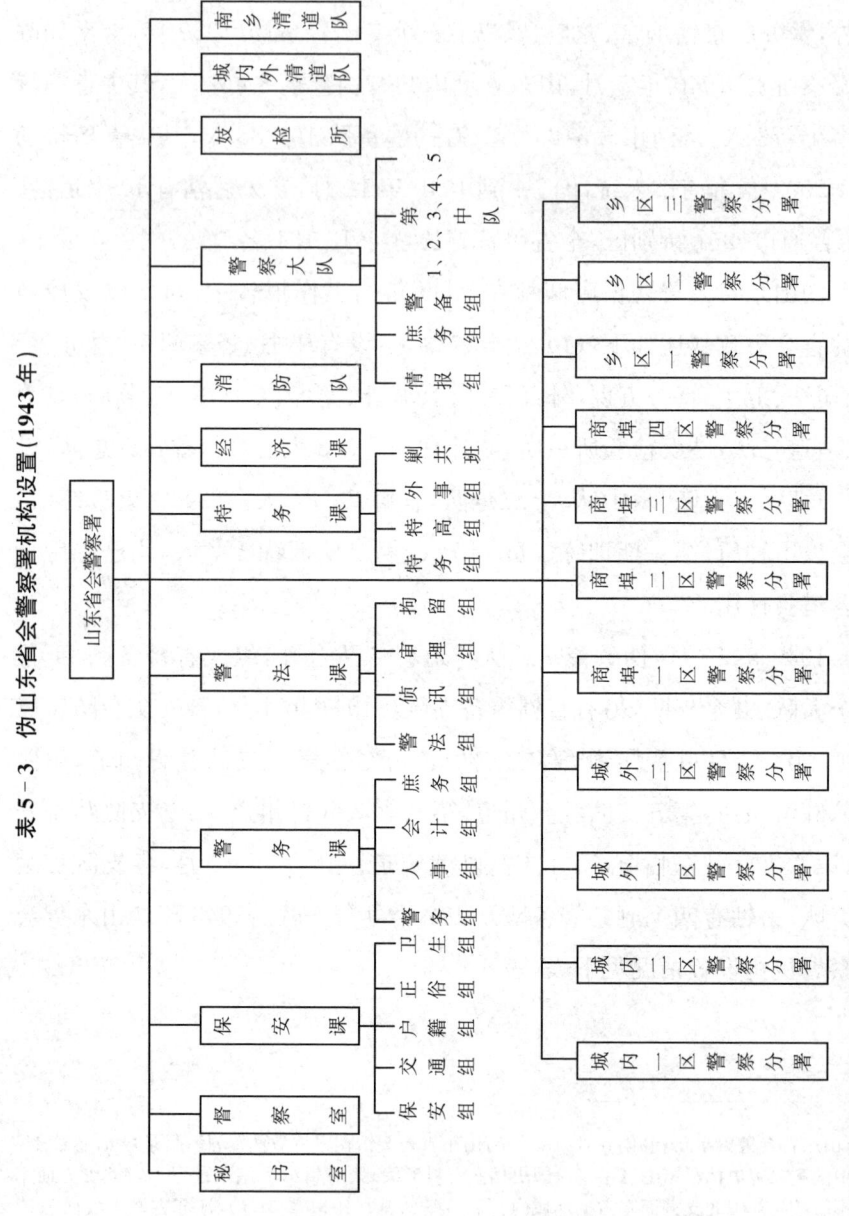

表5-3 伪山东省会警察署机构设置（1943年）

资料来源：济南市史志编纂委员会编《济南市志》第五册，中华书局1997年版，第493页。

1944年,伪烟台市警察局升格为署。同年8月1日,在山东省警务厅原有剿共班(1941年由警务厅情报处扩充)基础上,又成立山东特高总部,本部长由警务厅厅长兼,并令饬登州七道设特高工作道本部,烟台、龙口、威海、省会及登州七道所属各县分别成立市区县支部,以期强化灭共机构。

据1944年年底统计,伪山东警察机关计有2个警察署(省会警察署、烟台警察署)、105个警察所、15个警察分署、405个警察分所、327个警察分驻所、402个派出所,官警人数总计35 797人。①

日军除通过宪兵队控制伪警察机构活动外,还直接派人充当各级警察教练所教官等职,掌握伪警培训大权,如木村新左卫门在登州道警察教练所、高坂和吉在兖州道、山形正勇在曹州道、井泽洁泉在泰安道、中村七郎在东临道、伊势正人和川村草在武定道。青岛警察教练所则差不多全为日本人控制,副所长为木山勇次郎,经济警察班班长为山中忠吉,教养企划股股长为村田彦三,辅佐员为佐滕武四郎。② 另外,日本还将伪警察机关供职的人员选派赴日参加日本内务省警察讲习所学习,这些人员留学回来后,都充当伪政府各级警察机关的骨干,如1941年以前,山东省会警察署曾被选派的有王永坚、秦耀章、邵承武、李天民等,留学回来后,分别充当行政科科长、商埠东区分署署长、特务科特高组组长、特务科外事组组长等。③

另外,早在1937年12月28日,即济南沦陷后的第二天,与日特河野、冈宗义勾结已久的山东省会警察局总务科科长赵君弼,在日军指使下,于省会警察局旧址组建伪山东省会警察局,赵君弼任局长,机构设置及人员多沿用国民党警察局旧制。局内设日本顾问,各科设日本辅佐官,并设有专门与日军进行联络的外事科。省会警察局受山东省警务厅

---

① "华北各省市区警察机关概况表",中国第二历史档案馆档案,卷宗号2005,卷号887。
② 《警政汇刊》(二),山东档案馆档案,"敌伪资料",目录号4,卷号8。
③ 《山东省会警察署半年刊》(1941年),山东省档案馆档案,"敌伪资料",目录号4,卷号37。

和日本宪兵队济南分队双重领导。1938年年初,日本的济南陆军特务机关成立,特务机关长中野中佐将从东北带来的杨春波安插到省会警察局任督警长,撤销外事科,建立特务科和侦缉队。1939年11月,省会警察局改称山东省会警察署。内部各科改称课,股改称组;外部所属分局改称分署,分署内设警务系、保安系、警法系、经济系、特务系;其余所、队名称不变。1940年,省警务厅训令省会警察署改13个警区为11个警区。各区均以方向定名,即城内东区、城内西区、城外东区、城外西区、商埠东区、商埠中区、商埠西区、东乡区、西乡区、北乡区、南乡区。各区按处事繁简分为三等:商埠三区及城外西区地当要冲,划为一等区;城外东区和城内两区及北乡区户口较多,划为二等区;其余东、西、南三乡区划为三等区。1940年5月,伪市公署颁布《济南市自治区保甲暂行办法》。规定各区设若干坊,坊置坊长,坊以内为保甲编制。1941年5月,制定《保甲实施委员会章程》。不久又制定《济南市自治区保甲规约》,规定:各住户迁徙、增减人口及出入境人客稽查取缔事项,要逐级呈报警察派出所;对隐匿及漏报行为不正情况及发现形迹可疑者,应及时检举报告军警机关处理;保甲长对警察署的命令,须切实奉行不得贻误等。1941年,省会警察署对所属部门进行调整充实,原总务课改称警务课、司法课改称警法课、行政课改称保安课。在保安课内增设经济班、卫生班,撤销卫生课。1942年,日军出于政治统治、经济掠夺需要,先后扩编经济班为经济课,组建警察大队,直属署长指挥,下设五个中队,分驻市区及四乡。伪山东省会警察署在日军的直接控制下,疯狂镇压抗日爱国运动,残酷迫害广大城市下层人民群众。省会警察署为控制居民的言行,制定了视警人名表、社会调查表、思想动向表、居民调查表等。据特务科处置表记载,仅1940年7月至1941年6月,就办理所谓的"共产八路案"188件、312人,"其他反动案"121件、224人。[①]

[①] 参见济南市史志编纂委员会编《济南市志》(第五册),中华书局1997年版,第491—492页。

1938年1月10日,日军占领青岛后,设立青岛治安维持会,并成立警察部管理社会治安,设有总务、行政、司法、特高、卫生五科及警察队、清洁队、侦察队等机构,下辖市南、市北、海西、台东、四沧、李村六分局。1939年1月10日,青岛治安维持会改为特别市公署。署内设督察、保安、特务、刑事四科和一个警察教练所,下辖七个分局。

1945年抗战胜利后,山东伪警察人员大多为南京国民政府改编。①

四、日伪特务

日本侵华期间,在中国设立了庞大的特务网。当时不仅各侵华军队设有特务网,而且日本陆军部也在中国设有特务网。1937年华北方面军司令部成立后,在参谋部外另设以喜多诚一少将为部长的特务部。该部设总务课(政策)、第一课(交通、通讯、邮政、建设)、第二课(经济)、第三课(产业),并在天津、青岛、济南、太原、河南设立特务机关长。当时华北各地成立的汉奸傀儡政权主要就是该特务部扶植的,并受该特务部直接控制。此外,方面军及军外情报调查机关尚有茂川机关(北京机关)、渡濑机关(天津机关)、日高机关(方面军调防班)、华北方面军司令部特种情报班、兴亚院华北联络部政治部、华北综合调查研究所、华北交通公司特别调查班等。兴亚院在其他各地设立的联络部,日本政府设立的梅机关等也是特务机关。

为残酷镇压中国人民的抗日斗争,日伪狼狈为奸,在山东境内建立了庞大的特务组织网络。山东的日伪特务组织大体分属四个系统:

1. 日本军部系统,即驻山东日军司令部参谋部控制的特务组织。其主要机构有:山东省(济南)特务机关(后改为陆军联络部),下设:济宁出张所,辖兖州、曹州道;青州出张所,辖莱潍道、青州道;高密、烟台分设陆

---

① 参见《民国山东通志》编辑委员会编《民国山东通志》(第一册),[台湾]山东文献出版社2002年版,第530—532页。

军联络部,偏重于情报工作。其附属特务机构主要有:"鲁仁公馆",即"对共调查班",附属于方面军参谋部第二课,其主要任务有四项,第一项是搜集中国共产党的党政军情报,第二项是搜集整理中共文件书籍报刊编写情报资料,第三项是以左的面目出现欺骗中国青年,第四项是以怀柔手段诱使被捕、被俘者变节投敌充当特务。下设济南工作室、第一调查室、第二调查室、青岛分室,还在鲁北、鲁西南、胶东设有15个情报点。"林祥公馆",即日军"策反工作班",附属于山东日军第十二军,主要任务是对国民党军队进行策反诱降活动。"梅花公馆",任务是掌握利用反动会道门团体进行搜集情报等活动,设有分支机构"青岛梅花公馆",外围机构还有济南救国训练所、兖州救国训练所和全省各地许多青帮团体、反动会道门团体。"鲁安公馆",主要任务是搜刮我战略物资,搜集经济情报,勾结国民党军反共,机构有经济调查和物资收购两部分。此外,还有"梨花公馆""樱花公馆"等特务机构。

2. 宪兵队系统,即日军驻济南、青岛宪兵队控制的特务组织。济南和青岛宪兵队以章丘为界,分别负责山东西部和东部的宪兵机构,控制伪政权的警务活动和对抗日军民的侦察、逮捕、审讯及向根据地开展特务活动等。各设队本部,管辖分置于济南、张店、德县、惠民、临沂、兖州、泰安、青岛、烟台等地的分队,分队下设分遣队。宪兵队还设有若干附属特务机构和外围组织、据点等。如设于济南的"凤凰公馆""渌源公馆""霞公馆"等,即是这类组织。"凤凰公馆"是宪兵队在济南的秘密组织,专司侦捕抗日组织和爱国人士,曾利用伪警务厅、警察署、铁路警务部进行活动;全市有50余家商号的70余人被其逮捕,有的商号被抢走了全部货物,有的被抢一部分,如德庆公颜料庄就被抢去货物12卡车,捕去三人还要处以罚款;该公馆有秘密电台一部,主要收听国民党山东省政府从阜阳播放的消息。"渌源公馆"专司对共产党抗战人员的侦捕、杀戮、情报的搜集和向解放区进行派遣活动,用打进、拉出的手段对我进行策反;在济南、禹城、青岛等地作案甚多,曾抓获中共地下工作人员

40余人,抗日爱国群众150余人,其中被杀害者18人,有140余人下落不明。

3."新民会"系统,即"新民会"控制下的情报机构。在山东的组织主要有两个,即新民会中央调查部济南支部和新民会山东省总会调查室。新民会中央调查部济南支部对外称"济南市经济调查所",负责搜集山东的政治、经济情报,是日特最秘密的组织,直属新民会中央调查部,与当地新民会组织不发生关系,不受驻地其他特务机关的指挥。新民会山东省总会调查室是省"新民总会"的内设机构之一,负责监视"新民会"各处室的职员和搜集共产党的情报。

4.伪政权系统,其特务情报组织主要设于伪警察机构内,亦可称为伪警察系统,分为警务厅和警备总队两个体系。山东省警务厅体系是指由设于该厅的特务情报机构,和与之相联络的道、市、县情报机构所组成的自上而下的情报网,受日军陆军特务机关及宪兵队济南本队的指挥,负责整理伪警察系统搜集到的,以共产党及其抗日根据地和武装部队的活动为主要内容的情报。警备队(保安队)体系是指由设立于该组织内的自上而下的情报机构组成的情报网,主要负责地方治安及对共产党的军事活动等情报的搜集和整理。

驻山东的日军军部是上述庞大特务组织的总控制者。日军不仅利用这些组织中的特务、汉奸为其军事、经济活动搜集提供情报,而且还利用他们破坏中共地下组织和抗日组织,搜捕、关押、审讯、迫害、屠杀抗日军民,乃至城市下层社会平民百姓。他们经常用"共产党地下工作人员""通共""窝主"等罪名诬陷无辜的城市下层居民群众。1942年11月间,济南万新街一名妇女,名王玉兰,年21岁,长得很漂亮,"洓源公馆"特务袁军之见后顿起歹心,胁迫该女与其通奸。后该女找了一个商人,不愿再受袁军之的凌辱。袁军之的淫欲得不到发泄,反目为仇,竟无端把王玉兰及那个商人一同逮捕到"洓源公馆",硬诬陷男的是共产党的地下工作人员,女的是"窝主",施用多种酷刑。最后男的被日本人用电刑电死,女的被辣椒水灌死。"泺源公馆"有个翻译叫孙俊武,有一次他坐人力车归来,因为车夫向他讨车费,伤了他的面子,他竟以"共产党嫌疑分子"的罪名将那车夫抓进了"泺源公馆"。他叫人帮他把那车夫背绑起手来吊在高高的门槛上,脖子上还坠上块大石头,再用棍棒狠狠地打那人的下身。类似这样迫害良民的事他不知干了多少次。① 事实上,"泺源公馆"是日伪特务机关中最凶残的一个,杀人亦最多,几乎每天都往外抬死尸,有时一天多达五六具至十几具,最多时达数十具。1943年8月的一天就抬出了30具尸体,在四里村附近挖坑埋掉。② 凡被抓进"泺源公馆"的人,都不能囫囵着出来,当时人们把这座公馆看得比阴曹地府还可怕,它与汪伪上海76号魔窟如出一辙。

日特机关还直接或通过其侵华经济组织,加强对工厂、商号的控制,对城市下层工人、店员进行残酷的剥削和压迫。如:日特机关霸占济南成大纱厂后,纱厂的工人过着亡国奴的生活,工作时间每日在12小时以上,有时逼着干到15小时以上。吃不饱,穿不暖,无力顾家。工人每天只能挣到伪币三四角钱,女工、童工更少,还要扣除名目繁多的伙食费、安全费、保险费等等。工人们还要给把头们送礼,加上粮价一日三涨,工人连一日两餐都得不到保证。人身不自由,每周只准回家一次;出门要搜身,从头到脚摸一遍,连穿的鞋和带的东西都要翻个底朝天,稍不顺眼就被推进刑讯室,坐老虎凳、灌辣椒水、绑到树上放狼狗咬,工人们受尽了折磨和污辱。③ 济南泉祥分号鸿记茶栈因卖茶得罪了某特务的父亲张××,他借搜查八路军嫌疑犯为名,到店里检查,把事先预备好的假信塞进店内信袋,栽赃说该店私通八路,伙计不承认,就被特务毒打。后用茶

---

① 济南市政协文史资料委员会编:《济南日特机关罪行录》,济南出版社1990年版,第75—76页。
② 王广贞:《日特对中共地下党员及无辜群众的残酷迫害》,载《济南日特机关罪行录》,济南出版社1990年版,第35页。
③ 济南市政协文史资料委员会编:《济南日特机关罪行录》,济南出版社1990年版,第149—150页。

叶筒装上500元伪币送至张××家中,才了结此案。但此后张××不断到店里来"借"钱,"借"了也没有还的时候。纬十二路瑞华茶庄西号的职工焦玉启,因抗拒特务买茶不给钱,被特务打了,愤而辞职不干。①

山东沦陷期间,日伪相互勾结,在山东建立了各种特务机构,构筑起一个以济南为基地,遍布全省的特务网络,培植了一大批日华特务、汉奸、打手,丧心病狂地迫害、残杀山东抗日军民,特别是城市下层社会贫苦群众,犯下了难以尽述的罪行,这是山东沦陷区罪恶黑幕中最黑暗、最残酷的一幕。

第三节 奴化宣传教育活动

"九一八事变"后,日本侵略者靠刺刀扶植起伪政权及伪组织,但仅凭日本的武力和伪政权的统治机器,并不能摧毁中国人民的抗日意志,连日本人自己也不得不承认:"今日中国丧失土地大半,死伤国民百万,可抗日思想反日益巩固。"②所以,日本侵华的一个重要方针,就是"欲征服中国,必先征服中华民族的心理"。日本侵略者把思想战提高到战略高度。所谓"思想战",即日本帝国主义运用多种手段,对沦陷区人民实施思想统治的行为。相对于政治、军事、经济等显性侵略来说,思想统治无疑是一种隐性侵略行为,它更狡猾、更阴险、更恶毒、更隐蔽,浸及沦陷区意识形态的各领域,是"灭国先亡其魂"的软刀子,其终极目的就是要泯灭中国人民的民族意识和国家观念,扼杀抗日思想,培养所谓的"顺民""良民",使中国人民成为服服帖帖的亡国奴,实现日本亡我中华的狼子野心。为此,他们采取各种措施,进行对华奴化宣传教育,尤其加强对一般平民和城市下层社会群体的思想文化与社会规范控制,使他们深受

---

① 济南市政协文史资料委员会编:《济南日特机关罪行录》,济南出版社1990年版,第155页。
② [日]儿玉誉士夫:《思想战的准备》,《政治月刊》第2卷第1期。转引自《学习与探索》1997年第5期,第135页。

蒙蔽,深受其害。这些措施包括:

第一,在侵华日军中设置特种部队,直接对占领区人民进行奴化宣传教育。

当时在侵华日军中,特别是在关东军和华北方面军司令部内部设有专门负责战争宣传和思想统制的机构,如报道部。另外,在侵华日军中还有一支特别部队——宣抚班,它随其他侵华部队一起行动,不过其主要任务不是作战,而是在日军占领区进行奴化宣传。同时,日军驻中国宪兵队和其他特务组织也负有对中国人民进行奴化宣传的任务。宣抚班的任务是依托地方伪组织,"进行民心安定、秩序回复等斡旋工作,并逐次普及亲日反共思想",宣抚品有传单、标语、昭和糖、仁丹、洋烟、洋火等等。宣抚班均为日军的附属组织,是日军的宣传机关。日军之所以依靠军队进行宣传,有它的原因:共产党的宣传和抗日分子的活跃,占领地民心极易动摇,这就需要一个强大的力量加以控制,而军队就是这样一种力量,因为日军长期研究中国,比其他日本人和专家学者都了解中国。"但依靠军队进行宣传,有一个无法克服的限制,即只要支那军队还在抵抗,军队就要从文化工作的第一战线退出,而将宣抚工作托付于一些'专家学者',处于从背后支持的地位"。①

1940年日本华北方面军在制定"1940年度第一期肃正计划"的同时,还确定了《华北地区思想战指导纲要》,印发所属单位和有关部门、会社、团体,要求付诸实施或予以协助。《纲要》规定了"思想战"的指导精神、方针和要领,《附录书》则详细叙述了具体的工作实施要领和指导上的注意事项。1941年,日伪军发起"治安强化运动"后,日本驻华北方面军进一步加强了欺骗宣传工作,特别是第二次"治安强化运动"期间,日军按照事先制定的宣传报道计划,派飞机到处散发传单,并组织政治工作班随军行动,在占领区进行奴化宣传活动,巡回放映电影、演剧及医

---

① [日]宇田尚:《对支文化工作草案》,改造社1939年版,第166—168页。

疗,同时组织日伪报道机关进行大肆宣传。

第二,通过扶植的汉奸傀儡政权,对沦陷区人民进行奴化宣传教育。

日本统治沦陷区的奥秘是"以华制华"。对如何选择"会长"或"委员长"来"制华",日本人慎之又慎——他们希望有一些德高望重的人为自己服务,不希望役使者是个"三流人物"。一个深为民众信赖的人,他的号召力,是日本人无论怎样"宣抚"都无法企及的,而网罗一些有影响力的人与之为伍,这不仅表明日人的统治符合"王道",更会省去许多统治上的麻烦。一般情形下,傀儡机关所要使用的要人,日人均要对其"思想动向"进行考核,如"对支那事变及大东亚战争的认识程度""对职务的忠实态度""对日本的态度感情""人格""地位""政治手腕""可否任现职"等等。① 日本人任命伪组织正职后,一面对其严格监视,一面给予优厚的待遇,以使他们俯首帖耳听任使唤。而对于伪组织内部或属下的人选如会员、委员、镇长、村长、街长等,则让他们互选推举,并规定推举人负连带责任。如此,在纵的方面,侵略者自上而下层层节制,横的方面则使中国人相互牵制,人人自危,从而构成牢固的基层控制体系。

日本在沦陷区不仅扶植汉奸傀儡政权,建立一套反动行政管理体系和军警宪特组织,而且建立起一套文化专制机构,对沦陷区人民进行奴化宣传教育。在华北,伪中华民国临时政府的行政、教育两部和"新民会"垄断了整个宣传教育工作。

第三,成立伪政治组织,如华北的"新民会"等。

"新民会"全称"中华民国新民会",1937年12月成立。它在北平设立总部,称中央指导部,缪斌任部长;下设总务、教化、厚生三部;在各省、市、道、县设指导部,区设办事处,并根据不同的职业、民族、宗教组织分会。该会自称"为信奉新民主义与政府表里一体之民众团体,以实现中

---

① 上海市档案馆藏:《中国方面要人考核资料》。转引自上海市档案馆编:《日本帝国主义侵略上海罪行史料汇编》(上编),上海人民出版社1997年版,第321页。

日满之共荣并期剿共灭党之彻底而贡献世界和平为目的"；以拥护"新政权"、开发产业、发扬东方文化道德、"剿灭"共党、促进"友邦"缔盟为纲领。以后随着战争的发展，该会多次改组，并逐渐由思想宣传团体变为政治团体乃至行政机关。该会出版《新民报》为机关报，下设新民青年团、新民少年团、新民学院以培养伪政权工作人员，并组织策划了各种社会文化组织如新民记者协会、佛教会、日语协会、教育联合会等。通过各级组织、各种团体、学校、训练班、出版物及各种活动，配合日伪的"剿共灭党运动""兴亚运动""治安强化运动""三清运动"等，包揽了华北沦陷区日伪的一切宣传教育活动。

第四，建立殖民地性质的新闻事业系统，严格新闻统制。

1937年日本侵略军占领华北以后，即迅速建立起殖民地性质的新闻事业系统，对新闻出版予以严格统制，防遏一切不利于其殖民统治的思想言论，肆意传播其法西斯侵略主义，蒙骗沦陷区人民。日伪在华北地区也设有系统的宣传组织和新闻统制机构。在华北占领区，统制新闻出版业的主要机构是日本中国派遣军总司令部情报局和华北方面军报道部以及各地日军特务机关。派遣军总司令部情报局除特别事项外，不常直接发表新闻，但有最高指挥监督权。有关舆论宣传及新闻统制的实际事务，则主要由日军报道部负责办理。① 各地日军特务机关实际上是日军报道部的附属机构，负责对当地日伪报刊的指导监督。一些日军部队报道课也可随时干预地方新闻出版事业。②

华北沦陷区的重要新闻报道，都在日军报道部的严密控制之下。如为军事消息或日本国内新闻，则直接由日本同盟社发布。同盟社以原文送交各地日文报纸，另以中文发送各地伪报社。如系伪组织消息，或与伪组织有关的事项，则由日军报道部编制成新闻，阐明要点，送交伪华北

---

① 《敌伪资料特辑》（第6号），河北省档案馆藏，第31页。
② 《天津特别市公署公报》（第2号），河北省档案馆藏，第23页。

政务委员会,译成中文且换成伪组织语气,发交伪通讯社及各地伪报刊刊布。对比较重要的政治、军事、经济、文化等事项,报道部则通令各报,依其旨意撰写社论,进行阐发宣传。① 日军报道部实际上成为沦陷区日伪新闻宣传机构的"太上皇"。

伪组织方面,在汪伪南京政府成立之前,华北沦陷区伪新闻事业由伪临时政府情报局及各省市警察局情报处第二科负责控制,伪临时政府和各省市当局还设有新闻事业管理所,专门负责对新闻事业的检查督导等事项。1940年汪精卫伪国民政府在南京开张后,专门设立宣传部。1940年5月1日,伪宣传部为谋"宣传国策,统一全国新闻通讯事业",将原汪伪在沪设立的中华通讯社和原维新政府所属的中华联合通讯社,合并为中央电讯社,为全国新闻、通讯最高统制机关,隶属于伪宣传部。中央电讯社"以发布政闻、宣扬国策、沟通各地消息,采集国际新闻为宗旨",对外秉承日本同盟社的指令,充当"儿机关"。1941年2月21日,伪中国广播事业建设协会在南京成立,是伪宣传部的直属机关,其使命是利用各种纪念日及国内外重大时事,根据伪宣传部颁发之要点,实施特别宣传,如:伪政府成立周年纪念日、汪精卫访日、德苏开战、"东亚文艺复兴"、德意八国承认伪政权、孔子诞辰、对渝攻势宣传等,均由协会统筹办理。1941年下半年,设置伪中央报业经理处。伪宣传部将直属各报社分地区和类别加以组织,统由中央报业经理处管理,并颁布新闻检查法规、出版法等,查禁书局,以统制报刊宣传与出版业。1943年3月,伪宣传部指令成立伪广播无线电台管理处,其主要任务是调查华中占领区及大后方广播无线电台设施情况,收集无线电台各种法令,实施管理和订定无线电台法规条例,不仅从组织法规上加强对电台的控制,而且通过对收音机的登记管理,进一步强化对无线电台听众的统制。据统计,日

---

① 《敌伪资料特辑》(第6号),河北省档案馆藏,第31页。

伪在中国境内先后建立广播电台五六十座。①

华北地区的伪政权也建立了相应的宣传机构,如各省市均建立了宣传处,有关文化团体的调查登记、新闻通讯底稿的检查、图书刊物及唱片之审查等事项,统归宣传处第二科具体负责,该科是伪省市政府负责新闻宣传统制的专门机关。伪省市政府还设有"宣传会议",作为"宣传处之辅助建议机关"。宣传会议主要讨论有关宣传计划、宣传工作之推进、新闻出版等宣传事业之调查报告等事项,②实际上是协助伪政府推行新闻宣传统制的重要协调机构。

日本侵略军极为重视对舆论宣传的控制,并把它列为所谓"宣传战""思想战"的主要内容。日本华北方面军司令官寺内寿一即曾说过:"宣传工作,特别加强对各机关的统制,重点放在使中国军民懂得其一切幸福的获得,必须反共叛蒋,依靠亲日反共的新政权。"③寺内这里强调要加强统制的"各机关",当主要是指新闻出版、文化教育等机关部门,这些均是日军"思想战""宣传战"的重要阵地。日本华北方面军还强调:"对违反临时政府政策的设施、言行、出版物等,严加取缔。"

日本"兴亚院"专门制定了对沦陷区宣传教育的基本宗旨:(1)消灭民族意识,毁灭中华民族文化,彻底铲除中华民族优秀传统,排除一切抗日思想。(2)制造奴隶"文化",使中国人民甘心认贼作父,"在日满共荣,共同防共和建立东亚协同新秩序的原则下,进行文化工作"。(3)提倡复古,"恢复固有的文化道德,扑灭一切毁灭固有文化道德的欧化思想及普罗文学"。(4)进行挑拨离间,破坏中国人民的团结,特别强调反共,破坏国共合作。④

---

① 齐红深主编:《日本侵华教育史》,人民教育出版社 2004 年版,第 342、343 页。
② 《天津特别市公署公报》(第 127 号),河北省档案馆藏,第 12 页。
③ 日本防卫厅战史室编:《华北治安战》(上),天津人民出版社 1982 年版,第 81 页。
④ 南开大学、湖南大学等校合编:《中国现代史(1919~1949)》(下),黑龙江人民出版社 1981 年版,第 79 页。

1940年12月10日,侵华派遣军制定"关于大持久战第一期战略指导"的政策,其中对思想指导的方针规定如下:"解决这次事变之指导精神在于,以日满华亲善合作为直接目标,以从道义上复兴东亚为终极目标。"务必实现使中国方面的思想统一于东亚联盟思想,"击破敌方抗战思想,驱逐共产思想"。在这一方针指导下,要求在策略上在中国内部制造分裂,发挥投降派傀儡政权的作用,"对敌方的抗战思想,使(汪)新政权从其自己的立场同他们在法则上产生对抗,以造成敌人失败的心理"。1941年5月25日制定的"对华长期战争策略要领",其中"对华思想指导纲要"规定其方针为"应开展思想攻势,对反对派势力展开积极斗争,有效地对敌方进行渗透,瓦解敌之军、政、民抗日意志,以促进事变的解决"。①

　　太平洋战争爆发后,日军进一步强调"加强宣传战"②的重要性。1942年12月3日,日本华北方面军报道部制定了《ぁ号作战时的华北宣传计划》,规定其宣传计划的方针是:"英美两国在东亚是日满华的共同敌人,这一点应使中国民众有深刻的认识,以便将民众心理集中在东亚民族解放这一问题上。强调消灭与英美勾结的重庆政权及中国共产党,乃是华北全体居民的责任,以此推动占领地区居民积极主动的与我方协力,并设法分裂和争取敌区内的民心。"该文件还明确其计划的重点为:(1) 对中国的宣传以中国政、会、民各机关团体的活动为主;(2) 对占领地区的宣传以安定民心为主要目标,并贯彻此次战争是东亚民族解放战争的意义;(3) 对非占领地区的宣传,应使其酿成反蒋反共的气氛,期使敌方抗战体制崩溃;(4) 使在华日侨提高自觉,对战争做出贡献。③

　　数日后,华北方面军报道部又相继制定了《处理英美权益时的宣传报道计划》和《对英美战争的思想战指导纲要》,规定在此次思想战中的宣传报道方针是:"此次对英美的战争,是新秩序对旧秩序的对抗斗争,

---

① 齐红深主编:《日本侵华教育史》,人民教育出版社2004年版,第308页。
② 日本防卫厅战史室编:《华北治安战》(下),天津人民出版社1982年版,第11页。
③ 同上书,第70页。

阐明东亚解放圣战的意义,指出挑起战争的责任在于英美。强调日华满三国为了确立东亚共荣圈,应当互相协力,分担战争义务,直到最后胜利。因此,华北应自觉地作为日华满三国合作的模范地带,努力完成任务,以期安定和振奋民心,而使敌人动摇分裂。"① 华北方面军报道部所规定的这些方针,完全为各地伪政权所接受,成为他们实行新闻宣传和舆论统制所遵循的基本方针。

为了控制新闻舆论,压制人民的反日思想,1938 年伪中华民国临时政府颁布了《危害民国紧急治罪法》和《出版法》。1941 年,伪华北政务委员会颁布《关于与抗日及共产有关之图书新闻杂志等之处置办法》,把凡涉及抗日、共产主义、社会主义、马克思主义内容的新闻、杂志及图书等定为"违禁书刊",要求各伪省市公署"务求彻底检查",一经发现,即行"封存",各省市在 10 月底以前必须完成此项工作。② 华北是日伪新闻宣传媒体最密集的地区。根据 1944 年中国国民党有关方面调查统计,全国共有日伪报社通讯社 200 家,其中报社 158 家、通讯社 42 家。而华北地区即有报社 60 家、通讯社 19 家,总计 79 家,③占全国伪报社通讯社总数的近 40%,其中报社占 38%、通讯社占 45.2%,密度超过其他任何地区。

对重要新闻媒介报道的具体指导之权,也多被日军报道部所把持。报纸通讯社所发新闻报道,一般分为三类,即所谓"正面宣传""攻势宣传"和"谋略宣传"。根据重庆国民政府有关方面调查分析,日伪报刊通讯社的"正面宣传"约占 50%,"攻势宣传"约占 30%,"谋略宣传"约占 10%。④ 所谓"正面宣传",就是对日本帝国主义的侵略行为歌功颂德,掩

---

① 日本防卫厅战史室编:《华北治安战》(下),天津人民出版社 1982 年版,第 71 页。
② 中国第二历史档案馆编:《中华民国史档案资料汇编》第 5 辑第 3 编,附录(上),江苏古籍出版社 1997 年版,第 556—557 页。
③ 《敌伪资料特辑》(第 6 号),河北省档案馆藏,第 1 页。
④ 同上书,第 34—35 页。

盖其侵略暴行，美化其殖民统治，借以欺蒙舆论，收买人心；所谓"攻势宣传"，就是对坚持抗战的重庆国民政府、国共两党和英美苏等反法西斯国家肆行诬蔑，把正义的抗战事业诬为给人带来苦难的"邪恶之举"，企图动摇中国人民的抗日信念；所谓"谋略宣传"就是妄造谣言，如故意夸大美、英、苏、中等反法西斯国家之间的矛盾冲突，或制造重庆国民政府和抗日区域之虚诞电报或通讯，甚至伪造蒋介石广播词或中国共产党之文件，"以肆其谣惑挑拨之诡计"。[①] 日伪新闻宣传手段和谋略的阴毒由此可见一斑。

为加强对山东沦陷区特别是城市控制区下层社会民众的奴化宣传教育，日伪山东政权首先在统治区广泛开展了"新国民运动"。1943年1月8日，伪华北政务委员会委员长王辑唐发表声明，宣布华北即日起全面开展"东亚解放新国民运动"。所谓"新国民运动"，脱胎于新民会倡导的"新民运动"（后称"国民运动"），重点是从思想上、组织上奴役中国人民。其通过建立各种伪组织，宣传"新民主义"，来"矫正"中国民众思想，使其成为"新民"，甘做"顺民"，以"完成国民心物建设，协力东亚解放"。

为开展"新国民运动"，山东日伪组织采用一切办法将群众组织起来。首先，成立各种专业分会。城市按职业及原有团体加以组织，如学校教员和其他从事教育工作的人成立教育分会，新闻工作者成立新闻工作者分会，医务工作者成立国医职业分会，原有的一些城市下层行业公会分别被改换成"报夫分会""粪夫分会"，等等。其次，成立各种外围团体。对于在民间有相当势力、历史较久的各种帮会进行调查、登记，加以威胁利诱，使其公开接受新民会的管理与指导，从事各种亲日反共活动。如日本侵略者在济南扶植道会门卍字会、一心天道龙华圣教会、一贯道及青帮之类的黑社会组织，成立了山东宗教联合会。据1941年6月统计，全省被强制接受新民会管理与指导的团体有523个、137 232人，

[①]《敌伪资料特辑》（第6号），河北省档案馆藏，第35页。

1942年6月则分别增加到937个、218 688人。

在"新国民运动"中,山东日伪组织特别注意宣传教化活动。在济南、青岛、烟台等城市,主要利用报刊、电台及各种朝会、周会、讲演等活动进行。当时在山东沿海区发行的主要报刊有《山东新民报》《山东新民晚报》《山东新报》《青岛新民报》《天津庸报》《实报》《晨报》《北京新民报》《山东兴亚新闻》《新动向》《吾友》等。1938年1月,日本侵略者在青岛贮水山路7号建立了伪广播电台,1939年5月迁到朝城路7号原民教馆广播电台旧址。1939年9月,日伪当局在济南中山公园东侧修建新电台,翌年春天建成播音,为华北第二大台,向全省作华语广播。1940年,日伪筹建烟台广播电台,翌年6月建成播音。另外,新民会还通过电影放映、剧院演出、举办游艺会等形式,介绍日本文化和日军"功绩",灌输"新民主义"。

如何才能称得起"新国民",新民会制定了八项纲要,即,"忠国家""爱东亚""重道义""耐劳苦""贵朴素""尚勤俭""负责任""守纪律"。其中以"忠国家""爱东亚"为重点,其目的为"统一国民理念";以"重道义""耐劳苦"激发"国民精神";以"贵朴素""尚勤俭"来"革新国民生活";以"负责任""守纪律"来"完成国民组织"。而要达到以上八条,就必须信仰"王道主义",实现"王道主义"。所谓"王道"不过是日本帝国主义侵略中国的一块遮羞布。他们宣称:中国的政治,是以儒教的政治哲学即"王道"为指导思想,它以"仁德"为国家生活之原理,既"作用温和"又"基于农业生产与家族制度",故"斯道最适合中国民族之生活,乃当然之事"。日本是以"皇道"为本,天皇是"神的直接代表者",承神意,以神的生命分派国民,日本的国体是"天道的实践",所以日本是"神国"。日军的"义举",就是"显现天道"。日本"发大军于中国之理由",不外乎"促使汉民族猛然觉悟归复于其本来之王道文化,享受乐业安居之幸福,期使王道满洲、王道中国与皇道日本,亲如一家,以便确立东亚永远和平"。他们以《尚书》"不偏不党,王道荡荡"中之"王道"攻击"党治",企图使中华民族不分国际，不分民族，不分人种，将民族国家和领土拱手出让给日寇；更以尧舜时代的"王道盛事"、互相揖让的佳话，试图说服中国不要抵抗。"王道主义"的宣传，完全服从于日本侵略者的战略指导方针，目的是欺骗麻醉中国人民的民族意识，削弱中国人民的抗战意志，以"皇道"同化中国人民。

沦陷区城市下层社会民众还被日伪当局用各种手段纠集起来，参加各种活动，今日"欢迎""纪念"，明日"宣传""游行"，借此为日本侵略者装潢门面。从1943年8月到1944年1月，仅伪山东省公署批准的新民会山东省总会关于"新国民运动"的实施事项就有"防空防谍""友邦（日本）真意宣传""废物（铜铁）收回""食粮确保""剿共政治攻势""贪官污吏排除""土豪劣绅排除""剿共建国""增产救民""秋耕奖励""节约提倡""思想肃正""廉洁自肃""生活革新""虚礼废止""大东亚战争完成"等。① 另外，还有各种数不清的"义务"，如"献铁""献铜""国防献金""慰劳金""救国储蓄"等。

第五，日伪政权加强对人民群众的伪化宣传，实施奴化教育。

日军肆意破坏山东的教育机构，牢牢控制山东的教育大权，从强制推行日语教学、利用"新民会"把持社会教育等方面极力在城市下层民众中推行奴化教育。

殖民地教育的一个重要特征就是对宗主国语文的重视，强制推行其语言文字。日本侵略者深知，语言是一个民族文化传统的重要载体，强制推行日语教育，是日本帝国主义推行其殖民统治政策的需要，是一项毁灭中华文化、泯灭中国人民民族意识的重要措施。当时日伪当局就强调，学习日语的重要性有三：(1)"中日两国同文同种，本为一家"，只因语言不能相通，"感情间有补益融通之处"，因此只有人人熟悉日文日语，才能使"中日亲善"日益加强，"思想自然纯正"；(2)日本"贤达之士"所发表

---

① 《山东省公报》第155期，1943年10月20日。

的著述,常有对中国政治、文化"精确之讨论",学生如能通晓日文,即可随时研究,"且可与中国文化互相考证,融会贯通";(3)有利于"友邦日本之提携,共同努力"。日伪当局强制推行日语教育,就是想让广大中国青少年在精通日语之后,便于和日本人交流,使他们更顺畅地接受日本的政治和文化,更直接地接受日本的"领导"。1936年6月,日本"对华中央机关"——兴亚院颁订《普及日语方策要领》,详细规定了在中国占领区普及日语教育的根本方针、要领等。把通过日语教育把握"兴亚"精髓,作为"在政治、经济、文化所有领域完成兴亚大业"的"先觉的""紧急的""恒久的""必需的"事业,通过日语这个"武器",加强以"皇道精神"为核心的"教育",则"内可以培养能指导大陆民族的纯正的日本人,外可教育青少年、教化一般民众生活"。可见,日本在沦陷区推行的日语教育政策,绝不仅仅是一种语言政策,而是融入了其奴化占领区人民的殖民主义政治企图和构想。1939年2月,伪青岛特别市公署发布《日本语学试验奖励规则》。"每年举行两次试验,合格者按不同等级发放奖章及奖励津贴……大力制造以学习日语为荣的氛围"。规则说明,奖励日语学习的原因是"新东亚之民族,须与日本提携方可宣扬东方之道德"。规则指出,日语学习要达到"真正亲善"。①

为迎合日本主子的侵略占领需要,1938年,伪济南维持会建立了四所日语学校,后伪省公署改为省立第一、二、三、四日语学校;9月,四校合并为省立日语专科学校,并接收日军特务机关宣抚班建立的山东模范学院日语专门部,编为特别科,后又设师范、实务部。

与此同时,对非日语专科学校,日伪强行取消了自我国新学兴办以来一直开设的英文课,把日语课列为主要课程,并打破惯例,从小学三年级开始讲授日语,减少国语课时,增加日语课时,每周授课六节,强令师生日常会话使用日语。在济南艺术学校(前身为济南正谊中学),收藏有

---

① 《"上课讲日语,喊操也得用"》,《齐鲁晚报》2015年8月27日,A07版。

几本日伪时期的书籍,其中有一部讲授如何学习日语的《最新日本语教授法精义》,该书序言中有这样几句话,"要让他们(支那人)理解日本人,就要更好地学习日语。""为了确立大东亚共荣圈,应当普及以日语为基础的教育。""在日语教学方面,应当参考过去我们在台湾、朝鲜、满洲国获得的一些经验,对支那大陆(即中国大陆)进行新的重点研究……"此外,在这本以"日语学习"为主要内容的书中,第一章着重介绍"东亚新秩序"与日语的关系,强调了日语在日军确立所谓"东亚新秩序"中的作用,第二章才转入一般的语言学叙述。①

还有一本名为《好孩子》的小学教科书,出版于昭和十六年(即公元1941年),该书著作权归属"日本文部省",发行者为"日本书籍株式会社",定价"六十钱",薄薄的一小册子,共分为20章56页,内容包括日本的地理、风土人情、家庭伦理等,采取了文字配彩色图片的形式,文字采取片假名形式,字迹清晰且间距较大,适合小孩子的阅读习惯。这应该是日本本土出版的小学教科书,但后来却被拿来供中国的小学生使用。该书最为突出的一点,是对"天皇"的重视和推崇。书中对天皇的赞扬比比可见。如该书第二章"最敬礼"中说,"今天是天皇的生日,大家整齐列队,开始了仪式,对着天皇陛下和皇后陛下的照片敬了礼,国歌响起,校长宣读了教育敕语,让我们肃然起敬"。第十七章"天皇陛下"中则有,"拥有天皇陛下的日本国民真的很幸福,我们的祖先世世代代对天皇效忠,我们也必须对天皇效忠"。书中还有,"从老师那里听闻了很多事,了解了天皇陛下的伟大,拥有天皇陛下的日本国,是世界上最伟大的国家"。这就是一本用来给小孩子洗脑的教科书。小孩子心智单纯,如果从小就被灌输这样的"皇民化"思想,长大后对日本的认同感可想而知。除此之外,书中还有对战争的赞美,比如第十章"说给战士听的话"中便有,"当日丸旗(日本国旗)占领了阵地时,请挥舞着这个高唱万岁。士兵

---

① 《济南学生被教向天皇照片敬礼》,《齐鲁晚报》2015年7月15日,A07版。

们请保重身体,我们每个月1日会去神社参拜"。而这句话之前还有一句,"士兵们,请看看我们画的图写的字。也给支那的孩子们看看",显然这与当时日本正在进行的侵华战争密不可分。这种对战争的美化,不仅是当时的日本政府欺骗本国国民的手段,同时也是欺骗受害国国民的一种手段。①

日军为充实日语学校的人数,还随时在大街上强拉城市贫民儿童去接受奴化教育。据一位亲历者回忆:1941年那年,他才7岁,一天正跟邻居小孩在街上玩耍,后面突然来了四个端着"三八"式步枪并上了刺刀的日军士兵,凶神恶煞地来到他们面前叱喊着,用刺刀把他们几个小孩迫至由日军司令部办的日语小学去读书,强迫他们接受日军的奴化教育。在日语小学,日本老师上课教他们学日本话,……逼他们写日本字,讲课内容每天颠三倒四,要中国小孩从小甘当亡国奴,热爱"皇军",尊敬"皇军",见到日军时一律要立正鞠躬敬礼等。讲完课接着又教他们唱日本歌。为保证日语教学的效果,日语教师对学生进行体罚是经常的事,上课有逃学的、早退的、上课讲话的、搞小动作的、提问不懂的、调皮的等一律进行体罚,轻则罚站圈、弹耳朵、打嘴角,重则罚跪碎石、顶水、打屁股等。在"推进日语教学"的旗号下,大批日本教官进驻各类学校。日本教官在课堂上大肆宣传"大东亚圣战",宣扬日本富强,侮蔑中国贫困,鼓吹中国只有依靠日本才能共存共荣,②等等。日语教学已经不是单纯的教授语言,而是灌输日本的文化、价值,宣扬亲日,美化侵略,确立日本人的主子地位。

据1942年10月31日《国民党战地党政委员会编印倭寇之奴化教育》统计,"敌伪现在在鲁省沦陷区内设立之学校,计伪省立中学十三所,小学六所,社教机关十四处;伪市立中学二所,小学九九所,社教机关五

---

① 《济南学生被教向天皇照片敬礼》,《齐鲁晚报》2015年7月15日,A07版。
② 《日伪时期济宁中学概况》,《文史资料》(济宁市中区)第2辑,出版者、出版时间不详,第103页。

五;县立中学四所,小学八四二三所,社教机关三四六。共有教职员一六二三四人,学生三八一二二名,各伪校采用教材多系旧式,一律加授日语,并改公民课程为修身"①。1942年间,为使教育界人士"努力参加'反共兴亚'、'歼英灭美'、'确立道德'战线起见",伪山东省还组织了所谓山东教育会总会,设在教育厅内。各道设立支会,市区设立分会。1942年9月1日,伪山东省又在新民会下设立了青少年总团部,统一管辖各地各级设立的青少年团分团部,举办过游艺会18次、宣传会12次、讲演会97次、座谈会20次、庆祝会3次、街头讲演110次,在娱乐场讲演162次,在四郊讲演42次,听讲者112 367次。② 在实施奴化教育的过程中,利用一切奖惩手段对青少年进行奴化思想的灌输,并引导他们有意识地以所接受的思维方式进行初步的"洗脑"和创造,是伪教育部门普遍采用的方法之一,其中最为典型的做法就是在学校开展有奖征文的活动。不管是真实的感受还是舆论导向的结果,伪政府在各校学生中举办的历次有奖征文,都体现出了奴化教育的成果,即谎言重复一千次即是真理。③

日本侵略者为了实现奴役中华民族的梦想,希冀寻求能够使中国人民臣服的理论,在华北推行作为新民会指导思想的新民主义。1938年7月2日,新民会山东省指导部在济南正式成立。同年12月15日,伪济南市公署命令各社会教育机关团体将"民众"字样名称一律改为"新民",以寓"除旧布新""洗心革面"之意,济南民众体育场、民众教育馆改称为"新民体育场""新民教育馆"。翌年2月又以"新民会济南市郊指导处"名义,设立济南周域四郊指导处,强化对城市周边地区的影响。

在酝酿组织新民会之初,日军参谋部特务部部长喜多诚一就认为"新民"一词比较有现代意味,便于向公众宣传,对青年有吸引力,竭力主

---

① 中国第二历史档案馆编:《中华民国史档案资料汇编》第5辑第2编,附录(上),江苏古籍出版社1997年版,第614页。
② 《山东省公署三十一年工作报告》,敌伪档案—5—222,山东省档案馆藏。
③ 江沛:《日伪"治安强化运动"研究》,南开大学出版社2006年版,第258、259页。

张使用。于是唆使日本浪人川村宗嗣和汉奸缪斌,制造出一套"新民主义"的谬论。他们承袭和利用了中国传统封建政治说教,拼凑起一系列奴化沦陷区民众的汉奸卖国观点。他们认为,中国文化导源于孔孟,而儒家精义具备于《大学》。"大学之道,在明明德,在亲(新)民,在止于至善"。所谓"新民",就是当政者引导民众逐渐体认"天道",使思想"日新又日新",最后达到"至善"境界。川村宗嗣认为"苏生中国建设之目标是在发扬东方固有的精神,以彻底剿共灭党,建设道义的国家,促进日华满三国完全缔盟,确立真正的东亚永远和平,而贡献世界人类的福祉"。①缪斌认为新民主义就是"礼治主义""德治主义",通过格物、致知、诚意、正心、修身、齐家、亲乡、治国、平天下来实现。"新民主义主张文化相同者,联结同盟,如日本、中国、满洲可以为一联盟。然后以亚细亚为中心,万邦协和,而成王道之天下,则天下平治矣"。② 新民主义理论的实质是向中国民众灌输接受"优者、善者"的日本占领的现实,以顺应"天道","矫正"人们的行为,使他们成为"新民",中日"亲善"、结盟,清除三民主义和共产主义,建设所谓"王道乐土"。

为"教化"民众接受新民主义,新民会在山东沦陷区城市采取多种方式,开展各种活动,对城市下层社会民众进行宣传。沦陷初期,社会教育以新民教育馆、新民学校、各种文化或职业补习学校等为中心机构,图书馆、文化宫、博物馆、剧院、电影院、体育场等也是重要的社教机构。新民会山东省指导部成立后,对原省民众教育馆进行修复,于1940年9月正式开办了山东省立新民教育馆,内设宣化部、陈列部、话剧部、阅览部和事务处,并对市(特别区)、县立新民教育馆实行指导。山东新民教育馆作为日伪综合性社教机关,是日伪在山东实施社会教育的核心机关。其教化实施要纲提出了25条,即"1. 宣扬东方文化道德,振兴国民固有精

---

① [日]川村宗嗣:《新民会的本质与理论》,《新民周刊》第16期(1939年1月)。
② 缪斌:《新民主义》,北京晨报社1938年版。

262

神;2. 发扬新民主义,养成民众王道观念;3. 宣传共产黑幕,引起民众反共观念;4. 宣传兴亚利益,引起民众兴亚观念;5. 阐发反共理论,加强民众反共意志;6. 阐发兴亚理论,促进民众兴亚运动;7. 解释中日满不可分离之情势,提倡中日一致提携;8. 解释友邦援助中国之诚意和需要加强中日亲善观念;9. 说明建设东亚新秩序之工作,指导民众努力迈进;10. 提倡尊崇孔孟,发扬圣道;11. 提倡敬神崇祖,养成民众深切信念;12. 提倡互助精神,养成民众团结意志;13. 提倡俭约朴实,养成民众清廉习惯;14. 提倡公共道德,改良社会风俗习惯;15. 提倡公共体育卫生,强健民众身体;16. 提倡勤苦耐劳,加强民众工作;17. 提倡道德实践,陶冶民众德性;18. 提倡职业技能,救济民生;19. 提倡改善农产及开发产业,推广国民生计;20. 注重职业补习,补助民众生活技能;21. 灌输新政知识,俾使民众明了新政权之趋向;22. 提倡自治合作精神,补助保甲及合作社之进展;23. 救济失学民众,扫除文盲;24. 注重礼教,使民众道德化;25. 提倡忠诚团结,养成民众国家观念。"①

山东新民教育馆的主要活动有:(1) 时局之宣传。以京剧、话剧、鼓书等形式,宣传"圣战",使城市下层民众"加强对大东亚战争必胜的信念"。(2) 推进"扫盲运动",宣传"圣战","利用教育力量激发国民",通过讲故事、缀句、唱游等形式,宣扬"中日亲善"。(3) 组织戏剧演出,先后演出的话剧有 40 多种。为招徕观众,新民教育馆大多数演出免费观看,"演出前数日,民众皆可来馆取票",比较容易让城市下层社会民众接受和参与。其中有一个叫《东亚三兄弟》的话剧,三个主人公起名颇有深意,分别叫"辛满舟"和"日昇""仲华民"。剧本第四幕题目为"三兄弟矢志合作矩形结盟式",第五幕为"三兄弟组织联合军进攻匪剿",第六幕为"联合军剿共胜利,日、华、满三国实现合作,建大亚细亚洲和平基础,开

---

① 山东省立新民教育馆:《馆务概况》,1941 年 8 月 8 日。

会庆祝之盛典",足见编剧之用心。① 为扩大宣传效果,剧场内设扩音机一架,演出空隙播音,"施行教化工作"。(4)举办展览,宣扬日本历史文化、"皇军"战绩。这种教育表面上为"扫除文盲""辅助失学",实际上招收成年人的目的在于肃清"不稳"因素和训练顺民。新民会企图介入城市下层社会民众生活的各个方面,通过倡导中国传统封建礼教,宣扬新民主义和王道政治。为给日本侵略军助威,每当日军侵占一个地区和城市,新民会都要发出贺电,并强迫群众张灯结彩,大搞庆祝活动,及慰劳活动。

新民会开办的省立通俗讲习所是专门负责社会宣传的机构,以演讲方式强化"新民意识",宣扬"反共""兴亚""东方文化"等,城市下层社会居民必须去听讲。当时济南设 14 处讲演场。1942 年,全年仅在省立第一、二、三通俗讲习所进行的固定讲演就达到了 799 次。② 日伪控制的各县也设县通俗讲习所。新民会还办有新民体育馆、图书馆、阅报所,通过体育竞赛、古迹展览和张贴报纸宣扬"中日提携""圣战必胜"。

"尊孔祭孔"构成新民主义宣传的重要内容。他们宣扬孔孟之教为教育之方针,企图以"忠恕""孝悌""独善""克己"等观念消弭被侵略被统治的中国人的反抗意识。每年春秋两季各级日伪机关均举行"祭孔"活动,9 月 28 日还在曲阜举办大规模的孔子诞辰典礼。如,1939 年 9 月 17 日,伪青岛市市长赵琪在江苏路小学礼堂主持祀孔大典。1940 年 11 月成立建筑孔庙筹备委员会,赵琪任委员长,新任"青岛出张所"所长兼伪市公署最高顾问多田武雄为顾问。在一片尊孔复古的逆流之中,日本人还精心策划,于 1943 年 10 月 19 日策动平度同乡会为 1927 年猝死于青岛的康有为举行追悼会,"缅怀"康有为尊孔复古的"功绩",目的就是浓

---

① 《"上课讲日语,喊操也得用"》,《齐鲁晚报》2015 年 8 月 27 日,A07 版。
② 《山东省公署三十一年工作报告》,敌伪档案-5-222,山东省档案馆藏。

化亲日当顺民的气氛,利用中国封建伦理道德为其殖民统治服务。①

日伪还大力宣扬迷信、封建、享乐的文化,麻痹城市下层社会民众。如修筑庙宇;褒扬贤妻良母、孝子节妇;提倡佛教,引人追求"西方乐土";利用文艺、戏剧、图画等提倡色情文艺,发扬低级趣味,导人享乐。

日伪对山东城市下层社会群体进行奴化宣传教育的常用媒介可分三种:口头方面、图文方式和电影、电台类的视听媒介。这三种媒介或单独使用,或相互搭配,其作用和影响不容忽视。

口头方面的媒介。口头语言的宣传,可以随时随地进行,不受地理和物质条件的限制,并对受众没有什么文化要求,方便实施且易于理解,因此这种形式在日伪宣传中经常被充分地利用。"治安强化运动"中,日伪口头宣传的形式主要有:恳谈会、座谈会、辩论会、讲演会、民众大会等。山东各城市,经常充斥着各种乌七八糟的讲演会、恳谈会。日伪甚至利用"少年团""宣传队"到火车上用号筒对众演说,先说日文,后说中文,每人解说一条标语,宣传任务完成后才下车。而日军、伪警察则时常拦住行路的城市贫民,测验反动标语,答出者可以通行,否则,在路旁站一个小时。另外,日伪机关还挖空心思,动员艺员演相声或编成民歌,利用中国的传统文艺形式宣传其反动思想。②

图文方面的媒介。图文媒介有利于保存,在沦陷区城市下层民众当中影响较大。其中,图片因形象、直观,而更易于为各年龄层、文化层的受众理解和接受。报刊被日本特务机关直接控制,成为新民主义宣传的主要阵地。1938年7月1日,《山东新民报》创刊,社长为浦上叔雄,该报是山东沦陷时期存在时间最长、影响最大的中文报纸,1945年8月停刊。1938年2月创刊的《青岛新民报》于1942年与《大青岛报》合并为《青岛大新民报》,社长为尾泄义雄。该报是青岛地区发行量最大的中文报纸,

---

① 陆安:《论日本对青岛的"思想战"》,《青岛教育学院学报》2001年第1期,第34页。
② 中央档案馆等编:《华北治安强化运动》,中华书局1997版,第654页。

日本投降时停刊。此外,威海也有日本人创办的《威海卫新民报》,社长为板桥重雄。日伪出版的报纸、杂志等,都长篇累牍地刊登各种反动宣传标语、日伪头子的讲话、各地日伪军的"丰功伟绩"、所谓的"治运"论文等扭曲事实的文字垃圾。日伪创办的报纸还经常刊登小学生的反共亲日文章,利用孩子之口来蒙蔽更多的人。如当时刊登的青岛台西镇小学五年级学生黄学忠的作文《认清自己的身份》,"抗日政策,无疑自掘坟墓,因为日本的雄厚实力,绝非中国所能抵抗的"。①而故作姿态的漫画、宣传画、摄影,则定期或不定期地出现在日伪创办的各种报刊中,甚至有专门为此而设的"展览会"。

电影、电台类的视听媒介。电影、电台、幻灯片等类的传播媒介,在当时都属于较为先进的宣传手段,它们因直观、新鲜而更容易被城市下层社会群体所接受,所以也是日伪常用的一种宣传工具。日本在济南、青岛、烟台建立广播电台,用华语、日语轮流广播。每天播放日本国歌和伪政权国歌《卿云歌》,还有《大东亚进行曲》以及"旭日升,耀光芒,富士山颠彩凤凰"之类赞美日本的歌曲。日伪电台还播放各种配合时势的广播演讲,在广播节目前后插入运动标语,并将大批无线电扩大器装设在全市各电影院、戏院、主要车站内,让市民聆听。②1940年新建成播音的济南广播电台,为华北地区第二大电台,建有50余米高的发射天线,大小演播室、机房1 100多平方米,设备较为先进,接受范围较大。各电台均制作有新民会的专题节目,并定时播送新民新闻、新民演艺、各地工作报告等,举办各种征集活动,以期"使民众对时局有相当认识"。为扩大影响,增加收听率,建台初期曾将从日本进口的收音机免费送给学校、商店、影剧院等公共场所。缪斌作词的《新民歌》也在电台反复播送,要求城市下层社会市民和学生学会演唱。歌词为:"旭日照东亚,全亚协和为一家。学宗孔孟行王道,人作新民在中华。格物致知正心诚意修身齐家

---

①② 《"上课讲日语,喊操也得用"》,《齐鲁晚报》2015年8月27日,A07版。

治国平天下"。一般来说,每次运动中,日军方面、伪当局的头目,以及伪省长、警务厅厅长、情报处处长等,都要在电台中一一讲话,城市居民则被迫安装收音机,收听这些反动广播。在青岛,日伪要求收音机只准用华北广播协会监制的三管四管收音机,只能听青岛和北平的日人控制的广播。① 日本宪兵队挨家挨户检查,认为没有问题的就在机内贴上一张盖有"日本宪兵队检阅"的纸条,如果查出收音机是超外差式两个波段的,那就要以"反满抗日论处"。② 而由"宣传队""放映队"在各地放映的各种电影,其内容也都是有关宣传反动思想的,而且经常免费向城市下层民众放映,或在街头免费赠票。如,青岛的电影院放映的多来自设在上海的伪中华电影公司和中华联合制片公司。内容主要是两类:一类是反动的,吹嘘日军"战绩"和汪伪汉奸政权"政绩"进行奴化宣传的,像《跃进中之国民政府》《大陆航空决战》《奋战中的德意志》等;另一类是黄色的,宣传色情和腐朽生活的,如《贵妇风流》等。③

回顾日本侵占山东期间对城市下层社会群体的奴化宣传教育,笔者认为,奴化教育是日本占领区存在的一种旨在削弱乃至消灭中华文化的教育,是殖民地教育的表现形式。日伪从小学起即开设并不断增加日语课程,控制师生,大力培养亲日分子,直至利用新民会,把奴化教育的魔掌由学校扩大到社会,甚至将触角延伸至城市各个阶层,包括针对城市下层社会群体开展的思想文化与社会规范控制,为长期占领山东乃至全中国,把全中国沦为殖民地的侵略目的服务,是殖民地教育的一种典型表现形式。长达八年的日伪统治时期是山东思想文化教育史上灾难深重的时期。日伪奴化教育对中国人民的毒害之深,可以从2005年一位接受调查采访的中国老人的口述中显现出来。当他回忆在日本殖民统治下的学校生活时,显然描述了很多现在看起来不很妥当的内容,他这

---

① 傅清沛:《抗战时期日本侵略者对青岛的殖民统治与掠夺》,《山东社会科学》1995年第5期。
② 《"上课讲日语,喊操也得用"》,《齐鲁晚报》2015年8月27日,A07版。
③ 陆安:《论日本对青岛的"思想战"》,《青岛教育学院学报》2001年第1期,第33页。

样说:"这可不是一般水准的学校,能够走进这所洋学堂的学子们,除了成绩优秀还必须有充足的经济实力,穷人家的孩子望尘莫及。据说它建于1921年,……洋教材,洋教师,培养着一批又一批能够跨海过洋的留日大学生,老百姓通常将这些孩子称为'洋学生'。身穿黑色呢子制服(后来改为绿色),呢子大衣,锃亮的皮鞋,每逢星期天休息走在大街上,谁不羡慕啊!尤其是从他们口中讲出来的日本话,真叫一般人望尘莫及、垂涎三尺。你不知道当时会讲日本话的人该多么吃香。能流利地讲日本话的人不说是凤毛麟角,也确实没有多少。当时谁要会讲日本话,就可以毫不费力地找到一份称心如意的洋差使干干。"①

当然,这种摧残中华民族文化和思想的奴化宣传教育,也理所当然地受到山东城市下层社会民众的坚决抵制。这是因为:

首先,日本在山东城市推行奴化宣传教育是为其侵略战争服务的。1939年,日本兴亚院及其在华联络部文化局指示"教育为推进政治之工具,而政治又为实施教育的力量",②1941年11月,伪山东省教育厅强调"现在庶政之推进,咸以治安为目的,教育为一切之原动力,今后当以教育全副力量,谋治安之强化,换言之,即站在强化治安的立场上而办教育"③,宣布实施以"亲仁善邻,共存共荣"为目的的教育宗旨,公民课改为宣扬"兴亚灭共"、封建伦理道德等反动内容的修身课,历史、地理课上,散布"中日两国同文同种,共同建设东亚新秩序"等谬论。④ 1942年,日伪强令各校"添授经学教材和剿共读本",伪第三届全省教育行政会议宣布"藉资阅扬东方文化,消灭共匪邪说"。⑤ 次年,伪山东省教育厅又把"爱国家爱东亚,精诚团结,共进大同"纳入教育宗旨,把"中日亲善""共

---

① 齐红深主编:《日本对华教育侵略》,昆仑出版社2005年版,第233—234页。
② 伪教育厅:《第五届教育行政会议要览》,山东省档案馆藏,第21页。
③ 伪省公署:《山东省概况》,山东省档案馆藏,第36页。
④ 《日伪时期济宁中学概况》,《文史资料》(济宁市中区)第2辑,出版者、出版时间不详,第121页。
⑤ 伪教育厅:《第三届全省教育行政会议报告》,山东省档案馆藏,第27页。

同防共""向兴亚建设途径迈进"作为教育三原则,确定"致意精神训练,陶冶高尚人格,精诚团结,努力兴亚反共运动""建立东亚新秩序"为教育方针,并把"发扬东方文化,树立兴亚基础""消灭共产主义,铲除兴亚障碍""实行亲仁善邻,共奠东亚主力""提倡精神团结,充实兴亚主力""注意普及日语,沟通中日文化""提倡孔孟学说,贯彻王道主义""实施精神训练,确立国民思想""实施纪律训练,养成生活训能"等作为日伪指导山东省教育的纲领。① 为适应把华北建成兵战基地的要求,伪山东教育厅又把"肃正思想,勤劳增产,集团训练,提倡体育及正当娱乐"作为"教育施策"。山东伪政权以"训令"的形式,提出要"兴学立教,明德新民""提倡固有道德"。②

1944年日军战场吃紧,伪山东省教育厅强调"划历史时代下之思想战,惟有教育界可负其全责",要求"造就能苦干之青年,致力于大东亚战争之完遂";"时值今日,教育更为培养战斗力之根源","推进政治之工具";叫嚣将"政治教育化""教育政治化",促进"大东亚建设",彻底刷新教学,展开食粮增产运动,整备防空体制作为教育施策。③

日伪把教育作为"贯彻国策之唯一工具"④,借宣扬"孔孟学说",鼓吹"传统道德"之名,行"王道主义"之实,目的就是掩盖民族矛盾,消除反日情绪,鼓吹"中日亲善""共存共荣",为日本侵略战争服务。日伪在山东推行奴化宣传教育,其所有宣传教育举措都围绕侵略这个目的进行。

其次,日本占领山东期间的奴化宣传教育是山东教育史上最黑暗的一页。奴化教育是以摧毁山东原有教育为开端的。日军侵入山东后,"所有公私大学,及中等学校一百余处流失,悉遭蹂躏,破坏无遗,学生或

---

① 伪教育厅:《1943年工作概览》,山东省档案馆藏,第53页。
② 伪山东省公署:《山东省概况》,山东省档案馆藏,第64页。
③ 伪教育厅:《1944年工作概览》,山东省档案馆藏,第35页。
④ 伪教育厅:《第二届公私立中等学校校长会议要览》,山东省档案馆藏,第15页。

迫归乡里,散之四方"。① 山东全省(含青岛、威海)283所学校毁于日军炮火,财产损失达4 000多万元。② 1938年5月据伪政权统计,全省公私立小学仅有学生3 398人,加上暑期可能增加的学生,也不过5 762人。③ 太平洋战争爆发后,山东原欧美教会主持的学校也受到了冲击,外籍教师职员被关进潍县集中营,校产被掠,校舍被占,原有的城市社会教育系统也被摧毁,被迫中断。日本侵略对山东的教育是一场空前浩劫。

第三,日伪虽然极力在山东城市下层社会群体中推行奴化宣传教育,但也只是在其强行高压之下,处于摇摇欲坠的"维持"状态。奴化宣传教育违反人民意志,不得民心,有骨气的中国人从不甘心附逆,始终蕴含着反抗的种子,这在普遍富有刚性的城市下层社会群体中表现得更为突出。

日本侵占山东期间在城市下层社会群体中推行的奴化宣传教育是对山东文化思想教育事业的极大摧残,是中国固有文化传统、教育制度的一场巨大浩劫,是日本法西斯主义滔天罪行的一个重要组成部分。我们今天重温历史,就是要总结过去,不忘国耻,展望未来,为今天中国的教育事业提供借鉴。

在日伪统治期间,因战争、灾害造成的灾民、难民、贫民动辄数以百万计,若统治者放任不管,无疑会造成严重的社会动荡,进而威胁统治秩序。山东日伪当局出于自身安全和统治秩序的需要,也对灾民、难民、贫民给予了一定程度的救济,但其救济的目的更多隐含着维持稳定、收买人心的现实目的。事实上,日伪统治时期,山东的慈善救济事业遭受了重大的挫折,陷入了低谷。单就慈善救济机构的数量而言,日本入侵前,山东官办的救济院虽没有详细的统计,但仅就《山东政俗视察记》的记载

---

① 伪山东省公署:《山东省概况》,山东省档案馆馆藏,第69页。
② 顾毓秀:《抗战以来我国教育文化的损失》,《时事日报》第十九卷第五期。转引自延安时事问题研究会编:《抗战中的中国文化教育》,上海人民出版社1961年版。
③ 伪教育厅:《山东省教材征订调查表》,山东省档案馆馆藏。

就有22家,实际数字应该超过此数。山东作为道院的发源地,世界红卍字会分会有70余家,红十字分会在1933年就有40余家。至于赈务分会、平民工厂更是遍及全省。山东还是基督教势力较大的省份,有基督教会创办和主持的慈善机构,无论在数量上还是救济能力上都名列前茅。可这一切都因日本的入侵而彻底改变,伪山东公署在工作报告中也不得不承认"旧有省县市立救济事业,多因事变停顿"。于是,为了实施救济,日伪政府不得不重建慈善救济机构。尽管作了一番努力,恢复和新建一些慈善救济机构(如厚生所)等,但直到日伪统治在山东垮台,也根本无法恢复到战前的水平。而且,日伪政权在山东的慈善救济活动,虽然在一定程度上减轻了某些灾民、难民的痛苦,但这些所谓的"业绩",同日本侵略给山东人民造成的巨大损失相比,不及万分之一。据战后调查统计,山东在八年抗战期间,人口伤亡达3 766 597人,占总人口的12%,急待救济的难民达11 107 000人,占总人口的36%。至于因战争造成的财产损失更是难以数计。日伪在山东的统治是山东慈善救济事业的大挫折、大倒退,日本侵略者对山东人犯下的滔天大罪罄竹难书,山东人民应永志不忘。①

---

① 王林:《山东慈善史》,山东人民出版社2018年版,第455—458页。

第六章 结　语

　　中国社会自近代以来进入了从传统向现代的社会转型时期，民国时期正处于从农业社会向工业社会转型的过程中，社会的方方面面都处于"方生方死，方死方生"的新旧交替转型之际。原有的社会领域、社会结构、社会功能都在分化，社会秩序处在失范状态之中，社会结构的耦合度不高，脆性较大，社会运行机制不稳定，这一时期的社会调控显得更为复杂、也更加重要。社会转型需要保持政府主体的权威，保持对转型社会的控制能力和控制效率，否则，社会转型就不会成功，或者要付出更大的代价。但是，与社会政治经济体制的转轨相比，民国时期的社会调控体系转换相对滞后，这是因为调控体系转换本身是一个渐进的制度变迁过程。一方面在转型期必须保持具有强大凝聚力的社会调控机制，为社会的发展进行有效的统筹安排，因此在社会结构分化的前期，原有的调控机制必须继续发挥调控作用，解决分化所带来的社会稳定问题。同时，社会调控机制必须随着社会的发展不断优化和完善，否则社会分化所产生的张力极易超出制度的承载限度，从而造成社会失范。

　　民国初期的社会调控状况足以证明这一点。中华民国成立之初，皇权终结，共和肇兴，原有的清末社会调控机制不能继续发挥作用。但在杌陧动荡、扰攘纷争中，北洋军阀政府统治下的国家政治权威没有真正建立起来,行政调控手段缺失;军阀混战,军权为大,法律调控无从谈起;农民纷纷破产,城市下层社会民众生活无望,经济调控手段无力;崇尚暴力,道德教化功能丧失殆尽。诸多体制内的调控功效不断削弱,直至缺失,从而使城市下层社会失范,遂至诸多社会问题纷纷暴露出来。

就社会调控能力而言,南京国民政府时期的山东地方政府与北洋军阀政府时期相比有着明显的加强。对城市下层社会的社会调控技巧更趋成熟,社会调控组织更加严密,社会调控手段也更加多样化,从政治调控到经济调控,从军事控制到思想文化控制,社会调控达到了全方位的程度,调控能力深入城市社会的每一个角落。强化社会控制的措施既有行政手段,也有军事手段,同时还有思想文化的教化。抗战前,国民党在山东通过严密的行政组织、庞大的军事系统以及严格的思想统治来对城市下层社会进行强有力的社会调控,行政组织、军事系统和思想统治三位一体,削弱其中的任何一方都会使国民党山东地方政权在城市中苦心经营的秩序失去平衡,而日军的入侵从根本上破坏了城市社会平衡的基础。

抗日战争时期的山东,由于国民党缺乏坚决抗战的决心和得力的抗战措施,始终坚持片面抗战路线,省政府一直处于流亡状态,没有在沦陷区城市建立相对稳定的行政管理体系和其他社会调控机构,特别是在1943年7月国民党山东省政府迁离省境后,国民党政府对山东城市下层社会的社会调控能力也由弱小而变为无有了。

日伪统治下的山东,由于对城市下层社会的社会调控机制带有浓厚的殖民统治色彩,其暴虐的程度、控制的力度和渗透性可谓空前绝后,具有封建的帝国主义肆意暴虐的特点。日本特务、顾问、宪警成为对城市下层社会进行社会调控的主宰。傀儡组织和伪政权直接服务于日本帝国主义"以华治华""以战养战"政略,军队、日特、宪警、保甲互为补充,并推行警保联系,出具连保连坐切结,进行奴化宣传教育等。这种特设的模式对山东城市下层社会的社会调控,如维持地方秩序、清查户口、稽查出入境居民、控制居民行动等,起到了警特渗透基层的特殊作用。警察指导保甲,保甲辅助警察,从而在山东各城市下层社会建立起严密的殖民统治,适应了侵华日军在傀儡政权背后"支援其恢复治安及培养实力"的谋略。

抗日战争胜利后,国民党不惜与日伪合流以实现对山东的重新控制。在国统区,国民党采取了诸多措施以巩固其一党专制政权。但是其政治改革没有改变党派林立、机构臃肿、贪污腐败的老毛病;行政机构更不断膨胀,但行政效率没有丝毫提高,各种机构在大量雇用编外人员的同时,却疏忽本位工作。尤其是贪污腐败,屡禁不止,其经济政策根本缺乏对城市下层社会民众生活的广泛关照。而且国民党冒天下之大不韪,悍然发动内战,它为了进行这场非正义战争而采取的一切措施也失去了合理性。失去了民主,失去了公正,也就是失去了民心,招致了越来越多的不满,国民党对城市下层社会的社会调控作用也日渐弱化,最终随着国民党军队和政权一起退出山东历史舞台。

总起来看,民国时期统治者对城市下层社会的社会调控呈现出由传统向近代的转型趋势,但这种转型是渐进和不彻底的,表现为在某些层面上的社会调控缺失,这是由其阶级局限性决定的。民国时期,北洋军阀统治山东17年,国民党统治山东22年(其中1928年北洋军阀和国民党两个山东地方政权先后存在),表面上国民党和北洋军阀互相敌对,国民党最终推翻了北洋军阀的统治取而代之,但他们的实质是一样的,都是大地主、大买办、大资产阶级的代表,都是外国帝国主义侵略势力在华利益的代表,也都媚外残内,专制独裁。在对山东城市下层社会的社会调控方面,他们一方面继承了中国封建主义的衣钵,而同时又糅合了西方法西斯主义的流毒,成为封建的法西斯主义。如,统治者对城市下层社会群体展开的思想文化宣教活动,大多推崇封建文化和法西斯文化,对城市下层社会群体进行严酷的文化统治。虽然暂时起到了维持统治的作用,但却阻碍了爱国思想和先进文化的传播,也阻碍了社会进步。

国民党取代北洋军阀统治中国之后，虽政权易人，旗帜变更，然而中国半殖民地半封建的社会性质没有改变，广大城市下层社会的劳苦大众依然呻吟在水深火热之中。这种大前提就决定了无论是北洋军阀的统治还是国民党的统治，无论他们在城市中试图建立多么强大的社会调控机制，无论他们对城市下层社会民众采取多么严密残酷的社会调控手段，最终都要走向灭亡。

客观地讲，民国时期统治者对山东城市下层社会的社会调控系统从本质上讲是残缺不全的。这既与操纵这一系统的官僚机器的腐败有关，又与近代化的社会转型过程中社会调控系统自身的发育不良密不可分。腐朽的官僚政治和野蛮的军事专制体制所产生的吏治腐败，对城市下层社会的社会调控系统产生了严重的功能障碍，失去了有效治理的先决条件。而且由于行政管理体系的频繁更替，社会调控工作缺乏一致性、连贯性和稳定性，有限的调控成果得不到巩固。据统计，仅在民初17年间，中央政权大总统更换了八次，其中还有三段时间没有总统；内阁更迭46次，最短的内阁仅存在了六天。同一时期掌控山东实权的最高长官更替了八人，张广建两个月，周自齐不到一年半，靳云鹏不到三年，张怀芝不到两年半，张树元一年半，田中玉不到四年，郑士琦一年半，张宗昌三年，而且他们多系军人出身，并以主官身份执掌民政，拥有行政、财政大权。这样，军政、民政不分，并以军政统领民政，形成了典型的地方军阀政治，免不了出现事权不分和无人管理的现象。在山东，城市行政管理体系的变动持续了较长的时间，一会儿撤局建处，一会儿撤处建局，行政管理机构直到韩复榘主政山东以后才有一段时间的稳定，但是韩复榘"人治"代替"法治"的思想，使他的执政具有更大的随意性。如1931年1月6日，韩复榘就以济南市政府焚烧毒品误烧炸药，致公务员多人死伤，且办理市政以来毫无建树为由，下令免去陈维新市长职，并取消市政府，旋又恢复。这些行政组织的不稳定，无疑会在市民中产生对政府的怀疑情绪。而日本帝国主义的入侵和抗日战争后的国内战争，更是加剧了城市行政管理体系的不稳定,使社会管理的基本法令不能一以贯之。至于民国时期的军队、警察和特务更是因为统治者的更迭和时局的变化而不断变化。

而且,民国时期统治者对城市下层社会的社会调控政策缺乏系统性,社会调控的强制性和保护性严重失衡,社会调控的保护性功能明显不足,对城市下层社会缺乏有效的社会保障和救济机制。民国时期,面对庞大的城市下层社会贫民阶层,尽管以各级官吏为代表的国家和以地方士绅商人为代表的民间社会清晰地认识到:在利益分化的时代,如果分化越过了公平的底线,则将在各个阶层和各个群体间制造出鸿沟和对立。这不仅有损社会公正,还将影响社会和谐,成为社会不稳定甚至动荡的根源,使得所有人的利益得不到保障。因此,在他们的倡导和主持下,各类慈善和救济机构应运而生,城市社会保障和社会救济模式呈现出由传统形态向近代形态嬗变的趋势,民间救济的作用也日益突出。这些慈善救济机构在平衡社会财富,扶助城市下层社会,推动社会公平,稳定城市社会秩序等方面发挥了一定的作用。通过政策的调整和规则的重构,如征收斗店捐、乞丐捐和慈善捐,让富者的财富部分流入穷人的口袋中,平衡了财富资源,防止了城市中大规模分裂和冲突的发生,在一定程度上实现了互利和共赢。但是,我们更应该清醒地看到,民国社会一直处于非良性状况,通过各种手段而上台的各届政府都面临着财政困难,虽使劲搜刮民脂民膏,但由于老百姓穷到了极点,所以庞大的政治集团只能赤字运转,留给社会保障和社会救济的款项更是少得可怜了。另外,官员侵占的丑行在民国时期颇为盛行,这样,本来就不足的社会保障和救灾款变得更少了。从而,造成对城市下层社会的救济机构形同虚设,救济款项杯水车薪的状况。

综上所述,民国时期无论是北洋军阀还是国民党执政,都是代表大地主、大买办、大资产阶级利益的政权,这种阶级本性决定了其对城市下层社会群体和其他基层民众的社会调控只能采取统治、剥夺和镇压,根本谈不上真正的体恤、关怀和生活保障。但是民国时期统治者对城市下层社会的社会调控毕竟处在由传统向近代转型的进程之中，正像整个中国社会也处在由传统向近代转型的进程中一样，其对城市下层社会的社会调控也或多或少地打上了近代化的烙印，在许多方面做了有益探索，存在可取之处，如，其社会救济和慈善机构的设置与传统社会相比就有明显的改进，更趋向于近代化；南京国民政府时期的社会救济法规建设也更加规范化；等等。因此，民国时期统治者对城市下层社会的社会调控无论其缺失之处，还是可称道之处，都为当代执政者留下了历史的借鉴，提供了一个可靠的参照系。对于我们在改革开放的今天，改变城市弱势群体的生存状态，改善民生，发展经济，构建社会主义和谐社会，坚持和完善中国特色社会主义制度，推进国家治理体系和治理能力现代化，实现共同富裕的目标，实现中华民族伟大复兴的中国梦，都应当有所助益。而且，事实证明，只有真正实现人民当家做主的新型社会制度，执政者对城市下层社会的社会调控才能最终实现科学化、民主化、大众化和规范化，才能真正让人民群众得到实惠。

无论在哪一个历史时期，统治者对城市下层社会和其他基层群体的社会调控都是一个关系人民群众切身利益和社会长期稳定、国家长治久安的重要问题，这是一个非常值得深入研究和探讨的问题。笔者认为，解决或者评判社会调控问题的关键应归结到执政者是否真正做到以民为本，实施亲民政治。当前，党和政府提出科学发展观，强调以人为本的执政理念，加快推进国家治理体系和治理能力现代化，全面构建社会主义和谐社会，进一步健全社会调控机制，完善社会调控内容和措施，相信一定会使城市社会调控更科学、更规范、更理想，真正让人民群众得到实惠，真正让人民群众满意，真正让人民群众有更多、更直接、更实在的获得感、幸福感、安全感。

主要参考文献

一、史料

(一) 档案

山东省档案馆、山东社会科学院历史研究所合编:《山东革命历史档案选编》,山东人民出版社1981年版。

中国第二历史档案馆编:《中华民国档案资料汇编》,江苏古籍出版社1994年版。

《山东省会警察局沿革概况》,"敌伪资料",山东省档案馆馆藏档案。

山东省会警察厅编:《中华民国五年山东省会警务一览表》,中国第二历史档案馆馆藏档案。

《山东全省警务报告书》(下册),"敌伪资料",山东省档案馆馆藏档案。

烟台警察厅编制:《中华民国五年烟台警务一览表》,中国第二历史档案馆馆藏档案。

《胶澳商埠督办高洪恩关于组织军警督察处呈文》,中国第二历史档案馆馆藏档案。

《胶澳商埠军警督察处组织章程》,中国第二历史档案馆馆藏档案。

《各省警保处组现况报告表》,中国第二历史档案馆馆藏档案。

《济南市书业指导实施办法》,未刊原件,山东省档案馆馆藏档案。

《中华民国三十五年度山东省政府工作计划(行政部分)》,未刊原件,山东省档案馆馆藏档案。

《中国国民党山东省济南市党部筹备委员会呈文》(1947年3月1日),未刊原件,山东省档案馆馆藏档案。

《中国国民党济南市执行委员会代电》(1947年10月11日),未刊原件,山东省档案馆馆藏档案。

《山东省会警察半年刊》创刊号,1939年,"敌伪资料",山东省档案馆馆藏档案。

《华北各省市区警察机关概况表》,中国第二历史档案馆馆藏档案。

《警政汇刊》(二),"敌伪资料",山东省档案馆馆藏档案。

《山东省会警察署半年刊》(1941年),"敌伪资料",山东省档案馆馆藏档案。

《国民党暂编第十二师建军特刊》,"敌伪资料",山东省档案馆馆藏档案。

《敌伪资料特辑》(第6号),河北省档案馆馆藏档案。

《天津特别市公署公报》(第2号),河北省档案馆馆藏档案。

《天津特别市公署公报》(第127号),河北省档案馆馆藏档案。

《唐仰杜一九三九年工作报告》,"敌伪资料",山东省档案馆馆藏档案。

伪教育厅:《第三届全省教育行政会议报告》,山东省档案馆馆藏档案。

伪教育厅:《1943年工作概览》,,山东省档案馆馆藏档案。

伪教育厅:《1944年工作概览》,山东省档案馆馆藏档案。

伪教育厅:《第二届公私立中等学校校长会议要览》,山东省档案馆馆藏档案。

伪山东省公署:《山东省概况》,1940年,山东省档案馆馆藏档案。

伪教育厅:《山东省教材征订调查表》,1940年,山东省档案馆馆藏档案。

上海市档案馆编:《日本帝国主义侵略上海罪行史料汇编》(上编),上海人民出版社1997年版。

上海市档案馆编:《日伪上海市政府》,档案出版社1986年版。

中央档案馆等编:《华北治安强化运动》,中华书局1997版。

青岛档案馆编:《帝国主义与胶海关》,档案出版社1986年版。

中国第二历史档案馆编:《中华民国史档案资料汇编》,江苏古籍出版社1997年版。

中国第二历史档案馆馆藏档案。

山东省档案馆馆藏档案。

山东省图书馆馆藏档案。

济南市档案馆馆藏档案。

青岛市档案馆馆藏档案。

烟台市档案馆馆藏档案。

潍坊市档案馆馆藏档案。

济宁市档案馆馆藏档案。

(二)地方志

《民国山东通志》编辑委员会编:《民国山东通志》第一册《行政志》,[台湾]山东文献杂志社2002年版。

《民国山东通志》编辑委员会编:《民国山东通志》第四册《人团志》,[台湾]山东文献杂志社2002年版。

《民国山东通志》编辑委员会编:《民国山东通志》第三册《四民志》,[台湾]山东文献杂志社2002年版。

《民国山东通志》编辑委员会编:《民国山东通志》第四册《社运志》,[台湾]山东文献杂志社2002年版。

《民国山东通志》编辑委员会编:《民国山东通志》第一册《军警志》,〔台湾〕山东文献杂志社 2002 年版。

《民国山东通志》编辑委员会编:《民国山东通志》第四册《救济志》,〔台湾〕山东文献出版社 2002 年版。

《民国山东通志》编辑委员会编:《民国山东通志》第四册《教育志》,〔台湾〕山东文献出版社 2002 年版。

山东省地方史志编纂委员会编:《山东省志·政权志》(上、下册),山东人民出版社 1995 年版。

山东省地方史志编纂委员会编:《山东省志·公安志》,山东人民出版社 1995 年版。

山东省地方史志编纂委员会编:《山东省志·工人团体志》,山东人民出版社 2003 年版。

山东省地方史志编纂委员会编:《山东省志·建置志》,山东人民出版社 2003 年版。

山东省地方史志编纂委员会编:《山东省志·人口志》,山东人民出版社 1994 年版。

山东省地方史志编纂委员会编:《山东省志·军事志》(上、下册),山东人民出版社 1996 年版。

山东省地方史志编纂委员会编:《山东省志·民政志》,山东人民出版社 1992 年版。

济南市史志编纂委员会编:《济南市志》(第一、二、五、七册),中华书局 1997 年版。

青岛市史志办公室编:《青岛市志·政权志》,五洲传播出版社 2002 年版。

青岛市史志办公室编:《青岛市志·民政志》,中国大百科全书出版社 1996 年版。

青岛市史志办公室编:《青岛市志·物价志》,中国大百科全书出版社 1996 年版。

烟台市地方史志编纂委员会办公室编:《烟台市志》(上卷),科学普及出版社 1994 年版。

潍坊市地方史志编纂委员会编:《潍坊市志》(下卷),中央文献出版社 1995 年版。

山东省历城县志编纂委员会编:《历城县志》,济南出版社 1990 年版。

毛承霖:《续修历城县志》(卷四地域考),历城县志局铅印本 1926 年版。

《民国阳信县志》卷四,据 1926 年铅印本影印,台湾成文出版公司印行。

潘守廉修,袁绍昂纂:《济宁县志》,1927 年铅印本。

葛延瑛、吴元禄修,孟昭章等纂:《重修泰安县志》卷二,1929 年泰安县志局铅印。

实业部国际贸易局:《中国实业志·山东省》,实业部国际贸易局 1934 年版。

袁荣叟、赵琪修:《胶澳志》,青岛华昌大印刷局 1928 年版。

(三) 报纸杂志

《大公报》

《申报》

《晨报》

《民国日报》

《万国公报》

《中央日报》

《山东民国日报》

《山东公报》

《山东省公报》

《山东省政府公报》

《山东劝业汇刊》

《山东省政公报》

《济南日报》

《山东民报》

《东海日报》

《民众周刊》

《东方杂志》

《山东文献》

《大众日报》

《正宗爱国报》

《政府公报》

《爱国白话报》

《市政月刊》

《河北日报》

《新山东》

《齐鲁晚报》

(四)文献资料

山东省政协文史资料委员会编:《山东文史资料选辑》,山东人民出版社1998年版。

济南市政协文史资料委员会编:《济南日特机关罪行录》,济南出版社1990年版。

北平社会调查部编:《第一次中国劳动年鉴》,1928年。

北平社会调查部编:《第二次中国劳动年鉴》,1931年。

[美]A.G.帕克指导,齐鲁大学社会学系调查编著,郭大松译:《济南社会一瞥(1924年)》(上),《民国档案》1993年第2期。

[美]A.G.帕克指导,齐鲁大学社会学系调查编著,郭大松译:《济南

社会一瞥(1924年)》(下),《民国档案》1993年第3期。

彭泽益等:《中国近代手工业史资料》(1840—1949)第三卷,中华书局1984年版。

彭明主编:《中国现代史资料选辑》,中国人民大学出版社1989年版。

教育部教育年鉴编辑委员会编:《第二次中国教育年鉴》,商务印书馆1948年版。

胶澳商埠局编:《胶澳商埠行政纪要》,青岛华昌大印刷局1927年版。

文公直:《最近三十年中国军事史》第二编,太平洋书店1930年版。

杨鸿烈:《中国法律发达史》(下册),商务印书馆1930年版。

魏镜:《青岛指南》,平原书局1933年版。

丁致聘编:《中国近七十年来教育记事》,国立编译馆1935年版。

周传铭:《济南快览》,济南世界书局1927年版。

《辛亥革命前十年民变史料》,中华书局1985年版。

《辛亥革命回忆录》,文史出版社1963年版。

《现行法令全书·司法》,中华书局1921年版。

政协临沂市委员会编:《临沂文史集粹》,山东人民出版社1997年版。

山东省政协文史资料委员会编:《山东文史集粹·教育卷》,山东人民出版社1993年版。

山东省政协文史资料委员会编:《山东文史集粹·民族宗教卷》,山东人民出版社1993年版。

郑千里:《烟台要览·教育篇》,胶东新报社1924年版。

郑千里:《烟台要览·慈善篇》,胶东新报社1924年版。

[清]乾隆官修:《清朝文献通考》卷四六,浙江古籍出版社2000年版。

刘措宜:《抗战胜利后蒋介石收编伪军经过》,《文史资料选辑》第三十六辑,中国文史出版社1986年版。

青岛市社会局:《青岛市社会局行政纪要》,青岛市社会局1931年版。

青岛市政府秘书处:《1934年青岛市行政统计汇编》,内部资料。

青岛市政府秘书处:《1931年青岛市行政统计汇编》,内部资料。

《申报年鉴·行政篇》,申报年鉴社1933年版。

徐百齐编:《中华民国法规大全》,商务印书馆1937年版。

行政院新闻局编印:《两年来的善后救济》,行政院新闻局1947年版。

中国人民政治协商会议河北省委员会文史资料研究委员会编:《河北文史资料选辑》第十六辑,河北人民出版社1982年版。

中国社科院近代史研究所中华民国史研究室:《中华民国史资料丛稿·人物传记》第九辑,中华书局1980年版。

山东省政府:《山东省政府工作报告》,1944年4至6月份第2期(油印本),南京图书馆藏。

[日]宇田尚:《对支文化工作草案》,改造社1939年版。

日本防卫厅战史室编:《华北治安战》(上、下),天津人民出版社1982年版。

[日]川村宗嗣:《新民会的本质与理论》,《新民周刊》第16期,1939年1月。

常连霆主编,中共山东省委党史研究室编:《山东党的革命历史文献选编》(第一、二卷),山东人民出版社2015年版。

山东省赈务处编:《山东省赈务处征信录》,出版者不详,1923年。

二、论著

(一)经典著作

《马克思恩格斯选集》,人民出版社1972年版。

《马克思恩格斯全集》,人民出版社1959年版。

《列宁全集》，人民出版社 1959 年版。

《毛泽东选集》（缩印合订本），人民出版社 1967 年版。

中央档案馆编：《中共中央文件选集》，中共中央党校出版社 1992 年版。

陈旭麓、李兴华主编：《中华民国史辞典》，上海人民出版社 1992 年版。

《辞海·历史分册·中国现代史》，上海辞书出版社 1984 年版。

《毛泽东书信选集》，人民出版社 1983 年版。

《邓小平文选》（第一、二卷），人民出版社 1994 年版。

《邓小平文选》（第三卷），人民出版社 1993 年版。

《孙中山全集》（第一卷），中华书局 1981 年版。

《孙中山全集》（第五卷），中华书局 1985 年版。

《孙中山全集》（第九卷），中华书局 1986 年版。

（二）专著

龚书铎总主编，朱汉国本卷主编：《中国社会通史·民国卷》，山西教育出版社 1996 年版。

梁启超：《中国历史研究法》（外 2 种），河北教育出版社 2002 年版。

何兆武主编：《历史理论与史学理论》，商务印书馆 1999 年版。

张静如、刘志强主编：《北洋军阀统治时期中国社会之变迁》，中国人民大学出版 1992 年版。

张仲礼主编：《近代上海城市研究》，上海人民出版社 1990 年版。

忻平：《从上海发现历史——现代化进程中的上海及其社会生活》，上海人民出版社 1996 年版。

陈成文：《弱势群体论》，时事出版社 2000 年版。

冯尔康主编：《中国社会结构的演变》，河南人民出版社 1994 年版。

张宪文主编：《中华民国史纲》，河南人民出版社 1985 年版。

［法］谢和耐著，耿昇译：《中国社会史》，江苏人民出版社 1995 年版。

［美］帕克:《城市社会学》,华夏出版社1987年版。

［美］费正清:《剑桥中华民国史》第一部,上海人民出版社1991年版。

吕伟俊主编:《民国山东史》,山东人民出版社1995年版。

吕伟俊等:《山东区域现代化研究(1840—1949)》,山东人民出版社1995年版。

何一民:《中国城市史纲》,四川大学出版社1994年版。

郑杭生主编:《社会学概论新修》(修订本),中国人民大学出版社2002年版。

［美］罗斯:《社会控制》,华夏出版社1989年版。

侯均生:《西方社会学思想进程》,辽宁人民出版社1988年版。

杨雅彬:《近代中国社会学》,中国社会科学出版社2001年版。

周谷城:《中国社会之结构》,上海新生命书局1930年版。

敖文蔚:《中国近现代社会与民政》,武汉大学出版社1992年版。

秦孝仪:《中华民国社会发展史》,[台湾]近代中国出版社1985年版。

老舍:《骆驼祥子》,人民文学出版社1981年版。

［美］吉尔伯特·罗兹曼等主编,国家社会科学基金"比较现代化"课题组译:《中国的现代化》,江苏人民出版社2003年版。

姜杰、彭展、夏宁主编:《城市管理学》,山东人民出版社2005年版。

王佃利、张莉萍、任德成主编:《现代市政学》,中国人民大学出版社2004年版。

于洪俊、宁越敏:《城市地理概论》,安徽科学技术出版社1983年版。

李明伟:《清末民初中国城市社会阶层研究(1897—1927)》,社会科学文献出版社2005年版。

张静如、刘志强、卞杏英主编:《中国现代社会史》(上、下册),湖南人民出版社2004年版。

许庆朴、张福记主编:《近现代中国社会》,齐鲁书社2002年版。

乔志强主编:《中国近代社会史》,人民出版社1992年版。

朱汉国主编:《中华民国史·志四·文教社会卷》,四川人民出版社2006年版。

何一民:《近代中国城市发展与社会变迁(1840—1949)》,科学出版社2004年版。

王守中、郭大松:《近代山东城市变迁史》,山东教育出版社2001年版。

庄维民:《近代山东市场经济的变迁》,中华书局2000年版。

张玉法:《中国现代化的区域研究(1860—1916):山东省》,台北"中央研究院"近代史研究所1982年版。

赵英兰编著:《民国生活掠影》,沈阳出版社2001年版。

侯杰、秦方:《旧中国的下九流》,天津人民出版社2004年版。

张晋藩主编:《中国法制通史》第九卷《清末·中华民国》,法律出版社1999版。

张晋藩主编:《中国法制通史》第十卷《新民主主义政权》,法律出版社1999版。

蔡鸿源主编:《民国法规集成》,黄山书社1999年版。

戴鸿映:《旧中国治安法规选编》,群众出版社1985年版。

上海书店出版社编:《民国世说》,上海书店出版社1997年版。

傅崇兰:《中国运河城市发展史》,四川人民出版社1985年版。

杨子慧:《中国历代人口统计资料研究》,改革出版社1996年版。

刘玉亭:《转型期中国城市贫困的社会空间》,科学出版社2005年版。

钱再见:《失业弱势群体及其社会支持研究》,南京师范大学出版社2006年版。

韩亦龙、苏亦工等:《中国近代警察史》(上、下),社会科学文献出版社2000年版。

济南市社会科学研究所编著:《济南简史》,齐鲁书社1986年版。

烟台港务局编写组:《烟台港史》(古、近代部分),人民交通出版社1989年版。

任银睦:《青岛早期城市现代化研究》,北京三联出版社2005年版。

池子华:《中国近代流民》,浙江人民出版社1996年版。

池子华:《流民问题与社会控制》,广西人民出版社2001年版。

党明德、林吉玲编:《济南百年城市发展史——开埠以来的济南》,齐鲁书社2004年版。

中国史学会、中国社会科学院近代史研究所编:《北洋军阀(1912—1928)》第一卷,武汉出版社1989年版。

吕伟俊:《张宗昌》,山东人民出版社1989年版。

刘寿林:《民国职官年表》,中华书局1995年版。

刘明逵编:《中国工人阶级历史状况》第1卷第1册,中共中央党校出版社1985年版。

严薇青:《济南掌故》,山东人民出版社1985年版。

钱实甫:《北洋政府时期的政治制度》,中华书局1984年版。

秦孝仪主编:《十年来之中国经济建设(1927—1937)》,中国国民党中央委员会编辑发行,1977年版。

王子今等:《中国社会福利史》,中国社会出版社2002年版。

胡适:《胡适选集》,天津人民出版社1991年版。

吕伟俊:《韩复榘传》,山东人民出版社1997年版。

高锐主编:《中国军事史略》(上、下册),军事科学出版社1992年版。

耿成宽、韦显文:《抗日战争时期的侵华日军》,春秋出版社1987年版。

王辅:《日军侵华战争:1931—1945》(2、4),辽宁人民出版社1990年版。

日本防卫厅防卫研究所战史研究室:《昭和十七、八年的中国派遣军》,中华书局1984年版。

日本防卫厅防卫研究所战史研究室:《昭和二十年的中国派遣军》第二卷第二分册,中华书局1984年版。

郭卿友:《中华民国时期军政职官志》下卷,甘肃人民出版社1990年版。

刘大可、马福震、沈国良:《日本侵略山东史》,山东人民出版社1990年版。

延安时事问题研究会编:《抗战中的中国文化教育》,上海人民出版社1961年版。

逄复主编:《侵华日军间谍特务活动纪实》,北京出版社1993年版。

齐红深主编:《日本对华教育侵略》,昆仑出版社2005年版。

王林:《山东慈善史》,山东人民出版社2018年版。

刘德军、张玉玲:《山东工业史》,山东人民出版社2018年版。

张登德:《山东交通史》,山东人民出版社2018年版。

（三）论文

王印焕:《近年来中国近代社会史研究概述》,《近代史研究》1999年第4期。

乔志强、行龙:《从社会史到区域社会史》,《山西大学学报》(哲学社会科学版)1998年第3期。

张仲礼:《关于中国近代城市发展问题研究的回顾》,《上海社会科学院学术季刊》1999年第1期。

何一民:《中国近代城市史研究述评》,《中华文史论坛》2000年第1期。

陈映芳:《中国城市下层研究的经纬和课题》,《江苏行政学院学报》2004年第3期(总第15期)。

吴忠民:《从阶级分析到当代社会分层研究》,《学术界》2004年第

1期。

李路路:《论社会分层研究》,《社会学研究》1999年第1期。

车莉蓉、朱敏:《中国社会分层的标准与分层方法综述》,《辽宁行政学院学报》2006年第2期。

田佑中:《国内社会控制论研究近况》,《理论前沿》1998年第13期。

杨隽:《社会转型期的越轨行为和社会调控》,《武警学院学报》第17卷第2期。

辛业:《从社会调控功能的缺失看民初山东土匪的蜂起》,《理论学刊》2006年第4期(总第146期)。

迟维东:《试析社会下层的动向对历史演进的影响》,《社会》2001年第7期。

侯艳丽:《透视民国乞丐》,吉林大学硕士学位论文2003年,未发表。

王印焕:《民国时期的人力车夫分析》,《近代史研究》2000年第3期。

常宗虎:《社会史浅论》,《历史研究》1995年第1期。

王家范:《从难切入,在"变"字上做文章》,《历史研究》1993年第2期。

崔玉婷:《抗战以前青岛华人社会阶层分析》,《文史哲》2003年第1期。

张彩霞:《以海洋为纽带:近代山东经济重心的转移》,《中国社会经济史研究》2004年第1期。

郭芳:《早期青岛移民社会的构成》,《青岛教育学院学报》2002年第4期。

卢汉文:《民国时期城市居民的生活与现代性(1928—1937)》,华中师范大学博士学位论文2002年,未发表。

陈华安:《烟台历史大事纪略》,《烟台师范学院学报》1986年第1期。

孟庆良:《济南解放前期的社会状况与工人运动》,《中共济南市委党校学报》2004年第3期。

郭大松、贾月臣:《民国前期济南的人口与社会问题辨析》,《山东师范大学学报》(社会科学版)1998年第2期。

聂家华:《开埠与济南早期城市现代化(1904—1937)》,浙江大学博士学位论文2004年,未发表。

宋振春:《何思源与山东抗战》,《山东大学学报》(哲学社会科学版)2000年第4期。

苑书耸:《华北抗日根据地的灾荒与救济研究》,山东师范大学硕士学位论文2006年,未发表。

谢卫:《论解放战争时期中共对济南的接管》,中国社会科学院研究生院硕士学位论文2003年,未发表。

鲍成志、邱国盛:《近代中国城市游民阶层的形成及其特征》,《苏州铁道师范学院学报》(社会科学版)2000年第1期。

刘五书:《民国时期劳动力流动之探析》,《天津商学院学报》1997年第1期。

孟庆超:《论民国时期的娼妓管理》,《吉林公安高等专科学校学报》2005年第6期。

任云兰:《近代城市贫民阶层及其救济探析——以天津为例》,《史林》2006年第2期。

朱汉国:《民国时期中国社会转型的态势及其特征》,《史学月刊》2003年第11期。

朱汉国:《关于社会史研究的若干问题》,《史学月刊》1998年第3期。

孙勇:《近代山东社会救济研究》,山东师范大学硕士学位论文2005年,未发表。

张玉法:《民国初年的社会救济(1912—1937)——山东地区的个案研究》,《中华民国史专题论文集》(第二届讨论会),台湾国史馆印行。

张超:《民国娼妓问题研究》,武汉大学博士学位论文2005年,未发表。

[日]儿玉誉士夫:《思想战的准备》,《政治月刊》第2卷第1期。转引自《学习与探索》1997年第5期。

傅清沛:《抗战时期日本侵略者对青岛的殖民统治与掠夺》,《山东社会科学》1995年第5期。

李清民、钟春翔:《日本侵占山东期间的奴化教育初探》,《山东社会科学》2004年第7期。

刘大可:《山东沦陷区新民会及其活动》,《山东社会科学》2001年第3期。

李秉奎、冯小丽:《华北"治安强化"运动中的日伪宣传活动述评》,《河南师范大学学报》(哲学社会科学版)2002年第6期。

吕伟俊、杨明清、宋振春:《山东沦陷区研究》,《抗日战争研究》1998年第1期。

曹大臣:《日本占领华中初期的基层控制模式》,《民国档案》2004年第1期。

姚洪卓:《略论华北伪政权》,《历史档案》1996年第2期。

陆安:《论日本对青岛的"思想战"》,《青岛教育学院学报》2001年第1期。

郭贵儒:《华北沦陷区日伪奴化教育述论》,《河北师范大学学报》(哲学社会科学版)2005年第6期。

郭贵儒:《日伪在华北沦陷区新闻统制述论》,《河北师范大学学报》(哲学社会科学版)2003年第3期。

黄骏:《汪伪政权的"奴化教育"》,《民国档案》2003年第1期。

三、外文资料

David D. Buck, *Urban Change in China: Politics and Development in Tsinan Shantung, 1890–1949*, The University of Wisconsin Press, 1978.(《中国的城市变迁:山东济南的政治与发展(1890—1949)》)

G. William. Skinner, *The city in late Imperial China*, Stanford University Press, 1977. (《中华帝国晚期的城市》)

后　记

论文马上就要付印了,不安的心情仍然久久地压迫着自己。作为教育部人文社科重大项目"民国时期城市下层社会研究:以山东为例"的参与者之一,我是怀着强烈的责任感和事业心来投入工作的。一稿、二稿、三稿……资料占有得越多,史实考证得越真,问题研究得越深,自己的信心却越发的不足。因为相较于本课题的重大性、研究任务的艰巨性和史料搜集甄别的复杂性,调查研究的时间还是太紧了,写作篇幅也太短了,不足和遗憾自然就会太多了。

即使写成现在的样子,也与诸位师友的帮助与指导分不开,让我内心充满了感激。

我的授业恩师吕伟俊教授为开展本课题研究倾注了大量心血,给予我无限的鼓励和关怀。本书从选题、资料搜集、提纲拟定,到写作和修改都得到了吕老师的具体指导。吕伟俊先生胸怀博大、慧思敏锐、严谨求新的学者风范令人终生难忘,先生的言传身教使我明白了很多做人做事做学问的道理,将受益一生。

山东大学张书学教授、赵兴胜教授、徐畅教授、董宝训教授等老师在本文写作修改过程中提出了宝贵的指导意见;师兄王国永博士、聂家华博士、王众博士,师弟周飞博士、李金山博士、张波硕士和师妹王荣硕士,以及山东经济学院的马可、马静玉、张艳霞、闫实、张秀霞等,在我撰写本文期间,无私相助,倾其所有,高风亮谊,不敢忘怀。

山东省图书馆副馆长李勇慧女士、山东大学历史文化学院资料室郑敏先生、山东省方志馆郭焱女士和我的同窗、山东大学图书馆马艳玲女士,以及国家图书馆、中国第一历史档案馆、中国第二历史档案馆、山东省档案馆、济南市档案馆、青岛市档案馆、烟台市档案馆、山东经济学院图书馆等的老师也给了我很大帮助。

我的父母、爱妻和幼子给了我莫大的支持和激励。

师友和家人的支持,温暖着我的心,让我终于完成这一重要的学术和人生阶段,谨向他们表示深切的感谢。

需要说明的是,本文之所以能够面世,是因为我有幸站在了前辈学人的肩膀上,他们的研究成果给了我丰富的写作源泉,在此一并致谢。

由于作者水平有限,难免存在缺失、错误,谨向各位专家和阅者致歉,恳请大家批评指正。

郭　谦

2007 年 3 月 28 日